Angelika Aliti

Der Kreis in der Wüste

W0230721

Angelika Aliti

Der Kreis in der Wüste

Handbuch der 13 Aspekte weiblichen Seins

Zur praktischen Anwendung

Frauenoffensive

Wenn eine Frau ihre Träume verwirklichen will,
muß sie erst einmal aufwachen.

1. Auflage, 2001
© Verlag Frauenoffensive, 2000
(Metzstr. 14 c, 81667 München)

ISBN 3-88104-334-9

Druck: Clausen & Bosse, Leck
Umschlaggestaltung: Erasmi & Stein, München

Dieses Buch ist gedruckt auf Papier aus chlorfrei gebleichtem Zellstoff.

INHALT

Dies ist der Folgeband zu meinem Buch „Das Maß aller Dinge". Er ist als praktische Anleitung zu den im ersten Band formulierten Gedanken gedacht. Hier kann eine nachschlagen, sich praktische Hinweise holen, sie Schritt für Schritt umsetzen und so eine eigene weibliche Sicht der Welt entwickeln.

Eine weibliche Weltsicht ist die Voraussetzung, wenn wir neue Strukturen schaffen wollen – Strukturen, die geeignet sind, Frauen ein Leben zu ermöglichen, das ihnen Unabhängigkeit und tatsächliche Selbstbestimmung verschafft, die Wege aufzuzeigen, die eine gehen kann, um mehr als nur zu überleben.

Strukturen zu schaffen ist die Voraussetzung, um Träume zu verwirklichen. Ich meine damit die Träume, die – wenn sie Wirklichkeit geworden sind – zu einem erfüllten, lustvollen und sinnvollen Leben führen.

Ich halte nicht viel davon, Rezepte weiterzugeben, weder beim Kochen noch im Leben. Aber manchmal ist es notwendig, ganz praktische Hilfen und konkrete Anleitungen zu haben, wenn etwas in die Wirklichkeit kommen soll. Es geht darum, daß die Zeiten angebrochen sind, in denen wir die Grundlagen für neue und bessere Lebensformen für Frauen schaffen müssen. Es war ein langer Weg, dahin zu kommen, daß Frauen tatsächlich Alternativen für ihre Lebensentwürfe suchen und finden können. Um unabhängige, aus dem eigenen Selbst heraus definierte Lebensentwürfe ging es im „Maß aller Dinge". Dieses Buch nun liefert die Rezepte für die unterschiedlichsten Lebensbereiche dazu.

Vorbei die Zeiten, als viele Frauen im Schweigen verharrten und glaubten, ihre Probleme rührten aus ihrer persönlichen Unfähigkeit. Die Entdeckung, daß es vielen von uns, wenn nicht allen ähnlich geht, ist nun auch schon gemacht. Vorbei die Jahre des öffentlichen Protests, des Aufruhrs und Zorns über gesellschaftliche Bedingungen, die Frauen zur Zweitrangigkeit verurteilen.

Danach kamen die Zeiten, als wir uns unserem Selbstwert zuwandten – uns damit beschäftigten, was „Frausein" denn überhaupt ist. Wir suchten nach weiblicher Identität in allen Bereichen.

Stritten miteinander darüber, was unter Weiblichkeit verstanden werden kann. Vorbei, vergangen auch dies. Es ist mittlerweile alles gesagt. Welche es jetzt noch nicht weiß, findet ausreichend Gedanken und Schriften, um es zu lernen.

Wir wandten uns den Wurzeln unseres Seins zu und suchten in den alten Matriarchaten und Amazonenstaaten nach Resten unseres Stolzes. Als wir entdeckten, wie die Welt einmal gewesen war, verging uns die Lust, an diesem ausgelaugten, lebensfeindlichen System namens Patriarchat herumzubessern. Wir hatten keine Antworten, suchten aber nach den richtigen Fragen. Das hielt uns einige Jahre beschäftigt.

Die wichtigste Frage, die uns einfiel, nachdem wir unseren Stolz wiedergefunden hatten, war die, was es mit Gewalt und Ausbeutung auf sich hat. Viele von uns lebten diese Frage, indem sie aus bestehenden Verhältnissen ausstiegen oder in die innere Emigration gingen. Alles in der Hoffnung, eines Tages auf Antworten zu treffen, die einen klaren Ausweg bieten. Wir fanden statt dessen neue Fragen. Zum Beispiel die nach dem Sinn der eigenen Existenz und der des Universums. Zwei Erscheinungen, die fraglos in Zusammenhang stehen. Auf der Suche nach dem Sinn unseres Daseins holten wir die Göttin in ihrer vielfältigen Erscheinung in die Welt zurück, so daß der patriarchale strafsüchtige Gott mit seinem ausgemergelten leidenden Sohn sich nun auch bald in den verdienten Ruhestand begeben kann. Auch darüber müssen wir inzwischen keine Worte mehr verlieren.

Ich blicke zurück und denke: Was haben wir alles erlebt! Was haben wir durchgestanden! Was haben wir gelernt und erfahren! Ich meine nicht nur einzelne Lebenswege, individuelle Schicksale. Ich meine ganze Kulturkreise und in diesen gleich mehrere Generationen. Wir Feministinnen der letzten hundertzwanzig Jahre haben ganz schön was ins Rollen gebracht.

Das alles ist Teil unseres Rückblicks geworden. Was aber finden wir, wenn wir nach vorne schauen? Was bleibt noch zu tun? Sind noch Wünsche offen?

Was übrigbleibt, ist die Sehnsucht nach einer Welt, in der nicht Angst das dominierende Lebensgefühl ist, sondern Lebensfreude. Wäre es nicht wunderbar, wenn dieses neue Jahrhundert auch neue Lebensformen ermöglichte? Lebensformen, die keine Hierarchie brauchen, um zu funktionieren; die ein Höchstmaß an persönlicher Freiheit und seelischer Entwicklung ermöglichen?

Damit das nicht Utopie bleibt, ist einiges zu tun. „Das Maß aller Dinge" sollte zeigen, daß wir Frauen nicht nur ein weibliches Weltbild entwickeln müssen, sondern daß dieses Weltbild sich nur verwirklicht, wenn wir uns bewußt zur geistigen, seelischen und spirituellen Reife entwickeln. Es gibt eine kognitive, d.h. verstandesbestimmte Intelligenz; es gibt auch eine nachweisbare emotionale Intelligenz. Die soziale Intelligenz ist uns bewußt. Dann gibt es noch eine kreative und eine Erfolgsintelligenz, die sind uns Frauen meist nicht so vertraut, obwohl wir auch in diesem Punkt aufholen. Und es gibt überdies eine spirituelle Intelligenz. Die kognitive benötigen wir, um zu verstehen, was wir erfahren. Die emotionale fügt Mitgefühl und soziale Verantwortung hinzu. Die soziale kann es umsetzen. Die kreative Intelligenz läßt uns über unseren Schatten springen. Die Erfolgsintelligenz macht uns erfolgreich und sichert damit, was die kreative Intelligenz entwickelte. Und die spirituelle Intelligenz ist imstande, die größeren, die kosmischen Zusammenhänge wahrzunehmen.

Dieses Buch schult genau wie „Das Maß aller Dinge" vor allem die kreative, die Erfolgs- und die spirituelle Intelligenz. Und weil dies so ist, beginne ich mit einer Geschichte. Die Geschichte heißt

Die Wahrheit über Dornrosa

Es war einmal eine Zeit, in der hatte das Jahr dreizehn Monate. Da lebten dreizehn weise Frauen, die die Zeit hüteten und alle Entscheidungen trafen, die das Leben der Menschen betrafen. Die Frauen hießen nach dem, was sie waren: Amazone, Bäuerin, Denkerin, Liebende, Königin, Wissende, Händlerin, Heilerin, Künstlerin, weise Alte, Priesterin, Mutter, wilde Frau. Das war schon immer so. Und darum dachten die dreizehn weisen Frauen, daß das auch so bleiben würde. Doch die Zeit war viel älter als alles, das schon immer so war, und darum blieb es nicht, wie es war.

Eines Tages schickte die Königin der wirklichen Welt den dreizehn Frauen eine Nachricht: Von nun an haben sich die Zeiten geändert. Ich bin noch immer die Königin der äußeren, der wirklichen, der materiellen Welt. Aber ich habe einen Mann geheiratet. Er glaubt an einen Gott, der die Welt aus seinem Kopf geboren hat. Das Jahr hat nur noch zwölf Monate. Eine von euch ist nicht mehr wichtig. Es ist kein Platz mehr für die dreizehnte Mond. Wir verehren jetzt andere Leute als euch. Janus, Julius und Augustus. Ihr heißt jetzt Januar, Februar, März, April, Mai, Juni, Juli, August, September, Oktober, November, Dezember. Wir zählen in einem anderen System. Sieben, acht, neun, zehn. September, Oktober, November, Dezember.

Da fiel am hellen Tag Nacht über die Welt, denn der Mond verdunkelte die Sonne.

Die Dreizehn lebten ihr Leben weiter. Sie bestellten ihren Garten. Sie beobachteten den Himmel bei Tag, um über das Wetter zu wissen, und bei Nacht, um über die Schicksale zu wissen. Eines Tages wußten sie, daß die Königin der wirklichen Welt bald ein Mädchen zur Welt bringen würde. Als das Mädchen geboren war, brachte ein Bote der Königin eine Einladung, denn die Königin wollte die Geburt ihrer Tochter Dornrosa feiern.

Es waren jedoch nur zwölf der Dreizehn zu dem Fest eingeladen. Januar, Februar, März April, Mai, Juni, Juli, August, September, Oktober, November, Dezember. Die Dreizehnte war nicht eingeladen. Sie machte ein ziemliches Theater, tobte, schimpfte, drohte, klagte. Es nützte ihr alles nichts. Sie war nicht mehr erwünscht. So gingen nur zwölf Frauen zu Dornrosas Geburtstagsfest.

Amazone alias April begann als erste, denn sie konnten sich noch nicht daran gewöhnen, daß nach der neuen Zeitrechnung die alte Weise alias Januar den Anfang zu machen hatte.

Alle zwölf Frauen überreichten dem Kind ihre Gaben.

April sagt: Ich gebe dir die Fähigkeit zu sein.

Mai sagt: Ich gebe dir die Fähigkeit zu haben.

Juni sagt: Ich gebe dir die Fähigkeit zu erkennen.

Juli sagt: Ich gebe dir die Fähigkeit zu fühlen.

August sagt: Ich gebe dir die Fähigkeit zu handeln.

September sagt: Ich gebe dir die Fähigkeit zu ordnen.

Oktober sagt: Ich gebe dir die Fähigkeit abzuwägen.

November sagt: Ich gebe dir die Fähigkeit zu verändern.

Dezember sagt: Ich gebe dir die Fähigkeit zu ehren.

Januar sagt: Ich gebe dir die Fähigkeit zu prüfen.

Februar sagt: Ich gebe dir die Fähigkeit zu sehen.

Gerade als die Mutter, die ja inzwischen März hieß, als zwölfte ihre Gabe überreichen wollte, stürzte die wilde Frau, die dreizehnte auf das Fest. Sie sagte: Dies ist mein Geschenk. Du gehörst zu uns. An dem Tag, an dem du das erstemal zu bluten beginnst, kommen wir und holen dich.

Da sagte die Mutter alias März: Du hast noch viel Zeit. An deinem fünfzehnten Geburtstag sollst du für einen Tag zu uns kommen und lernen, was wir zu lehren haben. So kannst du selber entscheiden, was du willst. Ich schenke dir die Freiheit.

An ihrem fünfzehnten Geburtstag ging die junge Dornrosa in diese gewisse kleine Kammer, ganz oben im Schloß. Und wie wir wissen, verschwand sie für lange Zeit. In Wahrheit war es nur ein Tag, an dem sie alles lernte, was es zu lernen gab. In der anderen, der wirklichen, der materiellen Welt aber schien es, als vergingen hundert Jahre. Am Ende war nicht nur die dreizehnte weise Frau aus der Welt verschwunden, sondern auch die zwölf anderen.

Die neue Zeit begann. Männer nahmen das Recht in die Hand. Die freien Frauen verschwanden. Sie wurden ermordet, verbrannt, gehängt oder verheiratet. Ein junger Mann, der tot an einem Holzkreuz hing, wurde als Symbol der Liebe und Freiheit angebetet. Seine Anhänger gingen einmal in der Woche in ein großes Haus, wo sie unter Gesang symbolisch sein Fleisch aßen und sein Blut tranken. Tiere wurden eingesperrt und benutzt. Das Land unterworfen und ausgebeutet. Wissenschaftler spalteten das Wissen, bis es als Bombe über allen schwebte.

Aber das System kennt Überlebende.

Die dreizehn Überlebensstrategien:
  Die niedliche Kindfrau.
  Die adrette Hausfrau.
  Die Fit-und-schlank-Frau.
  Die Gut-im-Bett-Frau.
  Die mächtige Politikerin.
  Die durchhaltende Sekretariatskrankenschwester.
  Die Karrierefrau.
  Die Therapeutin.

Die Süchtige.

Die alte Hure.

Die Nonne.

Maria, die Dulderin.

Elisabeth, die nette Zeitlose.

Und Dornrosa. Es war ihr fünfzigster Geburtstag, und sie lud ihre Freundinnen ein, mit ihr zu feiern. Das ist der Punkt, an dem wir uns gerade befinden. Nehmen wir einmal an, daß Dornrosas Intuition sie leitet und sie und die dreizehn Überlebensgefährtinnen dazu bringt, ausreichend Sehnsucht nach einem authentischen Leben zu entwickeln. Und gehen wir weiter davon aus, daß sie auf vielfache Weise auf ausreichendes Frauenwissen und Frauenerfahrung zurückgreifen können. Sie können nun loslegen. Oder vielleicht sollte ich besser sagen, sie können nun aufwachen, um ihre Träume zu verwirklichen.

Du findest in diesem Buch Erläuterungen, warum der Kreis als weibliches Lebensprinzip ein hilfreiches Denk- und sinnvolles Praxismodell ist. Ich habe – wie in meinen anderen Büchern – versucht, Frauenwirklichkeit darzustellen; eine Frauenwirklichkeit, in der sich Lesben wie Heteras wiederfinden können. Ich möchte zeigen, daß die dreizehn Aspekte weiblichen Seins dir ganz konkret dabei behilflich sein können, Authentizität zu erlangen, erfolgreich zu werden und zu bleiben, indem du lernst, Kreise zu ziehen.

Außerdem will ich dir Ausstiegshilfen aus dem polaren Denken bereitstellen und dir statt dessen in die Beziehungsvielfalt helfen. Kommunikation, Berührung, Beziehung findet nicht nur entweder zwischen zweien oder zwischen vielen statt. Es gibt auch beglückende Dreierkonstellationen und spannende Viererbeziehungen. In beiden Fällen sind übrigens wirkliche Beziehungen gemeint und nicht Variationen zur Belebung ansonsten symbiotischer sexueller Zweierbeziehungen. Mehr darüber erfährst du im zweiten Teil des Buches, in dem der Kreis betreten wird, den du im ersten Teil gezogen hast.

Selbsterfahrung schult unsere kreative Intelligenz; Zweierkonstellationen schulen die emotionale Intelligenz; Dreierkonstellationen schenken spirituelle Intelligenz; Viererkonstellationen sind der

Quell für Erfolgsintelligenz. Und das Ganze erfährt noch einmal eine interessante, kreative Veränderung, wenn der Aspekt der wilden Frau die zwölf Aspekte weiblichen Seins berührt. Davon erzählt der dritte Teil des Buches.

Alle dreizehn Aspekte weiblichen Seins haben außerdem Patinnen, die aus der Ferne ihren Einfluß ausüben. Du wirst unschwer erkennen, daß es sich bei den Patinnen um die symbolische Bedeutung handelt, die wir den Planeten unseres Sonnensystems zuschreiben. Ich habe mich entschlossen, euch die Sterne vom Himmel zu holen, weil sie nicht nur Einfluß haben, sondern als Symbole erhellende Hilfe auf dem Weg in ein weibliches Weltbild sein können.

Wenn du dieses Buch wie ein Nachschlagewerk und eine Ratgeberin in allen Lebenslagen benutzt, wird es dir immer neue Möglichkeiten aufzeigen, wie du dein eigenes Maß findest.

Der Kreis schenkt dir die Erkenntnis, daß du keine Angst vor Veränderungen haben mußt, denn er hat keinen Anfang und kein Ende. Als die Mutterreiche untergingen, kamen die Amazonenreiche, und jetzt sind wir im Zeitalter der Priesterin angelangt. Denk einfach in einem größeren Maßstab, und du weißt, daß alles wiederkehrt, was vergangen ist.

Unsere Welt ist hierarchisch. Das ist eine ziemlich seltsame Weltsicht, wenn wir davon ausgehen, daß wir in Wahrheit von Kreisen und Kugeln umgeben sind. Wir hocken auf einem Feuerball, der von einer dünnen Erdschicht umgeben ist. Die Sonne, die uns bescheint und alles Leben bestimmt, ist rund, ebenso die Mondin. Alles Leben verläuft zyklisch, in Kreisläufen. Trotzdem glauben wir Menschen des westlichen Kulturkreises seit der Antike daran, Erfolg bestehe darin, die kürzeste Verbindung zwischen zwei Punkten zu finden und lieber obenauf als untendurch zu sein.

Nach meiner Ansicht und Erfahrung passen Hierarchie und Frauen nicht zusammen. Aus dem Versuch, Frauen in hierarchische Strukturen zu pressen, resultiert mindestens soviel Leid wie aus dem Versuch von Frauen, sich hierarchische Strukturen zu eigen zu machen.

Ersteres weiß jede, die wach und aufmerksam durchs Leben geht, und zweiteres kennen wir aus den frustrierenden Entwicklungen, die Frauenprojekte nehmen, sobald sie ein eingetragener Verein werden, der ein Hierarchie sicherndes Instrument des Patriarchats ist. Ebenso unerfreulich sind die Begleiterscheinungen, wenn Frauen in leitender Position zu finden sind. Entweder mutiert die weibliche Führungskraft zu einem Monster, daß im Vergleich dazu der mieseste Männerchef als Lichtgestalt durchgeht. Oder sie wird trotz Kompetenz, Souveränität und Fairness vor allem von den ihr untergebenen Frauen bekämpft, als wäre sie das leibhaftige Böse.

Es ist eine alte Erfahrung: Setz eine Gruppe von Frauen einer Konkurrenzsituation aus, und sie entwickeln sich in kürzester Zeit zu Seelenkillerinnen. Das liegt nicht an den Frauen, sondern daran, daß Frauen in Konkurrenzsituationen nicht gedeihen, denn sie sind allesamt Führungskräfte. Die Männerwelt mag aus Alpha- und Omegatieren bestehen – Frauen sind alle Alphatiere. Das wird erst in einer hierarchischen Struktur, die wie eine Pryramide aufgebaut ist, zu einem Problem.

Frauen brauchen keine vertikale, sondern eine horizontale Struktur, um sich zu entfalten. Eine Struktur also, die ihnen erlaubt, Kompetenz zu entwickeln und diese in Autorität auszuüben, und zwar zum Wohl aller. Die Form, die dies erlaubt, ist der Kreis.

In einem Kreis kann keine über der anderen sein. Jede einzelne ist unersetzlich. In einem Kreis können lauter Führungskräfte zusammensitzen. Autoritäten, jede auf ihre Art und zu ihrer Zeit. Mobbing wäre eine sinnlose Aktion, die den Kreis durch den Ausschluß einzelner zwar verkleinert, aber die Beziehungen in einem Kreis sind so vielfältig, daß unmöglich alle sich auf der einen Seite zusammenrotten können, um der einen Ausgestoßenen gegenüberzustehen.

Wenn du in einem Kreis sitzt, hast du eine besondere Beziehung zu den beiden Frauen rechts und links von dir. Eine weitere wichtige Beziehung hast du zu der Frau, die am weitesten von dir entfernt ist. In einem Kreis ist das die Frau, die dir genau gegenüber sitzt. Und dann sind da noch die beiden, die zusammen mit dir ein harmonisches Dreieck bilden. Mit drei anderen bildest du ein Viereck im Kreis, und du wirst feststellen, daß ihr als Viererbande eine tatkräftige Spannung hineinbringt. Vor allem aber hast du einen klar definierten Platz. Du bist Teil des Ganzen, genau wie alle anderen. Das ist sicht- und fühlbar für dich. Und sowenig wie der März durch den Juli ersetzt werden kann, kannst du auf deinem Platz durch eine andere ersetzt oder vertrieben werden. Du bist auf einmal einzigartig, genau wie Januar und August. Vielleicht magst du den Winter nicht so sehr wie den Sommer, aber auslassen kannst du ihn nicht. Und wenn März spricht, dann ist er die wichtigste Zeit, und alle anderen schweigen und folgen ihm, bis seine Zeit vorüber ist und eine andere im Kreis die Führung übernimmt.

So bietet der Kreis klare Kommunikationsformen, die dir helfen, Sein und Tun nicht zu verwechseln; Konflikte zu lösen; Entscheidungen zu finden und zu fällen; Projekte zu strukturieren; Beziehungen zu gestalten und sowohl deine Erfolgsintelligenz wie deine spirituelle Intelligenz zu schulen.

Wenn ich hier die einzelnen Monate des Jahres erwähne, so bewege ich mich damit gleich in zwei sehr alten Systemen. Das eine ist das älteste System, das wir kennen. Es ist das System der Schöpfung und in dieser der Lebenskreis und der Jahreskreis, also der Zyklus der Jahreszeiten. Frauen, die das Prinzip der Schöpfung verkörpern, wandern als junge Frau, als Verantwortung tragende Frau und als alte weise Frau über den Lebenskreis. Daß Frauen das Prinzip der Schöpfung verkörpern, offenbart sich dir, wenn du erkennst, daß es die Polarität Mann und Frau gar nicht gibt, denn alle Lebewesen sind im Grunde nur Frauen und ihre Kinder. Wenn du eine Hetera bist, so betrachte den Mann an deiner Seite als Kind einer anderen Frau, und plötzlich wird dir manches klarer. Lesben sehen ihre Partnerinnen sowieso nicht losgelöst von ihrer Mutter.

Frauen und ihre Kinder feiern den Zyklus des Jahres mit den Jahreskreisfesten. Diese Feste wurden schon immer gefeiert. Sie sind viel älter als das Christentum. Dieses hat – wie wir wissen – bei der alten Religion kräftige Anleihen gemacht. In dem ewigen und immer wiederkehrenden Wandlungsprozeß von Wachstum und Verfall sind diese Feste so etwas wie Grenzübergänge von einer Situation in die andere.

Die Stationen im Kreislauf des Jahres sind:

31. Oktober
Halloween, Samhain, Hexenneujahr: Das Jahr ist zu Ende. Eine Art Nicht-Zeit beginnt. Noch heute sprechen wir von der Zeit zwischen Weihnachten und Neujahr als „zwischen den Jahren". Darin hat sich etwas von der alten Auffassung erhalten, daß die Zeit bis zur Wintersonnenwende nicht gezählt wurde. Es ist das Fest, an dem die Ahninnen, die Toten geehrt und gefeiert werden.

21. Dezember
Wintersonnenwende, Yule: Die Wiederkehr des Lichts wird gefeiert. Das Kind, das jetzt geboren wird, ist an Walpurgis, dem Fruchtbarkeitsfest am 1. Mai, gezeugt worden.

2. Februar

Lichtmeß, Brigit: Menschen verwandeln sich in Geister. Die Dämonen des Winters werden noch einmal geehrt, bevor sie davongeschickt werden. Karneval, Fasching sind mittlerweile daraus geworden.

21. März

Frühlingtagundnachtgleiche: Das Wachstum kehrt zurück.

1. Mai

Walpurgis, Beltane: Das Fest der Liebe. In den alten Zeiten trafen sich alle in der Nacht zum 1. Mai auf den Feldern und feierten orgiastische Feste, um die Fruchtbarkeit der Erde anzuregen. In manchen Gegenden gingen nur die Frauen hinaus und liebten sich. Noch heute gibt es Regionen in den Bergen auf Kreta, da wird die Nacht der Frauen laut und wild gefeiert. In dieser Nacht traut sich kein Mann aus dem Haus.

21. Juni

Sommersonnenwende, Litha: Dem Wendepunkt des Lichtes wird Aufmerksamkeit geschenkt.

2. August

Lammas, Lugnasad: das Fest der Fülle und der Ernte.

23. September

Herbsttagundnachtgleiche: Das Ende des Wachstums wird bedacht.

In den alten Zeiten wurden diese Feste nach den Mondumläufen berechnet. Das war, als es die dreizehnte Mondin noch gab und nicht nach Tagen, sondern nach Nächten gezählt wurde. Daher gab es natürlich kein festes Datum mit Ausnahme der Winter- und Sommersonnenwenden und der Tagundnachtgleichen. Bei uns wird lediglich das Osterfest noch nach dem Mondstand ausgerichtet. Einst galt das für alle Mondfeste. Ich habe eine Zeitlang versucht, die alten Termine wieder auszurechnen. Das ist so mühsam wie die einsame Feierei am Strom der mittlerweile eingesessenen

Feiertage vorbei. Ich feiere den Jahreskreis zu den feststehenden Daten und die christlichen Feste gleich noch dazu.

Das zweite System, auf das ich mich hier beziehe, ist die Astrologie. Es ist ebenfalls sehr alt und hat im Lauf der Jahrzehntausende originelle, aber für Frauen immer weniger brauchbare Definitionen und Deutungen der Zeichen entwickelt. Die astrologischen Zeichen sind aus dem Ablauf der Monate entlehnte Symbole, die über das Jahr einen sich schließenden Kreis bilden. Natürlich sind es zwölf Stern- bzw. Sonnenzeichen, wie wir ja auch zwölf Monate kennen. Das dreizehnte ist ja spätestens seit Dornrosas Zeiten wegorganisiert worden.

Üblicherweise identifizieren wir uns mit dem Zeichen, in dessen Monat wir geboren wurden, maximal noch mit dem Zeichen, in dem der Aszendent steht, allenfalls ergänzt von dem Zeichen, in dem die Mondin steht, als Ausdruck für unser Gefühlsleben. In Wahrheit aber haben wir alle Zeichen als uns allen gemeinsame innere Bilder vom Sein in uns, auf unverwechselbare Weise miteinander kombiniert ergeben sie unsere individuelle Identität. Entscheidend für die Kombination der Zeichen, also für das Erkennen deiner unverwechselbaren Persönlichkeit ist der präzise Zeitpunkt der Geburt.

In „Das Maß aller Dinge" habe ich diese Zeichen feminisiert und als Aspekte weiblichen Seins bezeichnet. Auch in diesem System spielt Zeit als Fluß von Geschehen eine große Rolle. Wenn wir die dreizehn Aspekte weiblichen Seins als Monate aufzählen, machen wir die interessante Erfahrung, daß mit unserer Zeiteinteilung etwas Wesentliches nicht stimmt. Dann sehen wir beispielsweise, daß das Jahr mit dem Monat der weisen Alten beginnt.

Diese Figur oder Erscheinung steht jedoch nicht am Anfang, sondern am Ende eines Entwicklungsweges. Kein Wunder also, daß viele von uns so seltsam losgelöst von Zeit und Raum durch das Leben irren. Ebenso erkennen wir, daß in unserer Zeit kein Raum für die dreizehnte, die wilde Frau mehr ist. Sie war es, die dem Zwölfer-System weichen mußte, und alle Versuche, sie in den normalen Kreislauf der Zeit zu integrieren, müssen scheitern. Zumindest zur Zeit. Allerdings ist sie als freie Radikale noch existent. Sie erfüllt mittlerweile die Aufgabe, allzu brave Anpassung der anderen zwölf Positionen des Kreises an zivilisatorische

Erfordernisse durch unangemessenes, irrationales, unerwartetes Verhalten zu bremsen. Von daher hilft sie dir, authentisch zu bleiben, dein Strahlen nicht zu verlieren. Immerhin ist sie es, die den goldenen Ball deiner Kindheit hütet, den du im Zuge deiner gesellschaftlichen Anpassung verloren hast.

Entsprechungen von astrologischen Zeichen,
weiblichen Aspekten und Zeit:

Widder – Amazone – April.
Stier – Bäuerin – Mai.
Zwilling – Denkerin – Juni.
Krebs – Liebende – Juli.
Löwe – Königin – August.
Jungfrau – Wissende – September.
Waage – Händlerin – Oktober.
Skorpion – Heilerin – November.
Schütze – Künstlerin – Dezember.
Steinbock – alte Weise – Januar.
Wassermann – Priesterin – Februar.
Fische – Mutter – März.

Alle drei Zeichensysteme bilden einen, denselben Kreis. Aber wenn du die Bezeichnungen der weiblichen Aspekte wählst und ihren Definitionen folgst, wie sie in „Das Maß aller Dinge" beschrieben sind, dann enthalten die Zeichen auf einmal Inhalte, die aus den Sternzeichen schon lange verschwunden sind und die wir im Erleben des Jahreskreises nicht mehr entdecken können, weil wir Natur nur als gutes oder schlechtes Wetter empfinden.

Du kannst den Kreis der weiblichen Aspekte auf vielerlei Weise einsetzen, um dir eigene, weibliche, erfolgreiche Strukturen für dein zukünftiges Leben zu entwickeln, denn es ist keinesfalls unabänderlich, was wir an schon existierenden Strukturen vorfinden. Ich könnte auch sagen, daß es darum geht, deinem wahren Selbst einen Weg in die Welt zu bahnen, auf dem es sich endlich ausdrücken und verwirklichen kann.

Geeignetere Strukturen machen das Gehen auf diesem Weg leichter. Nicht daß es wirklich darauf ankommt, ob es nun leicht oder schwer ist, aber es geht darum, die größtmögliche Erfüllung für dieses eine Leben zu erreichen, um bereichert mit Bewußtsein im Universum aufzugehen. Für uns Frauen ist es wichtig zu wissen, daß Hierarchie und Struktur nicht eins sind. Ebenso wichtig ist es, Struktur und Energie voneinander zu unterscheiden. Holz ist Struktur, Feuer ist Energie. Das Flußbett ist Struktur, Wasser ist Energie. Dein Körper ist Struktur, dein wahres Selbst ist Energie. Genauso sind aber auch die Systeme, in denen sich dein Körper samt deinem Ich bewegt, Struktur, und auch in diesem Fall ist dein wahres Selbst die Energie, die dich antreibt.

Im Kreis als Lebensprinzip kann sich weibliches Selbst angemessen bewegen und erfahren; sich entwickeln und wachsen; es kann sich erfüllen, um sich eines Tages lebenssatt zurückzuziehen. Kreise kannst du ziehen, buchstäblich und nur mit der Kraft deiner Gedanken. Rituelle Handlungen unter Frauen brauchen den Kreis, ebenso wie magische Anrufungen und manche Tänze.

Der Kreis, der aus den dreizehn Aspekten, den dreizehn weisen Frauen/Feen besteht, ist weit mehr identitätsschaffend als der Jahreskreis oder die verwaschene Definition der Sternzeichen. Er schenkt dir die Erfahrung, daß es gut ist, wie du bist, und daß keine Notwendigkeit besteht, eine andere zu sein oder zu werden, als du bist.

Betrachtungen über Energie und Zeit

Von beidem hast du stets mehr als genug, um dein Leben zu erfüllen, auch wenn wir uns einbilden, daß beides immer knapp ist. Scheinbar haben Zeit und Energie unmittelbar nichts miteinander zu tun. Aber in Wahrheit hat die Energie die Zeit erfunden, um sich selbst erfahren zu können.

Energie ist immer in Bewegung. Ist sie es nicht, staut sie sich und erzeugt Spannung, die sich – wenn sie ihren Höhepunkt erreicht hat – auf die eine oder andere Weise entlädt. Energie und Bewegung sind praktisch eins, Stillstand existiert nicht. Sie fließt. Ununterbrochen. Der griechische Spruch „panta rei", der mit „alles fließt" übersetzt ist, bedeutet eher: „Alles fließt *immer.*"

Jeder der dreizehn Aspekte drückt auch den Fluß und die Dynamik von Energie aus, die sie verkörpern. So gesehen kannst du dir die gesamte Welt als einen großen, großartigen Tanz vorstellen. Du kannst auf diese Weise lernen, Situationen jeder Art besser einzuschätzen, wenn du die Dynamik der Energie jeder einzelnen beteiligten Person betrachtest.

Der Weg von Energie in den einzelnen Aspekten

Amazone – die Bewegung ist stürmisch vorwärtsstrebend.

Bäuerin – die Bewegung ist ruhig, kreisförmig.

Denkerin – die Bewegung ist eine schnelle, sich auf- und abwärtsbewegende Spirale.

Liebende – die Bewegung ist ausdehnende Wärme wie Sonnenschein.

Königin – die Bewegung ist ein ruhiges Vorwärtsschreiten im Sonnenschein.

Wissende – die Bewegung ist die Bündelung der Energie und Fokussierung auf ein Ordnungsprinzip.

Händlerin – die Bewegung ist kreisförmiges, sprühendes Öffnen und Aussenden der bis dahin gebündelten Energie.

Heilerin – die Bewegung ist eine rasche, abwärts führende Spirale in die Tiefe.

Künstlerin – die Bewegung ist der Flug eines Pfeils in den Himmel.

Alte Weise – die Bewegung ist das ruhige Dahinströmen eines Flußdeltas.

Priesterin – die Bewegung ist das Hin und Her auf dem Weg ins Labyrinth und zurück.

Mutter – die Bewegung ist die Ankunft im Meer und die Auflösung aller Strukturen.

Je nachdem, wie die dreizehn Aspekte in dir bewußt ausgelebt sind, hast auch du eine dir und deinem Körper innewohnende Dynamik des kosmischen Energieflusses in dir, wir könnten es auch als Lebensenergie bezeichnen. Die Dynamik kann sich natürlich im Lauf deines Lebens immer wieder ändern, wie ja auch immer wieder andere Aspekte weiblichen Seins im Vordergrund deines Bewußtseins stehen. Beeinflußt wird der Fluß deiner Lebensenergie in hohem Maß auch von den Strukturen, in denen du dich bewegst. Diese Strukturen können sein: Heterosexualität,

Homosexualität, Stadtleben, Landleben, berufliche Selbständigkeit, Arbeitnehmerinnen-Status, Mutterschaft und so weiter. In jedem Fall wird dich die Eingeschränktheit einer linearen und hierarchischen Welt (kürzeste Verbindung zwischen zwei Punkten, wer das zuerst geschafft hat, ist Häuptling) am – sagen wir artgerechten – Fluß deiner weiblichen Lebensenergie erheblich behindern, denn eine Frau ist ein zyklisch lebendes Wesen, das die Linearität als subjektiv existierende Wirklichkeit an ihre Söhne delegiert hat, weil sie Besseres zu tun hat. Wenn du dich dem Kreis als Struktur zuwendest, wirst du feststellen, daß deine Energie gleich ganz anders fließen kann.

Es macht einen Unterschied, ob ein Kreis aus Frauen stillsteht oder stillsitzt, ob ihr euch links- oder rechtsherum dreht, ob ihr ihn tanzt, in welcher Jahreszeit und bei welchem Mondstand, ob Frauen dabei sind, die gerade bluten oder schwanger sind. Es ist von Bedeutung, welche Aspektebetonungen in eurem Seelenleben gerade ausgelebt werden und welche da mit welcher zusammengekommen ist. Jedesmal verkörpert der Kreis eine andere Dynamik. Jedesmal macht es auch etwas anderes mit dir und deiner Lebensenergie. Jedesmal wenn Frauen einen Kreis bilden, ist einmal mehr weibliche Energie frei und unbehindert von linearer Hierarchie geflossen. So kommt mehr und mehr weibliche Energie in den freien Fluß, kann sich breit machen und wird immer präsenter, was die Welt dringend braucht, wie ich finde. Ich nehme nicht an, daß wir dann eine bessere Welt hätten, aber vielleicht eine weniger einseitige.

Bei der energetischen Dynamik des Kreises gehe ich davon aus, daß der linksdrehende Kreis (also gegen den Uhrzeiger) Energien aktiviert, der rechtsdrehende (mit dem Uhrzeiger) Energien de-aktiviert. Interessanterweise bedeutet dies, daß gegen den Uhrzeiger drehende Energie gebend, ausstrahlend, abgebend ist und mit dem Uhrzeiger drehende Energie hereinnehmend, aufnehmend. Interessanterweise deshalb, weil die sich gegen den Uhrzeiger drehende Kraft als weibliche, die sich mit dem Uhrzeiger drehende als männliche bezeichnet wird, die ja üblicherweise entgegengesetzt definiert werden.

Wenn du versuchst, dich allein oder im Kreis mit anderen in der einen oder der anderen Richtung zu drehen, wirst du die

Erfahrung machen, daß du die Qualität dieser Energie oder Zeit fühlen kannst. Du nimmst mit allen Sinnen wahr, daß dein Lebensgefühl ein vollkommen anderes ist, je nachdem in welche Richtung du dich drehst. Die Zeit fließt auf einmal anders. Zwar können wir Zeit nur als in eine Richtung fließend erleben. Wir können nicht rückwärts in der Zeit gehen. Diesen Zeitablauf kann eine nicht anzweifeln. Aber der Zeitablauf ist dennoch ein anderer, wenn du dich im Kreis drehst und wenn du dich linksherum oder rechtsherum drehst. Zeit läuft auch nicht gleich schnell ab. Dabei meine ich nicht einmal die von Einstein nachgewiesene Relativität von Zeit und ihrem Fluß. Ich beziehe mich auch nicht darauf, daß ein schneller Stoffwechsel die Zeit als langsam erleben läßt wie in der Kindheit und ein langsamer Stoffwechsel wie im Alter sie scheinbar beschleunigt vorbeirauschen läßt. Nein, ich meine, daß jede Frau Zeit dehnen, also verlangsamen, oder raffen, also beschleunigen kann.

Es ist auch möglich, kleinere oder größere Zeitfalten zu schaffen, in denen eine genüßlich verschwinden kann, um sich um das zu kümmern, wofür sonst keine Zeit ist. Das ist eine ganz andere Art von Freizeit, als wir Zeitsklavinnen, die wir Lebenszeit verkaufen, um existieren zu können, sonst kennen.

Du dehnst Zeit, indem du mit deinem geistigen Körper einen linksdrehenden Kreis ziehst. Du raffst Zeit, indem du ihn rechtsdrehend ziehst.

Zeitdehnungsübung

Mit einer Zeitdehnungsübung schindest du nicht mehr Zeit heraus, als du hast, sondern du läßt sie langsamer gehen, weil du möglicherweise in einer schwierigen Situation steckst, in der es auf jeden einzelnen kleinen Schritt ankommt. Die Zeitdehnung schenkt dir diese Möglichkeit. Auch Liebe kannst du in langsam vergehender Zeit bewußter erleben. Wann immer also du ruhigere Gewässer für dein Lebensschiff benötigst, banne den Sturm, glätte das Meer, wirf Anker, dehne die Zeit.

- Es ist keine Frage von Konzentration oder Anstrengung. Im Gegenteil, je leichtherziger du an diese Übung herangehst, um so schneller wirst du erleben, wie die Zeit sich verlangsamt.

- Für diese Übung brauchst du keinen Schutzkreis zu ziehen, denn es kommt ja darauf an, in Verbindung mit der realen, materiellen Welt zu bleiben, während du dich mit dem kosmischen Selbst, also der ewig fließenden Lebensenergie in Verbindung setzt.
- Zu diesem Zweck brauchst du gleich zwei Kreise, genau genommen ist es eine liegende Acht, das Zeichen für Ewigkeit. Die meisten werden es kennen.
- Stell dich auf eine ebene Fläche, am besten barfuß.
- Jetzt stößt du zur Übung mit deiner linken und rechten Hüfte jeweils abwechselnd schräg nach vorn, als wolltest du jemanden wegstoßen.
- Als nächstes zeichnest du mit deinen Hüften eine Acht. Und zwar eine nach außen gerichtete Acht. Also mit der linken Hüfte nach links vorne gehen und dann die Acht zeichnen, indem du diese Bewegung damit verbindest, mit der rechten Hüfte nach rechts vorne zu gehen.
- Denk daran, daß diese Hüftbewegung eine Frage der Atmung ist. Das Atmen also nicht vergessen.
- Geh in deinem Inneren dorthin, wo du deinen Willen spüren kannst, und laß ihn wünschen, daß die Zeit sich verlangsamen möge. Du bewegst deine Hüften weiterhin in der nach außen gerichteten Acht. Wenn du geübter im Dehnen der Zeit bist, kannst du diese Bewegung auf ein Minimum beschränken. Das ist dann zu empfehlen, wenn du dich an Orten befindest, wo eine Frau mit einem derartigen Hüftschwung mißverstanden werden könnte.
- Entferne dich vom inneren Ort des Willens und laß los, während du weiterhin die Acht ziehst.
- Wenn du das Gefühl hast, es sei genug, beende die Hüftarbeit.

Die Zeit wird langsamer vergehen, in der Regel sogar sehr viel langsamer. Es kann sein, daß dir eine Stunde wie ein halber Tag erscheinen wird. Es kann ebenfalls sein, daß dieser Zustand länger als einen Tag anhält. Ich habe gelernt, das Ende der Zeitdehnung nicht mehr kontrollieren zu wollen. Nach meiner Erfahrung hört es auf, wenn es dafür an der Zeit ist.

Zeitrafferübung

Du stehst an einem Bahnhof. Du hörst wieder einmal die Lautsprecherdurchsage, daß der Zug, auf den du wartest, eine nicht unerhebliche Verspätung haben wird. Nun haßt du möglicherweise nichts so sehr wie solche sinnlose Warterei und wünschtest, du könntest den Zug herbeibeamen. Beamen gibt es vielleicht nur im Fernsehen. Aber versuch es doch einmal mit folgender Übung.

- Stell dich so hin, daß deine Füße dir einen festen Stand geben. Stöckelschuhe sind nicht unbedingt geeignet, dir einen geerdeten Stand zu geben. Aber wenn du sie für diese Übung nicht ausziehen magst, muß es auch so gehen.
- Auch für diese Übung brauchst du zwei Kreise, also die liegende Acht, das Zeichen für Zeit und Ewigkeit.
- Du ziehst (solltest du dich am Bahnhof befinden, dann eher dezent) mit den Hüften eine Acht, wobei du die Hüften nicht nach außen stößt wie bei der Zeitdehnungs-Acht, sondern du ziehst sie nach innen, zum Zentrum, deinem Bauch hin, als wolltest du etwas von außen in dich hineinholen.
- Auch bei dieser Übung nicht vergessen, daß es auf den Atem ankommt. Gut und gleichmäßig atmen.
- Suche jetzt in deinem Inneren den Ort auf, an dem sich dein Wille befindet. Laß ihn wünschen, daß die Zeit beschleunigt werden möge. Dann laß es los.
- Beende den Achter-Schwung deiner Hüften.

Dein Zug sollte inzwischen angekommen sein, und es wird dir erscheinen, als wäre die Zeit verflogen.

Zeitfalten

Diese erzeugst du nicht mit Hilfe von Übungen. Zeitfalten kannst du nicht machen, du kannst sie nur finden, aufspüren. Ich empfinde den Fluß der Zeit nicht als glatt und gerade, sondern als uneben dahinstrudelnd. Und manchmal wirft die Zeit auch Falten. In denen verschwinde ich wie das Drachinnenkind in den weiten Hautfalten der Drachinnenmutter.

Wir alle kennen kollektive Zeitfalten, meist in Verbindung mit Wettereinbrüchen und anderen sogenannten Naturkatastrophen.

Da schneit es plötzlich, und nichts geht mehr. Chaos ist es nur für die, die über solche Zeitfalten fallen, weil sie so ohne jedes Gespür dafür sind. Auch persönliche Zeitfalten kennen viele eher als Folge unangenehmer und schmerzhafter Ereignisse. Da stirbt eine geliebte Person, und plötzlich steht der Fluß der Zeit still.

Wenn du lernst, Zeitfalten bewußt aufzuspüren, bist du nicht mehr auf Katastrophen angewiesen, um in der kleinen Ewigkeit anzukommen. Der seelische Zustand, der dir dabei behilflich ist, ist am ehesten der, den du in der Meditation hast oder wenn der Aspekt der Künstlerin in dir erwacht ist. Ein Gespür dafür entwickelst du, wenn du dein Tempo soweit verlangsamst, daß du dich selber spürst, zentrierst. Du mußt geistig aus dem Rennen und Erledigen und Machen und Tun aussteigen und dich kürzer oder länger mit dem kosmischen Selbst verbinden. Dann kann es geschehen, daß es geschieht.

Die Frage ist, was das denn eigentlich ist, dieses Lebensgefühl oder die Energie, von der dauernd die Rede ist. Und noch viel schwieriger ist die Frage zu beantworten, was Zeit ist, dieses Phänomen, mächtiger als alles auf der Welt.

Ich glaube, daß Zeit eine Erfindung der Lebensenergie ist. Das mag vielen unverständlich, möglicherweise abstrus erscheinen. Wenn wir jedoch für möglich halten, daß das Universum – um einen der üblichen Begriffe für Welt zu nennen – ein zusammenhängendes Ganzes ist, das sich überdies seiner selbst bewußt ist, dann ist es auf einmal gar nicht mehr so verrückt. Wenn das Universum Erfahrungen über sich selbst sammeln will, dann tut es das auf verschiedene Weise, unter anderem auch, indem es seine Energie hier und da so weit verdichtet, bis sie Materie, Körper wird. In diesem verdichteten Zustand bleibt Energie nicht unbegrenzt stecken, dann muß sie wieder fließen, in Bewegung kommen, denn panta rei, und so kommt die Zeit in die Welt.

Es ist das Kommen und Gehen von Materie, das Erscheinen und Verschwinden von Körpern – Leben, wie wir sagen. In Wahrheit ist Energie immer da und ewig, d.h. außerhalb von Zeit befindlich, und alle Zeiten sind immer gleichzeitig, denn Vergangenheit, Gegenwart und Zukunft gibt es nur aus unserer Sicht, die wir kurzfristig verdichtete Energie eines Lebewesens namens Universum sind.

Wir, die wir leben – in Raum und Zeit, wie wir sagen –, erleben Zeit in der Wahrnehmung der anderen, also Mensch, Tier, Pflanze, Mineral etc., deren Kommen, Werden und Vergehen wir erleben. Dieses Erleben von Zeit, wir könnten es auch Verfall nennen, ist die Verbindung zur Welt. Wahrnehmen, kommunizieren, berühren – also Beziehung herstellen sind die Verbindungen, Zeitfäden so fein wie Feenhaar, über die Energie fließt, denn sie fließt überall und immer. Über die Verbindung, die durch Beziehung geschaffen wird, wird Materie mit Energie versorgt.

Nach unserer Geburt mehr Materie als Energie, erkennen wir, daß wir plötzlich Grenzen haben, Grenzen des Körpers und des Geistes, und erschrecken über unsere Einsamkeit. Nun beginnen wir zu suchen – wir suchen eine Art Halt, um nicht in der Unendlichkeit verloren zu gehen. Das ist ein wenig absurd, denn das Universum, das kosmische Selbst hat ja gerade einen kleinen Teil von sich zu Materie verdichtet, um genau diesen Zustand zu erreichen. Dieser nun du oder ich gewordene Zustand findet das erst mal auf jeden Fall unangenehm und sucht sich wieder aufzulösen durch Nähe. Zuerst zur Mutter, später zu anderen Individuen, indem er Beziehungsfäden spinnt. Aus der Sicht des verdichteten Zustands gibt es Zeit als das Erlebnis, daß nichts bleibt, wie es ist. Aus der Sicht des Universums ist alle Zeit gleichzeitig.

So sind auf dem Schlangenberg alle meine Hunde noch da. Die, die jetzt dort leben. Die, die fortgegangen sind. Die, die gestorben sind. Sie bilden ein ziemlich großes Rudel. Ich als Ich kann dies nicht erkennen, denn Ich haust in der begrenzten Zeit von Vergangenheit, Gegenwart und Zukunft. Ich als wahres Selbst kann es erkennen, denn als wahres Selbst bin ich mit der ewigen Lebensenergie bewußt verbunden. Und die ewige Lebensenergie sieht alle Hunde gleichzeitig beieinander.

So sind Begriffe wie Jenseits und Diesseits auf einmal eine Frage meines subjektiven Zeiterlebens. Auf einmal bin ich mit allen verbunden, die von mir gegangen, und allen, die mir noch nicht begegnet sind. Am meisten aber mit mir selbst. Denn ich kann erkennen, daß das Universum und ich eins sind. Ich bin das Universum. Aber das Universum ist nicht ich, sondern die Summe allen Seins. Ich bin das Universum, das vorübergehend in die subjektive Dummheit meiner körperlichen Existenz eingesperrt ist, aber auch als diese von Bedeutung, denn ich trage mit meiner Teil-Wahrheit zur großen kosmischen Wahrheit bei.

Manchmal erwischen wir Augenblicke, da offenbart sich dieser Zusammenhang blitzartig und beeindruckend. Einen solchen Augenblick könnten wir Erleuchtung nennen. Das hält nicht lange an. Niemals können wir ihn festhalten. Aber er wirkt sich auf dein weiteres Leben auf erfreuliche Weise aus. Es ist nicht Sinn der Sache, ständig in diesem universalen Bewußtsein zu verweilen, dann hätten wir ja gar nicht erst subjektive Dummheit werden müssen. Es ist Sinn der Sache, vom Ausgangspunkt unserer Geburt aus den in uns schlummernden Anlagen zu folgen und sie zur Entfaltung zu bringen.

Weiß der Himmel, was das Universum damit beabsichtigt, wir zumindest haben keine andere Wahl, als diesen uns nicht bekannten Absichten als Körper, Lebewesen zu folgen, bis sich erfüllt hat, warum wir wurden. Je weniger wir uns beklagen oder uns darüber erheben, um so leichter ist unser Leben, ganz unabhängig davon, was uns im Leben widerfährt. Aus diesem Blickwinkel erwächst Leid aus dem Versuch, mit dem Leben nicht mitzuschwingen. Klug ist die, die offen für Erfahrungen ist und ihre Sinne wachhält, um herauszufinden, warum sie wurde; was also die wahren Absichten des Universums – wir könnten auch sagen – des kosmischen Selbst – sind, als es sich zu diesem oder jenem Lebewesen verdichtete. Herauszufinden, was der Sinn deines Lebens ist, bedeutet, herauszufinden, was du wirklich willst. Vergiß, was andere aus dir machen wollen. Erfülle keine fremden Erwartungen. Verwandle dich in dich selbst.

Die Klügsten werden die Dümmsten sein

Der alte Professor Sauerbruch, ein gefeierter Arzt und einer der führenden Köpfe seiner Zeit, meinte einmal, er habe unzählige Verstorbene in der Berliner Charité seziert, aber nicht ein einziges Mal habe er eine Seele gefunden. Was für ein Dummkopf!

Es bedarf einer gewissen Intelligenz, um mit dem Leben zurechtzukommen. Dabei ist nicht unbedingt die kognitive Intelligenz gemeint, also diese gewissen intellektuellen Fähigkeiten, die zwar angeboren sind, aber gefördert werden müssen, um zur vollen Entfaltung zu kommen. Der alte Sauerbruch war sicherlich das, was wir einen Menschen mit kognitiver Intelligenz nennen. Mit Hilfe dieser Intelligenz kannst du viel kapieren, aber das heißt nicht zwangsläufig, daß du auch verstehst und dieses Verständnis nutzt, um es praktisch anzuwenden oder gar den Sinn hinter den Erscheinungen zu ahnen oder gar zu erkennen.

Wie inzwischen Allgemeinwissen geworden, gibt es noch andere Formen der Intelligenz, die darüber entscheiden, ob eine Person ein gutes Leben führt, in diesem einen Sinn erkennt und Liebe als wichtigstes Prinzip im Leben anerkennt.

Da gibt es die emotionale Intelligenz, die kreative Intelligenz, die Erfolgsintelligenz und die spirituelle Intelligenz. Ich beziehe mich hier vor allem auf die Erfolgsintelligenz und die spirituelle Intelligenz. Beide sind deshalb von so großer Bedeutung, weil du sie brauchst, um mit ihrer Hilfe zu begreifen, daß nicht die einzelnen Lebewesen, Dinge und Erscheinungen wichtig sind, sondern die Beziehungen, die sie zueinander entwickeln, und daß es dabei um mehr geht als deine eigene kleine Wirklichkeit, ohne diese Wirklichkeit in ihrer Bedeutung für dich zu mindern.

Was ist Erfolgsintelligenz?

Über Erfolgsintelligenz verfügt die, die Erfolg will und nicht Wohlstand, Ruhm, Macht und Status. Diese mögen sich mit dem Erfolg einstellen, aber sie sind nicht das Ziel, und ihr Ausbleiben ist kein Beweis für Mißerfolg. Folgende Kriterien lassen Erfolgsintelligenz erkennen:

- Du bist imstande, dich selbst zu motivieren.
- Du hast gelernt, deine Impulse zu kontrollieren.
- Du weißt, wann du durchhalten mußt und wann nicht.
- Du machst das Beste aus deinen Fähigkeiten.
- Du kannst Gedanken in Taten umsetzen.
- Du hast keine Angst vor Fehlschlägen.
- Du schiebst nichts auf die lange Bank.
- Du übernimmst Verantwortung.
- Du kennst den schmalen Grat zwischen Überlastung und Unterforderung.

- Du kannst unter Umständen lange auf Belohnung warten.
- Du machst Fehler, aber jeden nur einmal, d.h. du nutzt sie bewußt, um zu lernen.

Was ist spirituelle Intelligenz?
- Du kannst deine tiefsten Motive erkennen.
- Du hast ein hohes Maß an Selbstbewußtheit (kannst nach innen schauen).
- Du bist fähig, Schwierigkeiten zu nutzen und zu transzendieren.
- Du hast einen tiefen Widerwillen gegen Destruktivität und scheust dich, Schaden anzurichten, anderen etwas anzutun, zu übervorteilen, unehrlich zu sein oder zu unterdrücken.
- Du hast ein metaphysisches, philosophisches Todesverständnis entwickelt.
- Du hast nicht aufgehört, über das Wunder des Lebens zu staunen.
- Du kannst fühlen und erkennen, daß das Ganze mehr ist als die Summe seiner Teile.
- Du bist fähig, universelle Zusammenhänge zu erkennen.
- Du kannst Erfahrungen anderer ebenso als Wirklichkeit anerkennen wie deine eigene.
- Du hast ein Interesse daran, den Sinn einer Sache/Situation/Erscheinung zu ergründen.

Die wahre Wirklichkeit setzt sich aus diesen unzähligen subjektiven Wirklichkeiten aller Lebewesen zusammen, bei denen offenbar nicht eine einzige fehlen darf, um ein Ganzes zu ergeben. Die subjektiven Wirklichkeiten entstehen aus dem komplexen, vibrierenden Gewebe von Beziehungen zwischen Lebewesen, Erscheinungen und Dingen. Beziehungen sind die Wege, die Energie nimmt, um von einem zum anderen zu fließen. Über diesen Fluß der Energien bleibt Wirklichkeit eine veränderliche Angelegenheit, in der es auf die Vielfalt ankommt.

Dies liegt nach meiner Auffassung in der Absicht des Universums. Wenn wir diesen Gedanken zulassen, dann hat jeder Kampf um Standpunkte keine Bedeutung mehr. Dann ist jedes Festhalten an unhaltbaren Situationen ein Versuch, dem Universum das

Leben unnötig schwer zu machen, indem wir versuchen, den Fluß von Energie aufzuhalten.

Die Erfolgsintelligenz benötigst du, um diese Energie fließen zu lassen, also Beziehungen vielfältigster Art herzustellen. Und die spirituelle Intelligenz benötigst du, um aus tiefstem Herzen zu verstehen, daß du nichts anderes als eine mehr oder weniger originelle Ausstülpung des Universums bist, die den Auftrag hat, sich eines Tages mit so vielen Erfahrungen wie möglich wieder zurückzuziehen, respektive nach Hause zu kommen.

Der Gang in die Wüste
als Bild der Konzentration und Transformation

Such dir die Orte des Rückzugs und geh freiwillig in die Transformation. Wenn du beginnst, die Strukturen weiblicher Entwicklung zu verstehen, kannst du dich im vorhinein ins Werden begeben, anstatt im nachhinein verstehen zu lernen, was dir mal wieder passiert ist.

Die wirklich wichtigen Dinge in unserem Leben erleben wir allein. Wandlung geschieht immer nur dir selbst. Sie ist mitteilbar, aber nicht teilbar. Üblicherweise erwischen uns die Veränderungen im Leben, indem sie uns „ereilen". Zumindest erleben wir es so. Wir haben damit scheinbar gar nichts zu tun, sie nicht gerufen, geschweige denn erzeugt. Dann haben wir regelmäßig das Gefühl, daß es der falsche Zeitpunkt ist, und empfinden es eher als unangenehm. Mit Sicherheit haben wir in so einem Fall schon viel zu lange versucht, den Fluß der Energien aufzuhalten. Dies ist die wahrscheinlichste Ursache dafür, daß wir mit solchen Empfindungen auf tiefgreifende Veränderungen in unserem Leben reagieren. Denn Veränderungen an sich sind ja wirklich nichts Besonderes.

Es ist eine alte Erfahrung: Alles, was mich zum Reagieren zwingt, wird eher als nicht so angenehm empfunden. Andere und anderes bestimmen in so einem Fall die Spielregeln. Wenn ich dagegen imstande bin, meine Handlungen aktiv zu steuern, ist das ein weitaus besseres Gefühl. Es gibt Möglichkeiten, mit den Veränderungen des Lebens mitzuschwingen, indem wir uns auf sie vorbereiten. Je mehr du also über dich und das Leben weißt, um so leichter entwickelst du dich zu der Person, die du in der Tiefe deines Selbst bist, denn darum geht es ja diese ganzen viertausend Wochen, die du dich, zu Materie verdichtet, auf dem Planeten Erde aufhältst.

Das Wissen, das du dazu benötigst, bekommst du in unseren Zeiten nicht mehr von deinen direkten Ahninnen, also den älteren Frauen deiner Familie überliefert. Das ist schade, aber nicht zu ändern. Heutzutage gibt es Bücher, die dir in dieser Beziehung weiterhelfen können. Über die Vermittlung von Wissen hinaus können sie aber nichts für dich tun. Du mußt dein Leben selber leben, und am einfachsten ist es, wenn du beginnst, es bewußt zu gestalten. Bewußtsein benötigt ein gewisses Maß an Ruhe und Konzentration, um sich zu entwickeln und wahrgenommen zu werden. Darum ist es angebracht, sich von Zeit zu Zeit aus dem üblichen Alltagsleben zurückzuziehen und sich der Entwicklung von Bewußtsein zuzuwenden. Orte des Rückzugs sind in unserer Welt rar. Solche Orte der Kraft befinden sich überall dort, wo die Verdichtung von Materie nicht so stark ist, so daß ein Kontakt zur ewig fließenden Lebensenergie leichter zustande kommt.

Der Schlangenberg ist als ein Ort für Frauen ein solcher Rückzugsort. Auf dem Schlangenberg wirken plutonische und uranische Kräfte, das heißt, daß du dich hier in die Energie der Heilerin und der Priesterin begibst, um dir selber zu begegnen. Auf diese Weise bringt ein Aufenthalt gestaute und blockierte Energie wieder zum Fließen und schenkt dir Veränderung, die ungeahnte Chancen enthält.

„Das Maß aller Dinge" bekam dem Thema entsprechend das Bild der wallenden See (sai-vala = wallende See, Wurzelwort für Seele) zugeordnet. Für dieses Buch nun, in dem ich ganz praktische Anleitungen für die Entwicklung eines authentischen Selbst geben möchte, habe ich ein anderes – symbolisches – Bild des Rückzugs gewählt: den Gang in die Wüste. Die Wüste birgt viele Orte der Kraft. Auch hier kommst du leichter und schneller mit dem kosmischen Selbst in Berührung und kannst dir selbst klarer begegnen. Die Energie der Wüste ist heiß und trocken. Sie hilft dir, dich auf das Wesentliche zu konzentrieren und zu beschränken. Sie bringt dir die Tatsache nahe, daß es stets nur ein kleiner Schritt ist, der dich vom Tode trennt. Und sie zeigt dir, daß das völlig unwichtig ist.

Im Geist lasse ich alle dreizehn Frauen zu Fuß einen langen Weg in die Einsamkeit gehen, bis sie in der Schwingung der Wüste angelangt sind, wo nichts sie stört und du ihnen in aller Deutlichkeit begegnen kannst. In der folgenden Imaginationsübung kannst du ihnen im Geiste folgen. Ich habe noch eine zweite Imaginationsübung angefügt, die dafür geeignet ist, deinen eigenen Ort der Kraft und Erneuerung zu finden. Beide Übungen lassen sich allein oder in Gemeinschaft mit anderen Frauen machen (in diesem Fall muß eine da sein, die euch durch die Übung führt). Du benötigst einen ruhigen Ort, an dem du nicht gestört wirst, bequeme Kleidung, die nicht einengt, und eine sitzende oder liegende Haltung, bei der weder Hände noch Beine verschränkt sein dürfen (Ausnahme: der Lotussitz).

Imaginationsübung 1

- Zieh zuerst in Gedanken dreimal einen Kreis mit dem Uhrzeiger um dich herum.
- Nachdem du dich hingesetzt oder hingelegt hast, atmest du kräftig aus und nimmst noch einmal ganz bewußt deinen Platz ein.
- Nun nimmst du wahr, wie überaus beschäftigt dein Kopf damit ist, immer wieder dieselben Gedanken zu denken. Du erlaubst deinem Verstand, sich mit deinen Gedanken zu befassen. Deine Gedanken dürfen jetzt allein weitermachen.
- Jetzt gehst du mit deiner Aufmerksamkeit dorthin, wo du deinen Atem spürst, und nimmst in aller Deutlichkeit zur Kenntnis, daß du atmest. Du fühlst, wie der Atem kommt und geht. Du hörst, wie du die Luft in den Körper ziehst und wie sie ihn wieder verläßt.
- Begib dich nun in den ruhigen Rhythmus deines Atems. Du sagst innerlich: Kommen und Gehen – Kommen und Gehen – Kommen und Gehen.
- Wenn dein Atem einen ruhigen, gleichmäßigen Rhythmus erlangt hat, gehst du mit deiner Aufmerksamkeit in deine Beine

und Füße. Im Kommen und Gehen deines Atems erinnern sie sich daran, ruhig und stetig zu gehen, Schritt für Schritt.

- Anschließend wendest du dich deinen Bildern und Vorstellungen von Wüste zu. Du erlaubst deinen Füßen, in der Wüste zu gehen. Du siehst und spürst die unendliche Weite der Landschaft. Du nimmst die Einsamkeit wahr und erkennst, daß sie angenehm, ja geradezu beruhigend ist. Wenn du einen Ort gefunden hast, der dir geeignet erscheint, bleibst du stehen.
- Jetzt rufst du alle Aspekte herbei, einen nach dem anderen. Vielleicht kannst du dich nicht an alle erinnern, dann ruf nur die, die du im Gedächtnis hast. Es kommt nicht darauf an, darüber nachzudenken, ob und welche du rufst. Laß es einfach geschehen. Dann bitte die Gestalten mit deiner inneren Stimme, sich im Kreis um dich herum hinzusetzen.
- Setz auch du dich hin und hör auf das, was sie dir zu sagen haben. Möglicherweise willst du ihnen dein Problem beschreiben. Es kann aber auch sein, daß du ohne besonderen Anlaß hören willst, was sie sagen.
- Wenn du genug gehört hast und wieder zurückkehren möchtest, bedanke dich bei den von dir gerufenen Aspekten und schick sie fort. Jetzt kommt es darauf an, daß du den Weg, den du gegangen bist, auch wieder zurückgehst. Kehre von deinen gehenden Füßen zu deinem Atem. Von diesem wende dich wieder deinen Gedanken zu, die sich in der Zwischenzeit hoffentlich bestens selbst beschäftigt haben.
- Vergiß nicht, den Schutzkreis um dich herum wieder zu öffnen. Dreimal im Geiste gegen den Uhrzeiger.

Imaginationsübung 2

- Zuerst ziehst du im Geist einen Schutzkreis um dich herum. Dreimal mit dem Uhrzeiger.
- Nachdem du dich hingesetzt oder hingelegt hast, atmest du kräftig aus und nimmst noch einmal ganz bewußt deinen Platz ein.
- Nun nimmst du wahr, wie überaus beschäftigt dein Kopf damit ist, immer wieder dieselben Gedanken zu denken. Du erlaubst

deinem Verstand, sich mit deinen Gedanken zu befassen. Deine Gedanken dürfen jetzt allein weitermachen.

- Jetzt gehst du mit deiner Aufmerksamkeit dorthin, wo du deinen Atem spürst, und nimmst in aller Deutlichkeit zur Kenntnis, daß du atmest. Du fühlst, wie der Atem kommt und geht. Du hörst, wie du die Luft in den Körper ziehst und wie sie ihn wieder verläßt.
- Begib dich nun in den ruhigen Rhythmus deines Atems. Du sagst innerlich: Kommen und Gehen – Kommen und Gehen – Kommen und Gehen.
- Während du entspannt sitzt oder liegst, erhebst du dich mit deinem geistigen Körper und gehst durch den Raum bis zur Tür.
- Wenn du die Tür öffnest, erkennst du, daß sich dahinter eine Brücke befindet. Du schließt die Tür und gehst über die Brücke bis zu ihrem anderen Ende.
- Am anderen Ende der Brücke befindet sich eine Plattform, die groß genug ist, daß du dich bequem und ohne Angst auf ihr aufhalten kannst.
- Jetzt ruf alle Aspekte herbei, die bereit sind, zu dir zu kommen. Überlaß es den Gestalten, welche kommen wird und welche nicht.
- Wenn sie vor deinem inneren Auge erschienen sind, bitte sie, dich an deinen nur zu dir gehörenden Ort der Kraft zu bringen. Laß dich von ihnen hintragen. Wenn du dich ausreichend dort aufgehalten hast, bitte die Aspekte, dich wieder auf die Plattform zurückzubringen. Bedank dich bei ihnen und schick sie fort.
- Anschließend gehst du über die Brücke zurück zur Tür. Gehst durch die Tür, durch den Raum zu dir selbst und vereinigst geistigen und realen Körper miteinander.
- Laß dir ausreichend Zeit, in dieser Welt wieder anzukommen.
- Vergiß nicht, den Schutzkreis wieder zu öffnen. Dreimal gegen den Uhrzeiger.

Zeiten der Veränderung sind nicht immer die angenehmsten im Leben. Mit Sicherheit aber die interessanteren. Wenn du dich an den Gedanken gewöhnst, daß alle Wünsche nach einer Zeit, in der du alles glücklich überstanden haben mögest, verständlich, aber völlig unerfüllbar sind, hast du es wesentlich leichter. Am besten wirfst du die Erwartung, daß es darauf ankommt, Probleme zu *lösen*, gleich mit über Bord. Wir haben uns zu Materie verdichtet, um ganz bestimmte Erfahrungen zu machen. Erfahrungen, die ein zusammenhängendes Thema haben.

Herauszufinden, was das Thema deines Lebens ist, kann eine deprimierende Leidensgeschichte oder ein aufregendes Abenteuer sein. Es liegt ganz bei dir. Probleme und Schwierigkeiten sind dabei nichts als Meilensteine auf deinem Weg zu einem Lebensthema. Du lernst von ihnen, sie helfen dir zu wachsen. Zwar mußt du die wichtigen Dinge in deinem Leben allein durchleben, aber du bist vom Leben mit allem ausgerüstet, was du dafür benötigst.

Freiheit und andere Begriffe

Freiheit erlangst du, wenn du Grenzen ziehen kannst. Grenzen ziehst du, indem du sie aufhebst. Verschwende deine Kraft nicht, um dich zu panzern, sondern mach dich durchlässig, wenn du dich schützen willst.

Freiheit macht bisweilen Angst. Sie ist letztlich eine andere Bezeichnung für den Umstand, daß du die wesentlichen Dinge des Lebens ganz allein erfährst. Du hast sie also, ob es dir nun paßt oder nicht. Freiheit wird nicht wirklich geliebt, denn wenn du sie wahrnimmst, wird in aller Schärfe deutlich, daß deine Sehnsucht nach dem Ende des Alleinseins erst nach deinem Tod wirklich gestillt werden wird.

Du mußt Freiheit nicht erkämpfen, du kannst sie nicht verlieren. Du kannst so tun, als ob du sie nicht hättest, und du kannst anderen die Erlaubnis geben, deine Bewegungs- und Entscheidungsmöglichkeiten, deinen geistigen Radius einzuschränken. Dies kann selbstverständlich auch ohne deine Erlaubnis geschehen. Manchmal gehen ja ganze Nationen mit anderen Nationen und Kulturen auf diese Weise um. Dann ringst du darum, wieder selbst entscheiden, denken und dich bewegen zu können. Das mag dir gelingen oder nicht. Aber das sind Fragen einer untergeordneten Freiheit.

Wahre Freiheit hast du, wie du innere Organe hast, ein Hirn, ein Herz. Sobald sie dir bewußt wird, verändert sich dein Verhalten, und du bist nicht mehr imstande, dich in Abhängigkeiten jeder Art zu begeben. Häufig sind Abhängigkeiten, seien es Drogensucht, Alkoholismus, Liebessucht oder praktizierte Symbiose, nichts anderes als Versuche, diesem Bewußtsein von wahrer Freiheit zu entkommen. Vielleicht, weil es mit Alleinsein, Verlassensein, Schutzlosigkeit und Hilflosigkeit verwechselt wird. Vielleicht aus einer Art Lebensverweigerung, die wir alle recht gut kennen – aus diesen Augenblicken, in denen uns das Leben als zu groß erscheint so wie Mamas Schuhe, als wir noch Kinder waren und spielten, wir wären große Leute. Die Bewußtheit deiner Freiheit, deiner inneren Freiheit ist die Voraussetzung für ein authentisches Leben ohne Masken und Fassaden. Obwohl sie einem Menschen die größte Macht verleiht, die es geben kann, wird sie häufig verleugnet, sogar vehement bekämpft.

Wir bewegen uns in der Welt wie eine, die in ihrem Zuhause den Mantel anbehält, und haben doch alle eine große Sehnsucht, ihn endlich ablegen zu können. Nur wenige ziehen ihn aus. Die, die ohne Mantel herumlaufen, werden oft für lächerliche Narren gehalten, und nicht wenige treffen Haß und Verachtung als Versuch, in ihnen zu bekämpfen, was uns im eigenen Inneren so große Angst verursacht.

Für viele ist die Unmöglichkeit, den Mantel abzulegen, ein Problem des nicht vorhandenen Vertrauens, der Furcht vor Verletzung, vor Übergriffen, vor Liebe, vor Glück. Es haben mehr Frauen Angst vor Liebe als gemeinhin für möglich gehalten wird. Und daß Glück ein Gefühl ist, das eher vermieden wird, habe ich oft genug erlebt. Ohne den schützenden Mantel fühlen wir uns unsicher, wir haben Angst zu frieren, fühlen uns in der Grenzenlosigkeit des Alls verletzbar und dem Untergang bestimmt. Nichts habe ich in meiner Tätigkeit so oft zu hören bekommen wie Erörterungen über die Notwendigkeit, sich zu schützen, Grenzen zu ziehen.

Die Angst vor Schutzlosigkeit ist also unser Ausgangspunkt. Von hier aus gehen wir unserer Freiheit entgegen, einem anderen Begriff für unser Einverständnis mit den Gesetzen des Universums. Am Ende wirst du den Mantel ablegen und dich frei bewegen können. Wie weit dir das gelingen und wann das sein wird, ist unbekannt.

Selbstverständlich sind wir darauf angewiesen, Grenzen zu ziehen. Es ist nicht Sinn der Sache, schutzlos durchs Leben zu gehen. Es gibt aber Möglichkeiten, sich ohne unnötigen Kraftaufwand zu schützen. Hinter festen Grenzen, unter dicken Panzern bist du möglicherweise vor Verletzungen geschützt, aber auch eingesperrt und daran gehindert, dein wirkliches Leben aufzunehmen, also Beziehungen herzustellen, Energie fließen zu lassen, auf daß du zum großen Selbstgespräch des Universums beiträgst.

Du kannst dich auf zweierlei Weise optimal schützen und doch frei in der Welt bewegen:

- Du nimmst aktiv am großen Spiel der fließenden Energien teil und lernst, deine Handlungen zu steuern, was bedeutet, alles über das Gesetz von Ursache und Wirkung zu lernen.
- Du lernst, daß Grenzen etwas Bewegliches sind, die sich dem Fluß der Energien anpassen können. Wenn du Techniken gelernt hast, die dir dies ermöglichen, wirst du feststellen, daß dein Raum in dieser Welt größer ist, als du vermutet hast. Dann mußt du nur noch wagen, ihn auch auszufüllen.

Die meisten Übungen, um deine innere Freiheit wahrzunehmen, sind Übungen für dich allein.

Die Ein-Meter-Grenze

Diese Grenzziehung eignet sich besonders gut für klaustrophobe Frauen, also solche, die schnell Gefühle von Beklemmungen ent wickeln, wenn sie in großen Menschenmengen stecken, z.B. in der U-Bahn, im Kaufhaus, in der Fußgängerzone, im Konzert. Aber sie ist nicht als Mittel zur Bekämpfung von Ängsten und Beklemmungen gedacht, sondern schenkt dir die Erfahrung der mühelosen Grenze.

Für diese Grenzziehung ziehst du in Gedanken im Umkreis von einem halben Meter dreimal einen rechtsdrehenden (mit dem Uhrzeiger) Kreis um deine Füße. Das ist schon alles. Vergiß nicht, den Kreis auch wieder aufzulösen, wenn du ihn nicht mehr benötigst. In diesem Fall kann Vergeßlichkeit sehr einsam machen. Du löst ihn auf, indem du ihn in Gedanken dreimal in die entgegengesetzte Richtung, also gegen den Uhrzeiger ziehst. Übe das Ganze ein paar Mal, bevor du losziehst. So bekommst du ein Gespür für Atmosphäre, denn dir wird schnell auffallen, daß du gleich nach Schließen des Kreises deine Umwelt wie aus einer Entfernung siehst, und die Luft um dich herum wird kühler sein.

Im Grunde solltest du wissen, daß jede Grenze dazu verlockt, verletzt zu werden. Druck erzeugt Gegendruck. Das kostet dich viel Kraft, und die Ergebnisse lassen auch zu wünschen übrig. Besser ist es, dich so weit auszudehnen, daß deine Grenzen hinter denen liegen, gegen die du dich abgrenzen willst, und nicht zwischen dir und ihnen. Das geht so:

Das größte Wohnzimmer der Welt

Diese Übung setzt voraus, daß du schon einen solchen Grad an Selbstbewußtheit erreicht hast, daß du dir dieselbe Achtung und Liebe entgegenbringst, die du anderen schenkst. Denn du hast nichts Geringeres vor, als die ganze Welt in deinen Nahbereich zu holen. Es geht darum zu erreichen, daß andere gar nicht erst auf die Idee kommen, übergriffig zu sein, weil da nichts ist, über das man greifen könnte. Darüber hinaus geht diese Übung davon aus, daß Menschen sich bemühen, sich gut zu benehmen, wenn sie woanders zu Besuch sind. Und wenn du deinen Nahbereich so vergrößerst, daß deine Grenzen hinter denen liegen, mit denen du zu tun hast, werden sie sich fühlen, als säßen sie in deinem Wohnzimmer, auf deinem Sofa.

- Anfänglich, solange du noch übst, stellst du dich sicheren Fußes hin. Später, wenn du schon geübt bist, kannst du diese Übung in jeder Lebenslage und in jeder Körperhaltung machen.
- Du erlaubst deinen Gedanken, ihren Job ohne dich zu machen, und gehst mit deiner Aufmerksamkeit dorthin, wo du atmest.
- Du nimmst zur Kenntnis, daß und wie du atmest. Sobald du dich auf einen ruhigen, regelmäßigen Atemzug eingestellt hast, gehst du mit deiner Aufmerksamkeit in dein Zentrum, deinen Bauch.
- Du spürst, daß dein Bauch rund wie ein Kessel ist. In diesem Kessel rollt eine Kugel. Du läßt sie linksherum, gegen den Uhrzeiger kreisen.
- Wenn die Kugel in einem ruhigen, regelmäßigen Rhythmus kreist, läßt du sie aus deinem Körper heraustreten und um dich herumkreisen..
- Du ziehst mit der Kugel immer weitere Kreise. Probier einmal aus, wie es sich anfühlt, wenn die Kugel das ganze Zimmer umkreist, in dem du dich befindest.
- Achte darauf, wie Menschen sich zu dir verhalten, die dieses Zimmer betreten (oder sich bereits darin aufhalten).
- Laß die Kugel zu dir zurückrollen, bleib aber in dem Bewußtsein, daß deine Grenze so weit wie das Zimmer, das Haus etc. ist.

Du wirst feststellen, daß Menschen sich plötzlich ganz anders verhalten. Und keineswegs nur in eine positive Richtung. Es könnte sein, daß sie auf einmal unfreundlicher zu dir sind als vorher, als du noch deine kleinen, fest gepanzerten Grenzen herumgeschleppt hast. Dann liegt das in der Tat daran, daß sie das zuverlässige Echo auf die Qualität deiner Energie sind, mit der du den Raum gefüllt hast. Vielleicht warst du selbst von wenig freundlichen Gedanken bestimmt, oder Furcht und Mißtrauen haben dich beherrscht.

Es kommt also darauf an, daß du das aussendest, was du zurückzuerhalten wünschst. Und es genügt nicht, sich die billige Masche des positiven Denkens anzueignen, du mußt wirklich lieben, wenn du Liebe erhalten willst. Du mußt wirklich Frieden sein, wenn du nicht bekämpft werden willst.

Es ist einfach, Gleiches mit Gleichem zu vergelten. Aber völlig sinnlos. Es vermehrt die negative und destruktive Energie. Sonst geschieht nichts. Dies bedeutet keine Absage an das Kämpfen. Es ist gut, sich zu wehren. Die Kunst besteht darin, es so zu tun, daß nicht mehr Leid geschieht, als schon geschehen ist, und dennoch zu siegen, falls es sinnvoll ist zu siegen. Überprüfe im Sinn spiritueller Intelligenz deine tiefsten Motive, was deinen Wunsch zu siegen angeht. Und gib dich nicht damit zufrieden, nicht siegen zu wollen. Überprüfe auch diese Motivation und fall nicht auf deine eigenen Lebenslügen herein. Viele Frauen sind deshalb notorische *looser*, weil sie den Gedanken nicht ertragen können, daß eine andere Person verlieren würde, wenn sie gewinnen. Das ist natürlich mindestens so dumm wie der zwanghafte Wunsch, immer und um jeden Preis siegen zu wollen.

Nicht wenige Frauen verweigern die Beschäftigung mit dem Gesetz von Ursache und Wirkung im Zusammenhang zwischenmenschlicher Beziehungen. Erklärungen für diesen Umstand gibt es genug. Es ist wohl vor allem die unterschwellige Bestürmung jeder weiblichen Existenz mit Botschaften, die die Herabsetzung und Unvollkommenheit des Weiblichen zum Inhalt haben, die es Frauen schwer macht, entspannt und selbstsicher wahrzunehmen, daß sie ursächlich daran beteiligt sind, welcher Wind ihnen im Leben entgegenbläst. Der Blick ist nach außen gerichtet. Das Bewußtsein registriert überrascht, was die böse Welt einer so alles antun kann. Aber Verbindungen zum eigenen Handeln werden nicht wahrgenommen.

Das Gesetz von Ursache und Wirkung kannst du als kausale Kette betrachten. Das ist der Domino-Effekt. Ein Steinchen wird umgestoßen, und sein Kippen lässt in einer langen Reihe einen Stein nach dem anderen fallen, bis sie alle liegen. Du kannst aber auch zur bewußten Steuerung deines Handelns finden, indem du schwimmen lernst.

Das Gewässer ist dieses unendliche Meer der Energien. Du kannst nun wie ein kleiner Kalamari-Tintenfisch immer mal wieder eine dunkle Tintenwolke ausstoßen, wenn dir was nicht paßt, aber den Durchblick erhältst du auf diese Weise eher nicht. Wenn du willst, daß ganz bestimmte Dinge zu dir herübergeschwommen kommen, dann mußt du ganz bestimmte Wellen machen, damit das Wasser/die Energie so in Bewegung kommt, daß genau dieses Teil auch herübergeschippert kommt. Dieses Bild ist meiner Ansicht nach besser geeignet, zum eigenen aktiven Handeln zu finden, als Vorstellungen von Kausalketten. Denn in Wahrheit ist das Leben so unübersichtlich wie das Meer von unten. Versuche, die Übersicht zu erlangen, sich gar einzubilden, sie zu haben, sind absurd. In den Kausalketten verheddern wir uns in kürzester Zeit wie der Delphin in einem japanischen Schleppnetz.

Bleiben wir also dabei, das unendliche Beziehungsgeflecht von einer anderen Seite her zu verstehen. Wenn du jetzt nicht zentriert bist, gehst du schnell verloren. Erde dich. Bleib bei dir, und nimm die folgenden Gedanken wie einen roten Faden in die Hand, auf daß du den Wegen ins Labyrinth folgen kannst, um anschließend auch wieder hinaus in die Freiheit zu finden.

Da du mit allem verbunden, mit allem eins bist – von diesem Einssein nur zeitlich begrenzt, vorübergehend getrennt –, stehst du vor einer beinahe unlösbaren Sache. Du hast die völlige Freiheit, zu tun und zu lassen. Es ist dein Leben. Deine Verantwortung. Es gibt keinen Richter. Keine Gesetze. Keine Werte. Keine Moral. Keine Urteile. Und gleichzeitig weißt du, daß alles, was du anderen gibst oder nimmst, was du tust oder unterläßt, etwas ist, das du dir selber antust, gibst oder nimmst. Die Ergebnisse erfährst du spätestens, wenn du wieder aufhörst, Materie zu sein, und zur reinen Energie zurückkehrst. Aber auch schon früher, zu deinen Lebzeiten mußt du wissen, daß es dir wehtut, wenn du anderen wehtust. Du erfährst Reaktionen auf alle deine Aktionen durch die anderen materialisierten Teile des Universums, also alle Lebewesen, die nicht du sind.

Zwischen diesen beiden Punkten findet dein Leben statt, und du hast nun die Aufgabe, das Maß zu entwickeln, nach dem du lebst und handelst. Es gibt bekanntermaßen viele verschiedene Versuche, Maßstäbe für ein gelungenes Leben zu finden. Alle Religionen, unzählige Philosophen der westlichen und Weisen der östlichen Welt und seit den Zeiten der Römer auch noch jede Menge Gesetzgeber haben versucht, Anleitungen zu geben, wie Menschen richtig und sinnvoll leben. Vielleicht findest du unter diesen Angeboten etwas Passendes für dich. Solche Weisheiten unterliegen gewissen Moden und mögen je nach deiner Bewußtseinsentwicklung immer wieder andere sein. Aber dennoch mußt du selbst wissen, was du tust. In Wahrheit kannst du dich auf nichts und niemand berufen.

Es lebt niemand dein Leben an deiner statt. Niemand kann dich erlösen. Alle Moral, alle Gebote sind Versuche anderer, einen Weg zu finden. Es ist sehr bequem, sich ohne Eigenleistung an das zu halten, was Religion, Moral, Konvention und Gesetz vorschreiben. Aber es zählt nicht. Du entscheidest. Und du trägst die Konsequenzen.

Entscheidungen fällen

Die klarsten Entscheidungen triffst du aus dem tiefen emotionalen Wissen, das in dir steckt. Aber du hast in dir auch widerstreitende Interessen, die alle ihre Berechtigung haben. Wenn du deine dreizehn Ratgeberinnen aufsuchst, können sie dir vielleicht Klarheit über dich selbst verschaffen

Alles, was du tust, fällt auf dich zurück. Das ist das wichtigste magische Gesetz. Das bedeutet ebenso, daß alles, was du nicht tust, auch nicht auf dich zurückfällt. Also nicht zu dir kommt. Dir keine Erfahrungen schenkt. Dich nicht wachsen läßt. Dich nicht wärmt und nicht anregt. Wenn du deine Freiheit nicht nutzt, wirst du unfrei sein; dich darum wie eine verhalten, die an einer dicken Säule steht, mit beiden Fäusten auf sie eintrommelt, während sie um die Säule herumgeht und schreit: Laßt mich endlich hier raus! Du lebst, um alle deine Anlagen zu entfalten. Auf daß deine Hände nicht leer bleiben.

Nun müssen wir nicht jede Erfahrung machen. Aber jede Frau muß an vielen Punkten ihres Lebens Entscheidungen treffen, wie es weitergehen soll, um in Zukunft die für sie passenden Erfahrungen machen zu können. Wenn sie es nicht tut, tut es niemand. Sich an das Leben einer anderen Person dranzuhängen, ist zwar noch immer gern praktizierter Frauenbrauch, aber aus kosmischer Sicht nicht zu empfehlen. Du verpaßt deine Lebensthemen und stehst eines Tages vor einem unüberwindlichen Berg an Problemen, weil du deinen Platz für dich selbst nicht ausgefüllt hast – und alle Hindernisse und Schwierigkeiten, die das Leben dir in der Absicht, dich wieder auf deinen Weg zu bringen, geschickt hat, haben sich aufgetürmt und wollen nun auf einmal gelöst, erledigt, abgetragen werden. Besser also, du lebst wieder selber und richtest dich häuslich ein in der absoluten Freiheit. (Und keine Angst: Freiheit macht nicht einsam, ganz im Gegenteil.)

In der absoluten Freiheit der Entscheidungen ist Hilfe willkommen, wenn nicht dringend vonnöten, denn die Grenzenlosigkeit des offenen Meeres, die ebenso grenzenlose Weite der Wüste zeigen, daß wir Halt benötigen, um das eigene Maß zu finden, so wie wir mehr als nur den Horizont als visuellen Anhaltspunkt brauchen, um nicht in tiefe Verzweiflung und vor allem Verwirrung zu stürzen, weil wir keine Orientierung haben.

Die Suche nach Oasen der Weisheit, in denen eine klare Quelle der Erkenntnis sprudelt, ist kaum von Erfolg gekrönt, wenn wir nicht über echte oder symbolische Landkarten verfügen, die uns die Wege dorthin zeigen. Die blinde Suche führt uns im Kreis herum, und diesmal führt der Kreis ins Nichts. Ohne Anhaltspunkte gehst du in der Wüste verloren, und die Fee Morgaine, die Fata Morgana lockt dich in Oasen, die nur bittere Täuschung deiner Bedürftigkeit sind.

Die dreizehn Aspekte weiblichen Seins sind nicht die einzige Möglichkeit, Rat, Hilfe und Anleitung zu bekommen. Es gibt viele spirituelle, intellektuelle und experimentelle Systeme, die dir das bieten können. Ich finde die dreizehn Aspekte aus einem wichtigen Grund sehr brauchbar und hilfreich als Identitätsstifterinnen. Die dreizehn Aspekte setzen einen Zusammenhang zwischen deinem irdischen, materiellen, körperlichen Leben und deinem wahren Selbst, deiner Seele. Sie sind buchstäblich und symbolisch in der Natur und im Zyklus des Jahres ebenso zu erkennen wie als innere Bilder und Seinszustände brauchbar. Es ist keine besondere Bildung oder gar Ausbildung notwendig. Du brauchst nur nach innen zu schauen, und weil dies gar nicht so einfach ist, habe ich vor einiger Zeit begonnen, dieses Innen einer Frau in Gestalt von „Aufstellungen" sichtbar und damit erfahrbar zu machen.

Das Phänomen der Aufstellungen ist aus vielen Therapieformen bekannt. Ich arbeite damit folgendermaßen:

Eine Frau, die sich über die Organisation ihres Innenlebens klarwerden möchte, wählt aus anderen anwesenden Frauen die dreizehn aus, die ihrer Vorstellung nach am besten die dreizehn Aspekte für sie verkörpern, und stellt sie in Beziehung zueinander auf. Sie kann sie stehen, sitzen, liegen lassen. Sie können jede Haltung einnehmen, die die Aufstellende sich vorstellt, und sie sollen so zueinander gestellt werden, wie es der Aufstellenden richtig erscheint.

Das so entstandene Bild beginnt lebendig zu werden. Die begleitenden Therapeutinnen greifen in der Regel nicht durch Deutungen oder Handlungsvorschläge ein. Dies würde bedeuten, daß andere, fremde Vorstellungen in das Innenleben der Frau einfließen. Auf diese Weise würden außenstehende Wirklichkeiten den Eindruck verfälschen oder – schlimmer noch – ideologisch färben. Lebendig wird das Bild deshalb, weil die Personen, die sich als verkörperte Aspekte zur Verfügung gestellt haben, zu sprechen beginnen. Sie äußern sich darüber, wie sie sich an ihrem Platz und in ihrer Haltung fühlen, und geben der Aufstellenden so Aufschluß, wie die dreizehn inneren Instanzen miteinander verbunden sind oder eben nicht. Zwischen den aufgestellten und verkörperten Aspekten und der Aufstellenden kann sich ein Gespräch entwickeln, das in der Regel von intensiven Aha-Erlebnissen und dramatischen, geradezu kathartischen Gefühlswahrnehmungen begleitet ist.

Beispiele aus der Praxis

Beispiel 1

Eine junge Frau, selbständig, beruflich erfolgreich und darauf sehr stolz, wünschte sich, daß sie den Aspekt der Amazone ausleben könne, was ihr nach ihrer Ansicht nicht gelang. Sie schilderte sich als mütterlich, hatte allerdings keine eigenen Kinder. Ihre übergewichtige Erscheinung ließ sie in der Tat mütterlich aussehen. Bei näherer Begegnung wurde jedoch deutlich, daß sie auch etwas von einem rundlichen Kind hatte. Sie wirkte tatkräftig und selbstbewußt und wurde recht ungeduldig, sobald sie nicht im Mittelpunkt stand. Sie hatte sich mit den dreizehn Aspekten ausführlich befaßt und konnte präzise benennen, welche der Aspekte sie ausleben würde und welche ihr völlig fremd seien. Am fremdesten war ihr der Aspekt der Mutter, mit dem sie, wie sie sagte, gar nichts anfangen könne, der sie aber auch nicht interessiere.

Als sie die dreizehn Aspekte aufgestellt hatte, ergab sich sofort, wo und bei welcher der Konflikt bestand: Die Mutter und die wilde Frau standen einander in Spannung und Entfernung gegenüber. Die Amazone stand irgendwo außerhalb des Geschehens. Die Liebende befand sich vollkommen abseits. Anzeichen dafür, daß im Gefüge der dreizehn etwas nicht stimmte, zeigte die Priesterin. Ihr war schlecht, und sie verlangte, daß etwas geschehe.

Zur Erläuterung: Die Mutter ist hier weder als eigene Mutter noch als das Thema der Mutterschaft zu verstehen, sondern sie symbolisiert das Loslassen durch Einswerden. Bei der Liebenden handelt es sich tatsächlich um die Liebesfähigkeit, auch um die Liebe zu sich selbst. Die Priesterin steht für den Sinn im Leben. Die Amazone ist die Kraft der ungebundenen jungen Frau, Beginn des Lebens, vorwärtsstürmende Lebenslust. Die wilde Frau symbolisiert die noch nicht zivilisierten Kräfte, auch das Kind, auch die Närrin.

Zwei Umstände sind bei so einer Aufstellung bemerkenswert. Das aufgestellte Bild spiegelt der Aufstellenden ihren eigenen inneren Zustand und gibt ihr auf diese Weise anschaulich Aufschluß darüber, woran es liegt, daß die Dinge sich nicht so entwickeln, wie es gewünscht wird. In diesem Fall, wieso die Aufstellende nicht zu ihren amazonischen, d.h. kämpferischen, stürmischen, erobernden, entdeckenden jugendlichen Kräften fand. Das ist schon viel und verhilft zu bemerkenswerten Erkenntnissen. Da die Figuren außerdem zu kommunizieren und zu agieren beginnen, hat die Aufstellende Gelegenheit, mit ihrem ansonsten unbewußten Innenleben in direkte Kommunikation zu kommen. In diesem Beispiel endete die Aufstellung damit, daß die Priesterin sich körperlich wieder wohl zu fühlen begann, als die Liebende und die Mutter zusammengebracht wurden. Es stellte sich heraus, daß die Aufstellende die Aufgaben der Amazone der wilden Frau übertragen hatte, die diese zu erfüllen versuchte, wie ein trotziges kleines Kind es getan hätte.

Über die Zusammenführung von Mutter und Liebender wurde der Raum geschaffen, daß die Amazone sich ausbreiten konnte. Die ungezügelten Anteile der wilden Frau konnten aus ihrer überforderten Lage entlassen werden.

In der Aufarbeitung wurde deutlich, daß die junge Frau im Konflikt mit der Mutter sich weigerte, den Status des Kindes zu verlassen, und aus diesem Grund nicht in die Kraft der Amazone hineinwachsen konnte. Diesen Mangel überspielte sie mit dem Getöse der wilden Frau und einem antrainierten selbstbewußten und bestimmenden Verhalten. Was ihr fehlte, war Liebe, Eigen-Liebe. Erst diese Kraft brachte alles wieder in Fluß.

Beispiel 2

Eine junge Frau mit ausgeprägtem Bedürfnis nach Ausgeglichenheit und Harmonie bat um eine Aufstellung ohne besondere Konfliktstellung. Sie war eine sehr schlanke, zart und biegsam wirkende Frau; liebenswürdig, freundlich und wirkte wie ein Teenager, obwohl sie Mitte zwanzig war.

Sie wählte einen Aspekt nach dem anderen aus der Reihe der Frauen aus und bettete die Gruppe auf großen Kissen liegend umeinander. Immer wieder betonte sie, sie wolle, daß es allen gut ginge. Alle Aspekte wurden immer wieder aufgefordert, sich wohl zu fühlen, es sich gemütlich zu machen. Sie wolle, so sagte sie, einen Aspekt nach dem anderen zu sich rufen, um mit diesem zu tanzen, während alle anderen sich derweil auf den Kissen ausruhen sollten. Als sie den ersten Aspekt, es war die Künstlerin, zu sich gerufen und mit ihr zu tanzen begonnen hatte, fingen alle anderen an, heftig zu murren, zu schimpfen und sich zu beschweren. Sie fanden die Aufstellung unbequem, erlebten sich als unterfordert, langweilten sich und wurden ziemlich aggressiv.

In einer langen Diskussion mit ihren ansonsten unbewußten Aspekten wurde der jungen Frau klar, daß sie in ihrem Bedürfnis nach Geborgenheit und Harmonie auch viel Angst vor ihrem eigenen Potential versteckte. Sie wagte dann das aktive Miteinander aller Aspekte und erfuhr, daß unkontrollierte und disharmonische Situationen nicht nur überlebbar, sondern sehr angenehm und lustvoll sein können.

Im nachhinein stellte sich heraus, daß die junge Frau in der Beziehung zu ihrer Partnerin an einem Punkt angelangt war, an dem diese sich mehr Bewegungsfreiheit wünschte, während sie selber aus Angst vor Verlust und Schmerz die Symbiose immer enger werden ließ. Nach dieser Aufstellung fühlte sie sich imstande, die Beziehung in eine neue, freiere, unkontrolliertere Entwicklung gehen zu lassen.

Die als ein bestimmter Aspekt ausgesuchten Frauen müssen sich nicht bewußt in diesen hineinversetzen. Es kommt also nicht darauf an, daß eine einen Aspekt verkörpernde Frau diesen mit einer bewußten Deutung versieht. Das wäre der Aufstellung gar nicht förderlich. In einem solchen Fall würde die Aufstellung in eine Darstellung verrutschen. Auf eigene Weise verbindet die Kraft, die die Frau repräsentiert, sich von ganz allein mit ihr. Die Frau bleibt sie selbst, und doch spricht sie mit der Kraft und Färbung des von ihr verkörperten Aspekts.

Nicht immer hat eine dreizehn andere Frauen und dazu noch mindestens eine Anleiterin zur Hand, um den Kreis der inneren Ratgeberinnen zu befragen. Du kannst dir die Magie jedes Aspekts dadurch einfangen, daß du dir Gegenstände zusammensuchst, die diesen Aspekt repräsentieren. Leg diese Dinge um dich herum und geh in Meditation. Du kannst auch ein entsprechendes Ritual entwickeln, auf die Weise und mit dem Aufwand, der dir entspricht.

Du kannst dich auch in Trance begeben und darauf warten, welches der Tiere aus dem Aspektekreis dir begegnen wird, um zu dir zu sprechen.

Die Tiere des Aspektekreises:
Pferd (Amazone).
Kuh (Bäuerin).
Ratte (Denkerin).
Wölfin (Liebende).
Löwin (Königin).
Biene (Wissende).
Krähe (Händlerin).
Schlange (Heilerin).
Schmetterling (Künstlerin).
Ziege (alte Weise).
Adlerin (Priesterin).
Delphin (Mutter).
Sau (wilde Frau).

Nicht jeder ist dieser schamanisch hexische Umgang geheuer. Rituale sind auch nicht jederfraus Sache. Es spricht nichts dagegen, die dreizehn Aspekte auf sehr rationale Weise als Entscheidungshilfen zu benutzen. Du schreibst deine Frage, dein Problem auf, schilderst ausführlich, worum es geht. Dann gehst du die Aspekte einen nach dem anderen durch und stellst dir vor, wie beispielsweise eine Amazone, eine Bäuerin, eine Denkerin und so weiter das Problem lösen würde. Du wirst nach einiger Zeit feststellen, daß du immer schneller imstande bist, zu erfühlen – oder intuitiv zu wissen –, welcher Aspekt etwas dazu zu sagen hat. Je besser du dich in die jeweilige Seinsqualität hineinfühlst, um so leichter wird es dir fallen, diesen Teil deines Innenlebens wahrzunehmen und daraus einen für dich sinnvollen Blickwinkel zu entwickeln.

Abhängigkeiten auflösen

Erkenne deine Defizite und halte sie nicht für Sehnsucht nach Liebe. Fülle sie selber auf und sei dir selbst die Nächste. Verlaß dich niemals mehr und spring von der Polaritätenschaukel.

Die eigentlich nicht immer lustige Einteilung der Menschheit in Paare ist eine ziemlich verschrobene Struktur der patriarchalen

Gesellschaften. Sogar vor den anderen Spezies, die mit uns die Erde bewohnen, macht der Mensch nicht Halt. Denken wir nur an Noah, der die Fauna vor der großen Sintflut rettete, indem er ein Pärchen jeder Gattung mit an Bord seiner Arche nahm. Der Gute hätte nicht eine einzige Gattung retten können, wenn es sich so abgespielt hätte, denn um eine Art zu erhalten, braucht es mehr als ein Weibchen, während ein Männchen mehr als genug ist. Aber unverdrossen glauben erwachsene Menschen bis auf den heutigen Tag, daß die Form des Paares etwas Natürliches sei, daß Menschen der Ergänzung durch einen zweiten Menschen bedürfen, um leben zu können. Lesben bilden da keine Ausnahme.

Was sich seit Noahs Zeiten in unseren Hirnen und Herzen festgesetzt hat, ist eine eigenartige Bereitschaft, die Suche nach diesem uns auf wundersame Weise ergänzenden, ganzmachenden Gegenüber für das Wichtigste im Leben zu halten. Wenn wir dieses Gegenüber gefunden haben, neigen wir dazu, es um jeden Preis festzuhalten, und definieren es als Liebe. Statt dessen aber hat es etwas mit Abhängigkeit zu tun, und das Bedürfnis danach ist meiner Ansicht nach das Ergebnis einer Dressur, die an Gehirnwäsche grenzt.

Liebe kann auf diese Weise, wie ich meine, nicht gedeihen. Auf diese Weise wird Bedürftigkeit erzeugt, wofür es viele Gründe gibt. Sich mit den Ursachen dafür zu beschäftigen, ist nicht Gegenstand dieses Buches. Ich habe mich damit andernorts auseinandergesetzt. Hier geht es darum, dies zu verändern und sich von Abhängigkeiten, die aus dieser Dressur entstanden sind, wieder zu befreien. Das ist notwendig, denn diese Bedürftigkeit verhindert Liebe, statt sie zu erzeugen. Liebe kann nur zwischen freien, starken, sich ihrer selbst bewußten Personen entstehen. In Freiwilligkeit und Ebenbürtigkeit und in der Akzeptierung, daß Liebe sich wandelt, wie die beteiligten Personen sich wandeln.

Eine solche Person zu werden, ist ein langer Prozeß. Zu Beginn steht die Anerkennung der Tatsache, daß wir Menschen mit Defiziten sind. Diese Tatsache ist weder gut noch schlecht, sie ist Voraussetzung für das Spiel der Energien, das das Universum mit sich selber spielt. Trotzdem bist du weder Topf noch Deckel, sondern vollkommen in deiner Ausrüstung, um an diesem Spiel teilzunehmen.

Es gibt drei Möglichkeiten, daran teilzunehmen:

- Unbewußt und unwissend.
- Sublimierend und manipulierend.
- Hingebend und transzendierend.

Unbewußt und unwissend – oder Bewußtheit vermeidend und Wissen verleugnend – erlebst du das Leben als Schicksal. Dir werden Dinge geschickt, du erklärst für Zufall, was geschieht. Aus dem Außen fliegt es dir um die Ohren, daß du nur staunen kannst. Und nur selten gelingt es dir, Erfahrungen, die du schon gemacht hast, auf den neuen Schicksalsschlag so anzuwenden, daß du nicht jedes Mal wieder vor den gleichen Problemen stehst. Ganz zu schweigen davon, daß dein Sein als Ursache für das, was dir geschieht, erkannt werden kann. Wenn du auf diese Weise durchs Leben gehst, ist es immer Schuld der anderen, daß dir dies oder jenes geschieht. Die Schwierigkeiten in Liebesdingen liegen vor allem daran, daß die Partnerin/der Partner nicht so ist, wie du sie oder ihn brauchst; nach einer Trennung richten sich deine Hoffnungen darauf, diesmal aber bestimmt die Richtige/den Richtigen zu finden. Dein Blick bleibt auf die Unzulänglichkeiten und Defizite der anderen konzentriert. Du glaubst, wenn dieses oder jenes sich endlich veränderte, würde die Welt eine bessere.

Sublimierend bist du unterwegs, wenn du Beziehungen, also Leben aus Angst vor Abhängigkeit gleich ganz vermeidest und deine Kraft und Energie lieber in Arbeit, Karriere oder sonst etwas fließen läßt, jedoch auch nur auf eine Art und Weise, die dir ermöglicht, Erfahrung, Schmerz, Fehler zu vermeiden. Manipulierend ist es, wenn du Strategien entwickelst, die andere, zum Beispiel deine Partnerin/deinen Partner dazu bringen, das zu tun, was du willst, oder die Person zu werden, die dir vorschwebt. Diese noch zu formende Person ist entweder das Potential in ihr, das nur du erkennst, oder die Palette an notwendigen Verhaltensweisen, um dir und deinen Bedürfnissen, Empfindlichkeiten und Interessen gerecht zu werden. Du kannst dabei bewußt oder unbewußt manipulieren. Mit einer echten Partnerschaft, mit Liebe und Beziehung, mit Leben hat das wenig bis gar nichts zu tun.

Hingebend bist du, wenn du erkennst, daß dein Gegenüber von deinen Defiziten angelockt in dein Leben getreten ist. Dir begegnen nur Menschen, die auf das, was du bist oder nicht bist, was du ausstrahlst, antworten. Das deckt sich meist nicht mit dem, was du meinst, daß du bist. Wenn du wirklich wissen willst, wie es um dich steht, dann schau dir die Menschen deiner Umgebung gut an. Sie haben das, was du nicht hast.

Transzendierend bist du, wenn du weißt, daß am Ende dieser Begegnung, Beziehung, Berührung, Partnerschaft (wann immer das sein mag) ein Austausch von Energien und Kräften stattgefunden hat, so daß beide ihre Defizite durch das, was die andere Person hat und kann, aufgefüllt und ausgeglichen haben. Auf diese Weise kann es niemals ein Scheitern von Begegnungen und Partnerschaften geben, denn ihr Ende ist erreicht, wenn es nichts mehr auszutauschen gibt. Auch gibt es nicht nur die eine Partnerschaft, sondern viele Beziehungen vielfältigster Art, Qualität und Bedeutung, auch wenn diese eine die ganz besondere, weil dir besonders nahe ist. Ein Umstand, der nicht nur völlig normal, sondern im Sinn des Universums wünschenswert ist.

Vielfalt von Beziehungen ist der beste Garant, nicht in unnatürliche Abhängigkeiten zu geraten. Du brauchst niemanden, um ganz zu sein und leben zu können. Und doch mußt du wissen, daß du gleichzeitig von allen und allem im Leben abhängig bist, denn nur in der Begegnung mit anderen kannst du dich erfahren und entwickeln. Zwischen diesen beiden Punkten geht dein Weg, der dich in die Bewußtheit führt.

Beispiel für einen unbewußten Lebensplan

Eine Frau, talentiert und ehrgeizig, hatte in der Liebe nicht annähernd soviel Glück wie im Beruf. Immer wieder geriet sie an Personen, die der Anstrengung einer regelmäßigen Arbeit nicht gewachsen waren. Es war ihr selbstverständlich, das Geld für zwei zu verdienen, denn eine mußte es ja tun. Dennoch litt sie darunter, einen anderen Menschen durchschleppen zu müssen. Oft fragte sie sich, warum es ihr nicht gelang, den geliebten Menschen so weit aufzubauen und zu motivieren, daß dieser den Reiz und die Lust an Betätigung entdeckte. Es endete jedesmal mit einer Trennung, und die nächste Liebe gestaltete sich ganz ähnlich.

Beispiel für einen sublimierenden Lebensplan

Eine Frau wußte seit längerem, daß sie sich in Frauen und nicht in Männer verliebte. Sie war fest in das soziale Gewebe einer Kleinstadt eingebunden. Eltern, Sportverein, KollegInnen etc. Alle ihre Freundinnen aus der Schulzeit heirateten und verschwanden eine nach der anderen in der Institution Ehe. Leider verliebte sie sich immer in unerreichbare Frauen, die anderweitig gebunden waren, so daß sie keine befriedigende Partnerschaft fand. Eine Frauenszene existierte in ihrer Stadt praktisch nicht, und ein Umzug in eine größere Stadt kam nicht in Frage, da sie ihre Eltern nicht allein lassen konnte und sich auch beruflich verpflichtet fühlte zu bleiben. So verzichtete sie und stürzte sich in den Leistungssport.

Beispiel für einen manipulierenden Lebensplan

Eine Frau hatte noch spät ein sogenanntes Nachzüglerkind bekommen. Diesem Kind widmete sie ihr ganzes Leben. Das Kind war ein temperamentvolles, freiheitsdurstiges und unternehmungslustiges Mädchen. Von Zeit zu Zeit wurde sie von besorgten FreundInnen der Mutter und ebensolchen Onkeln und Tanten darauf angesprochen, mehr Rücksicht auf ihre Mutter zu nehmen. Die Mutter hätte sich beklagt. Wo die Tochter doch ihr Ein und Alles sei und die Mutter sich so aufopfere, um der Tochter ein gutes Leben zu bieten. Weil die Mutter ein schwaches Herz hatte (sie starb später an einer anderen Krankheit, jedoch mit gesundem Herzen), nahm die Tochter immer mehr Rücksicht, bis sie kaum noch ausging und sich aus allen Aktivitäten zurückzog, um bei der Mutter zu bleiben.

Beispiel für einen hingebenden, transzendierenden Lebensplan

Sie sah gut aus, war intelligent, witzig, beruflich erfolgreich und verfügte über viel Präsenz. Aber sie war, wie ihre Freundinnen meinten, ein Weichei. In Konkurrenzsituationen löste sie sich auf.

Selbstbehauptung war ihr ein Fremdwort. In ihrer Kindheit war sie emotional und sozial stark vernachlässigt worden. Eines dieser Kinder, die immer gut versorgt aussehen, sauber und adrett, die aber eher verwaltet als geliebt werden. Ihre erste Liebste war eine wenig schöne Frau, die sich im Hintergrund hielt und nichts dagegen zu haben schien, ihre gutaussehende, witzige, sprühende Partnerin im Mittelpunkt stehen zu sehen. Im Zusammenleben nahm die scheinbar in zweiter Reihe stehende Frau jedoch fast den gesamten Lebensraum ein. Sie breitete sich im Haus aus, alle Schreibtische und Schränke gehörten ihr, fast alle Räume waren von ihr belegt. Sie trug sogar die Kleidung ihrer Freundin.

Frau Witzig erkannte in dem raumgreifenden Verhalten ihrer Partnerin ihr eigenes Unvermögen, Raum einzunehmen, und fing an, daran zu arbeiten. Als sie sich trennten, begann sie einen Ring der Liebsten zu tragen, der sie daran erinnern sollte, stets ihren Raum einzunehmen und auszufüllen.

Ihre zweite Liebste war eine sehr fürsorgliche Frau. Vor allem für sich selbst sorgte sie gut, auch wenn genug an liebender Fürsorge für andere übrig blieb. Durch diese Partnerin nahm sie wahr, wie wenig sie für sich selbst sorgte und wie wenig Eigenliebe sie hatte. Auch von dieser Liebsten begann sie nach der Trennung einen Ring zu tragen. Als Symbol dafür, zukünftig in Liebe und Fürsorge gut zu sich selbst zu sein. An beide Partnerinnen dachte sie mit Achtung und Freude, obwohl sie nicht bereute, sich von ihnen gelöst zu haben, als es an der Zeit dafür zu sein schien.

Wege aus der Abhängigkeit sind Wege in die Hingabe und Transzendenz. Mit Hingabe ist hier natürlich nicht die unterwürfige Haltung gemeint, die landläufig von einer hingebungsvollen Frau erwartet wird, sondern eine offene und wache Haltung. Wenn eine es geschafft hat, hingebend und transzendierend zu leben, bedeutet das nicht, daß sie weniger leidet. Es bedeutet, daß sie Probleme und Leiden aktiv in Stärke wandelt.

Abhängigkeiten ertragen keine Wandlung. Abhängigkeiten sind einseitig fließende Energie. Wahre Beziehung ist ein ausgeglichenes Geben und Nehmen im gegenseitigen Austausch.

Wenn du deinen eigenen Abhängigkeitsbestrebungen auf die Spur kommen willst, komm mit hinaus in die Wüste. Schließ dich der Karawane der dreizehn Frauen an und stell dich gemeinsam mit ihnen in den Kreis. In diesem Fall ist es von energetischer Bedeutung, daß es sich um einen Kreis stehender Frauen handelt und daß sie sich nicht bewegen. Die Energie soll also ruhig kreisen und sich nicht aufheizen.

Nun schau die Frau links und rechts von dir an. Sie erzählen ganz viel über dich selbst, und was du da erfährst, wird dir Aufschluß darüber geben, warum du in diese oder jene Abhängigkeit marschierst, obwohl du es eigentlich besser weißt.

Der Kreis, der dir zeigt, daß du mit allen verbunden bist

Diese Übung funktioniert. Jedesmal. Egal wo. Egal mit wem. Es muß ein Kreis von Frauen sein. In diesem Fall ist es nicht wesentlich, ob es wirklich dreizehn sind. Es können auch neun, sieben, fünf Frauen sein. Aber besser ist es natürlich, wenn der Kreis eher groß als klein ist. Die Frau zu deiner linken Seite repräsentiert deine Gefühlsseite. Die Frau zu deiner Rechten repräsentiert deine Tatseite, zeigt dich also als handelnde, agierende, aktive Frau. Du stehst zwischen zwei Frauen, und du beschreibst zuerst, wie du die Frau links von dir siehst und erlebst, dann beschreibst du die Frau rechts von dir. Wie du sehen wirst, finden sich die beiden Frauen natürlich richtig erkannt. Und du erlebst, daß du tatsächlich auch dich selbst, einmal deine Gefühlsseite, einmal deine Tatseite beschrieben hast. (Bei Linkshänderinnen kann es umgekehrt sein, muß aber nicht. Nur 30 Prozent aller Linkshänderinnen benutzen ihre Hirnhälften entgegengesetzt zu Rechtshänderinnen.) Der Reihe nach beschreiben alle im Grunde andere Personen und gleichzeitig die Gefühls- oder Tatseite von sich selbst.

Als ich das erstemal einen solchen Kreis veranstaltete, nahm ich selbstverständlich mit teil. Und war völlig überrascht, denn links von mir stand eine junge Lesbe, die das Leben so lustig fand, wie du es nur mit neunzehn findest. Sie hatte nicht wirklich Bock auf tiefsinnige Dinge und war nur dabei, weil ihre Freundin es wollte. Rechts von mir stand eine viel zu ernste Frau, die ihren Gefühlen zutiefst mißtraute und solche Dinge für unberechenbar hielt. Sie zählte auf Tatkraft und vergaß vor lauter Anstrengung, daß das Leben auch leicht sein darf.

Überrascht war ich deshalb, weil es so erschreckend stimmte, was mir diese beiden über mich selbst erzählten. Wenn ich meiner Gefühlsseite folgte, war ich vor allem am Spaß interessiert, wie ich ihn nie hatte, als ich neunzehn war, denn da starb meine Mutter, ich bekam ein Kind und war vor der Zeit beladen mit Verantwortung. Meine Tatseite mißtraute Gefühlen tatsächlich, und das nicht ohne Grund. Wenn deine Gefühle mal gerade neunzehn sind, dann darf die Tatseite zu recht mißtrauisch sein, ob das wohl so zusammenpaßt und du den nötigen Ernst mitbringst, um Verantwortung zu tragen und existentiell zu überleben.

Zu meiner Erleichterung veränderte sich mein Innenleben in den nächsten Wochen auf dramatische Weise. Als ich am zweiten Kreis teilnahm, war meine Gefühlsseite gewachsen. Sie war nun Ende dreißig und glaubte an die große Symbiose. Meine Tatseite war zwar noch immer eine toughe Frau, aber doch schon viel lockerer und weicher. Kein Wunder, daß ich noch immer in die dümmsten Liebesgeschichten geriet. Mein Gefühls-Ich trieb mich mit der Sicherheit einer symbiosesüchtigen Frau hinein. Inzwischen hat sich natürlich weiter viel verändert. Mein emotionales Ich hat beinahe mein biologisches Alter erreicht. Es besteht also noch Hoffnung.

Es kommt bei diesem Kreis darauf an, daß die teilnehmenden Frauen sich nicht schon vorher ausrechnen, neben welcher sie zu stehen wünschen. Wenn du es nicht ohne Berechnung geschehen läßt, funktioniert es nicht. Dann bringst du dich um echte Erkenntnisse über dich selbst.

Es gibt keine Zufälle. Unzählige Frauen haben mir zugestimmt, wenn ich diese Ansicht äußerte. Der Kreis, der dich mit deinem emotionalen und deinem tätigen Ich bekannt macht, beweist es dir. Wir sind in ununterbrochener Korrespondenz mit unzähligen anderen Lebewesen, und ich lebe nun lange genug, um ausreichend Anlaß zu der Vermutung zu haben, daß das Universum sich nicht irgendwie, irgendwo und irgendwann uns kleine materialisierte Blasen ungezielt, wenn nicht gar chaotisch leistet, sondern einen über die Jahrtausende präzise abgestimmten Plan entwickelt hat, an dem teilzunehmen wir die Ehre haben.

Unsere Defizite ziehen Entsprechendes an. Aber nicht nur diese sorgen dafür, daß uns die Probleme nicht ausgehen. Unsere inneren, heimlichen, häufig uns selbst nicht bewußten Überzeugungen und Ansichten über das Leben und vor allem über uns selbst ziehen die an, deren Defizite darauf antworten. Darum ist so manche Person in unserem Leben nicht wirklich passend. Glauben wir. Aber während wir davon überzeugt sind, einem bewußten Lebensweg zu folgen, gibt es Bestrebungen in uns, die das verhindern. Wir erleben es als unpassende PartnerIn, Jobverlust oder andere Ereignisse, die uns widerfahren. Wenn du anfängst, diese Dinge mit Wachheit zu betrachten, kannst du viel über dich lernen und damit natürlich auch verändern.

So kommt es, daß erst dann Menschen anderer Couleur und Qualität in unser Leben kommen, wenn sich in unserem Inneren etwas verändert hat. Angst zieht Täter an. Das ist bekannt. Aber du kannst auch davon ausgehen, daß Menschen, die mit dir nicht gut umgehen, einen unausgesprochenen und unterschwelligen Auftrag von dir ausführen. In einem solchen Fall delegierst du deinen Selbsthaß, deine Selbstverachtung und Selbstzerstörung. Das erklärt, warum so viele geprügelte und mißhandelte Ehefrauen vom Frauenhaus zum angetrauten Mißhandler zurückkehren und häufig ihre Anzeigen zurückziehen, um sich weiter quälen zu lassen. Darum stecken wir so oft in Abhängigkeiten, für die es keine objektiven Erklärungen gibt.

Abhängigkeit ist das Ergebnis einer polaren, dualistischen Weltsicht. Sie verneint Vielfalt und lebt vom Ausschluß aller Optionen bis auf die eine, von der wir uns abhängig machen.

Konsens bilden

Kompetenz und Vielfalt führen zu besseren Ergebnissen als die Rituale der Mehrheitsbeschlüsse. Einen gemeinsamen Willen zu schaffen ist die Quelle der Energie, aus der sich jedes Projekt, jede Unternehmung, jeder Lebensplan nährt.

Den höchsten Grad an Selbstsicherheit und Selbstbestimmung hast du erreicht, wenn du andere, auch vollkommen entgegengesetzte Positionen in dein Leben, Tun und Denken einbeziehst. Das bedeutet nicht, daß du nun keine eigene Meinung mehr hast, sondern aus dem Verständnis für die Verbundenheit aller heraus weißt, daß in den anderen Positionen Wissen und Energie steckt, die du nicht hast, die dir aber – vor allem deinen Zielen, Projekten, Unternehmungen – nützlich sein können.

Das Leben besteht aus Kommen und Gehen, Geben und Nehmen und weniger aus dem Erreichen von Zielen und Beharren auf Standpunkten. Im sozialen Zusammenleben sind bewegliche Systeme, die durch Bündnisse und Konsens zustande kommen, von größerem Erfolg als die starre vertikale Hierarchieachse oder die mehrheitsbildenden demokratischen Systeme, die sehr schwerfällig sind und Wesentliches ausschließen, nur weil es keine Mehrheiten findet.

Die polarisierende Achse von Entweder-Oder ist ungeeignet, um erfolgreich zu sein. Das sogenannte Spiel der Kräfte verschwendet wichtige Energien an Siegen und Besiegtwerden. Die schwammige Sowohl-als-auch-Einstellung ist nicht geeignet, Kraft zu bündeln. Wenn du aber von dem Prinzip „Mehr-oder-weniger" ausgehst, kommst du zu sinnvolleren Ergebnissen. So werden Prioritäten nach dem Sinn und nach Logik bestimmt und sind nicht eine Frage von Lobby, Mehrheiten und Durchsetzungskraft. Nur die Paare können als glücklich gelten, denen es gelungen ist, so etwas wie *couple-power* zu entwickeln, statt sich gegenseitig im Visier zu haben und zu bekämpfen. Wir können dies getrost auf andere Unternehmungen erweitern.

Manchmal sind schlechte Beispiele durchaus etwas Gutes. Ein schon ziemlich lange zurückliegendes Initiationswochenende auf dem Schlangenberg, an dem Frauen ins Labyrinth gingen, zeigt, wie zeit- und kraftverschwendend der Versuch des Sowohl-als-auch ist. Da wollte ich noch eine kleine Konsensübung in die Unternehmung einbauen und hatte vollkommen unterschätzt, daß es ein vor allem langsamer Prozeß ist, Konsensbildung zu lernen. So ein Wochenende aber ist schnell vorüber, und wenn dann auch noch zehn Frauen ihr Initiationserlebnis im Labyrinth haben sollen, kann es knapp werden. Ich stellte den Frauen die Aufgabe, Konsens darüber zu erreichen, ob der Ein- und Ausgang des Labyrinths nach Osten oder nach Westen liegen solle. Keine zwei Minuten später gab es zwei einander mit Unverständnis gegenüberstehende polare Lager. Die einen wollten den Westen, die anderen den Osten. Es gab keine Chance auf Einigung. Genauso gut hätte ich versuchen können, Arafat und ein amtierendes israelisches Staatsoberhaupt zum Konsens zu bewegen.

Da griff ich in meiner Harmoniesucht zum Sowohl-als-auch und schlug vor, das Labyrinth so zu legen, daß der Eingang zuerst im Osten lag. Und wenn alle Ostfrauen durchgegangen waren, das Labyrinth mit dem Eingang nach Westen zu legen. Damit waren alle einverstanden. Ich begann zu ahnen, daß ich eine Nachtschicht einlegen müßte. Da sagte eine Teilnehmerin, daß sie im übrigen in beide Labyrinthe gehen wolle, erst in das mit dem Eingang nach Osten und dann in das mit dem Eingang nach Westen. Ich begriff und schickte ein Gebet zur Göttin, der ich versprach, in Zukunft nie mehr harmoniesüchtig sein zu wollen, darüber hinaus ließ ich solche Übungen von da an aus den Labyrinth-Wochenenden heraus. Statt dessen suchte ich nach geeigneten Übungen, um Konsens zu lehren.

Konsens kann bedeuten, daß alle sich auf den kleinsten Nenner, die schwächste Kandidatin, die langweiligste Lösung einigen. Das ist nicht zu empfehlen, dann hätten wir nämlich endlich die Diktatur der Dummen anstelle der Ungerechtigkeiten, die durch Mehrheitsbeschlüsse entstehen. Das wäre schlechter und nicht besser. Konsens kann aber auch bedeuten, Kräfte zu bündeln und über das Studium der Energiebewegungen einen gemeinsamen Willen zu schaffen. Der Weg zu dieser Art konzertierter Aktion geht über ein Gefühl als gemeinsamem Nenner.

In einem solchen Fall tritt der Nelson-Mandela-Effekt auf. Mandela ist aus verschiedenen Gründen ein so erfolgreicher Politiker geworden. Daß Südafrika ein demokratischer Staat wurde, der die Apartheid aufgegeben hat ohne blutigen Bürgerkrieg und ohne weitere Destruktion erzeugende Rache der Unterdrückten von einst, ist darauf zurückzuführen, daß er in seinen Verhandlungen davon ausgegangen ist, ausnahmslos alle wären an einem Frieden interessiert, wie er einmal sagte. Die Bewußtheit für dieses Bedürfnis hat er während der Zeit des Übergangs in eine neue Struktur in allen wachgehalten.

Wenn es gelingt, die motivierende Emotion aller an einer Sache, einem Projekt, einem Unternehmen, einer Entwicklung Beteiligten zu ergründen und in fließende Energie umzuwandeln, ist der wesentlichste Schritt getan. Wenn du davon ausgehst, daß alle Beteiligten etwas dazu beizutragen haben, dann ist es wichtig, ihre tiefsten Motivationen zu studieren und sie als Bewegungsdynamik zu erkennen, als studiertest du die Choreographie eines Balletts. Letztlich ist jede Person, die sich destruktiv verhält, entweder im falschen Projekt (Vorsicht: Mobbing!) oder aber in der falschen Position, mit verlorener Motivation unterwegs, über- oder unterfordert, nicht genügend beachtet etc.

Es ist eine große Aufgabe, herauszufinden, auf welche Weise jede beteiligte Person zur größten Motivation finden kann. Das ist nicht immer einfach – das wahre Leben ist komplizierter als eine Ballett-Choreographie. Normalerweise sind wir, was die Dynamik unserer Lebensenergie angeht, so vielschichtig wie der Teig eines Baumkuchens. Ganz unten, in der tiefsten Tiefe unseres Seins mögen wir vielleicht von der Energie des einen oder anderen Aspekts bestimmt sein (und auch die sind häufig gut gemischt vorhanden). Darüber lagern aber noch jede Menge andere Beweggründe. Und dieser Begriff darf wörtlich genommen werden. Ich habe die letzten fünfzehn Jahre meines Lebens damit verbracht, die Dynamik von Lebensenergie in ihrer Vielschichtigkeit zwischen ursprünglicher Anlage und gewordener Überlebensstrategie zu studieren. Den Rest meiner Zeit habe ich damit verbracht, meinen Klientinnen behilflich zu sein, zu ihrer ursprünglichen Energie zurückzufinden.

Das Studium von Energie-Dynamik kann dir helfen, das für dich und andere herauszufinden. Folgende Vergleiche mögen dein Auge in dieser Hinsicht ein wenig schulen.

Energiestau der weiblichen Überlebensstrategien

Die niedliche Kindfrau – nach innen gedrehte Füße, gesenkter Blick, passive Koketterie oder frecher Blick, Hände in den Hosentaschen.
Ursprünglich: die Amazone – stürmisch vorwärtsstrebend.
Die adrette Hausfrau – kleine kreisende Putzbewegungen, kurze Wege, enger Geist.
Ursprünglich: die Bäuerin – ruhige kreisförmige Bewegung.

Die Fit-und-schlank-Frau – ohne Zentrierung in ständiger Bewegung, dabei zurückgehaltene Kraft, die keine Richtung findet.

Ursprünglich: die Denkerin – schnelle, sich auf- und abwärtsbewegende Spirale.

Die Gut-im-Bett-Frau – bei sich selbst nicht anwesend, nach außen gerichtete Aufmerksamkeit, gewährend, aber nicht wirklich gebend. Bedürftig, aber nicht nehmen könnend.

Ursprünglich: die Liebende – ausdehnende Wärme wie Sonnenschein.

Die mächtige Politikerin – gefangen auf der Linie, die die kürzeste Verbindung zwischen zwei Punkten ist. Darstellung statt Sein, taktierend statt sinnvoll entscheidend.

Ursprünglich: die Königin – ruhiges Vorwärtsschreiten im Sonnenschein der Liebenden.

Die durchhaltende Sekretariatskrankenschwester – Verlorenheit im Detail, gebeugt in dienender Haltung, zurückgehaltener Zorn über die Dienerschaft.

Ursprünglich: die Wissende – Bündelung der Energie zu einem Laserstrahl, Fokussierung auf ein Ordnungsprinzip.

Die Karrierefrau – nehmende Haltung, versucht gleichzeitig zu nehmen und zu klettern.

Ursprünglich: die Händlerin – kreisförmiges, sprühendes Öffnen und Aussenden der von der Wissenden gebündelten Energie. Gibt und läßt es zurückfließen.

Die Therapeutin – beruhigende, mäßigende, kontrollierende, distanzierte Haltung.

Ursprünglich: die Heilerin – rasche, abwärtsführende Spirale in die Tiefe.

Die Süchtige – nach innen gewendete, greifend-krallende Haltung.

Ursprünglich: die Künstlerin – der Flug eines Pfeils in den Himmel.

Die alte Hure – langsame, spannungslose, gebrochene Haltung.

Ursprünglich: die weise Alte – ruhiges Dahinströmen eines Flußdeltas.

Die Nonne – unter schwerem Tuch beschwerte Kraft, zusammengebundene Flügel, in der Anbetung gefesselte Hände, verhinderte Leichtigkeit

Ursprünglich: die Priesterin – freier Flug zwischen der sichtbaren und unsichtbaren Welt

Maria, die Dulderin – unter großem Gewicht stillstehende Ergebenheit.

Ursprünglich: die Mutter – Ankunft im Meer, völlige Auflösung aller Strukturen durch Loslassen, Freigeben.

Elisabeth, die nette Zeitlose – völlige Bezähmung, Zurücknahme aller Sichtbarkeit und Wildheit.

Ursprünglich: die wilde Frau – unbezähmbare, wild wuchernde, plötzlich explodierende Energie, die unvorhersagbare Wege nimmt.

Es liegt nahe, daß Konsens um so schwerer zu erreichen ist, je mehr die an einer Sache beteiligten Personen noch in ihren Überlebensstrategien stecken, die sie daran hindern, daß ihre Lebensenergie frei fließt.

Es ist ganz simpel: Solange ein Kreis aus lauter Bedürftigen besteht, solange kann sich nichts bewegen, denn wer soll geben, wenn alle nur nehmen wollen? Der Weg von den Überlebensstrategien zur konsensschaffenden Bewußtheit der ursprünglichen Energien geht immer über das Erkennen. Darum sind alle Übungen, die die Fähigkeit zur Erkenntnis schulen, besonders wichtig.

Erste Übung zum Erkennen von Energiefluß
1. Alle Frauen stellen sich im Kreis auf und fassen sich an den Händen.
2. Jede Frau achtet auf ihren Atem und beginnt ruhig und gleichmäßig zu atmen.
3. Nun gibt jede Frau sich selbst die Erlaubnis, daß Energie von einer zur anderen durch die Hände fließen möge.
4. Nutze alle deine Sinne, um wahrzunehmen. Es gibt etwas zu sehen, zu fühlen, eventuell sogar zu hören, wenn die Energie zu fließen beginnt.

Zweite Übung zum Erkennen von Energiefluß
1. Alle Frauen stellen sich im Kreis auf.
2. Dann dreht sich jede zweite um, so daß sie aus dem Kreis heraussieht.

3. Ihr haltet euch nicht an den Händen, sondern legt die Hände aneinander.
4. Nun spürt, seht und hört, was sich creignet.
5. Ihr werdet bemerken, daß die Kräfte ganz anders von einer zur anderen gehen. Jede einzelne Frau wird sich selbst als viel durchlässiger erfahren als in der ersten Übung.

Der Kreis der ersten Übung ist dazu geeignet, Energie im Kreis zu konzentrieren, bis sie sich kegelförmig in der Mitte auftürmt. Die Form des zweiten Kreises läßt die Energie mäandern. Die Mitte des Kreises lädt sich nicht auf, dafür wird jede einzelne Frau von der Summe der Kräfte belebt und erfrischt.

Solche Wahrnehmungsübungen sind erste Ausstiegshilfen aus der Ausschließlichkeit der polaren Beziehungen. Nicht, daß es diese nicht gäbe. Sie haben ihre Bedeutung und ihre Wichtigkeit. Aber sie sind hochgefährlich, wenn sie für die wichtigste oder gar einzige Form der Wirklichkeit gehalten werden. Noch folgenreicher ist die Annahme, es sei möglich, in einer polaren Beziehung irgend etwas zu erreichen.

Bestes und abschreckendstes Beispiel sind nach wie vor die RAF und die Bundesrepublik Deutschland, die sich in den siebziger Jahren einen beispiellosen Machtkampf lieferten. Zwei Gebilde, die sich nur scheinbar buchstäblich und symbolisch in Spannung gegenüberstanden. In Wahrheit haben sie einander dazu verholfen, auf immer extremere Weise das zu werden, was sie aneinander haßten und bekämpften. Wenn es die RAF nicht gegeben hätte, hätten gewisse Kreise in Deutschland sie erfinden müssen. Denn niemals war es einfacher und leichter begründbar, warum Deutschland zu einem Polizeistaat werden mußte als in den Zeiten, als die RAF ihr Unwesen trieb. Umgekehrt war die RAF zu keinem Zeitpunkt wirklich an einem freien, lebens- und liebenswerten Deutschland interessiert. Sie brauchten einen Feind, und sie sorgten dafür, daß er immer feindseliger wurde.

Wir bekämpfen im Gegenüber stets das, was uns bei uns selbst ängstigt und irritiert. Eine vollkommen sinnlose Sache, die zu keinem Erfolg führen kann. Es einfach nur sein zu lassen, führt auch nicht viel weiter. Du mußt dich deinen Energiestaus stellen. Denn du endest als dein eigenes Opfer, wenn du das nicht tust.

Ich habe lange Zeit in meinem Leben erfolgreich versucht, erfolglos zu sein. Damit entsprach ich einem tiefen Wunsch meiner Mutter, der ihr selber natürlich nicht bewußt gewesen war. Ihre Angst, was mit ihrem Leben geschehen könnte, wenn ihre Tochter alle ihre Anlagen erfolgreich entwickelte, muß immens gewesen sein. Ich hatte dies jedenfalls – wie alle Kinder auf die unausgesprochenen Ängste ihrer Eltern antworten – zu meiner Lebensmaxime gemacht: Jeden echten Erfolg vermeiden. Das war gar nicht so einfach und stellte mich immer wieder vor neue Herausforderungen. Eines Tages konnte ich es erkennen und begann mit diesem Unsinn aufzuhören. Der Erfolg stellte sich ein, und doch konnte ich die Früchte meiner Arbeit nicht so recht genießen. In einem geradezu irrwitzigen Reigen begegneten mir Frauen, die mich wegen dieses Erfolges ebenso wütend wie irrational bekämpften und in ihren Bemühungen, mich zu verletzen und zu diffamieren, zu vielerlei Waffen griffen, fünf versuchte Rufmorde inbegriffen.

Ich lernte viel, vor allem eins: Jeder Versuch, sich auf diese Kämpfe einzulassen, hätte bedeutet, die destruktive Energie mit meiner Lebenskraft zu nähren. Ich lernte noch mehr: Ich begriff, daß ich den Versuch, den Wunsch meiner Mutter zu erfüllen, nicht aufgegeben, sondern nur an die Außenwelt delegiert hatte. Ändern konnte ich die Situation nur bei mir. Das habe ich getan. Seither sind die desperaten Destruktivas aus meinem Blickfeld verschwunden.

Es gibt noch andere Möglichkeiten, wie Kräfte gegeneinander und nicht miteinander arbeiten. Im Sinn dessen, daß alles, was du tust, auf dich zurückfällt, kann es sein, daß am Anfang einer Unternehmung Dinge geschehen (oder unterblieben sind), die geklärt, bereinigt, wiedergutgemacht werden sollten. Sie werden mit ihrer destruktiven Ausstrahlung so lange dafür sorgen, daß du in ihrer Art die immer gleichen Probleme hast, bis du für eine Art Wiedergutmachung oder Energie-Ausgleich gesorgt hast, der diesen alten Störfaktor auflöst.

Wir tun Böses und unterlassen es, Liebe zu geben, weil wir Gefangene unserer Überlebensstrategien sind. Das kann ziemlich lange gut gehen. Nicht viele verspüren freiwillig und ohne Not den Wunsch, eine einigermaßen funktionierende Lebensstrategie aufzugeben. Das machen doch alle so, und außerdem sind wir bisher doch auch damit durchgekommen, nicht wahr? In der Folge rennen unzählige Menschen mit einer stinkenden Aura herum, die unangenehmere Auswirkungen hat als monatelang nicht geputzte Zähne, nur daß es eben nicht unsere körperlichen Sinne trifft, die uns ja sofort Alarmmeldungen bescheren würden. Ursache ist der Stau an Energie – Kraft, die sich nicht entladen kann und vor sich hingärt und fault.

Als kleine Wahrnehmungsübung empfehle ich eine U-Bahnfahrt in einer beliebigen Großstadt. Erlaube dir für eine kurze Zeit, dich so weit zu öffnen, daß du empfinden kannst, von wie vielen und welchen negativen und destruktiven Gefühlen – Angst, Haß, Resignation, Verzweiflung, Einsamkeit, Neid, Mißgunst – jeder einzelne in dieser U-Bahn befindliche Mensch beherrscht wird. Stell dir die riesige Dreckwolke an negativer Energie vor, die allein in so einem kleinen U-Bahnzug unterwegs ist.

Wege zurück zu deiner ursprünglichen Dynamik gibt es viele. Einer, der funktioniert, besteht darin, in einem Ritual die verlorengegangenen Kräfte zurückzuerlangen. Ich habe dieses Ritual inzwischen häufig veranstaltet und bin noch immer tief berührt und bezaubert von der intensiven und prompten Wirkung, die es hat. Bedenk bitte, daß ein Ritual dich nicht von deiner Lebensaufgabe entbindet oder dir den Weg abkürzt. Aber es macht etwas mit dir. Nimm erst dann daran teil, wenn dir dein Gefühl und Verstand sagen, daß es an der Zeit ist.

Dornrosas Spirale

- Für dieses Ritual werden vierzehn Frauen benötigt. Hilfreich ist es, wenn eine weitere Frau das Ritual leitet. Eine empfängt die Gaben der dreizehn Aspekte. Dreizehn geben sie weiter.
- Die Frau, die Dornrosa repräsentiert, legt fest, welche der Frauen welchen Aspekt verkörpert. Dann stellt sie sich in die Mitte.
- Die Frauen stellen sich in der Reihenfolge der Aspekte auf und fassen sich bei den Händen. Dann bilden sie eine Spirale um „Dornrosa".

- Nun tritt jede einzeln vor „Dornrosa". Sie berührt mit ihrem rechten Daumen (Linkshänderinnen mit dem linken Daumen) „Dornrosas" Stirn in Höhe des dritten Auges und sagt: Ich gebe dir die Fähigkeit...
  zu sein, zu haben, zu erkennen, zu fühlen, zu handeln, zu ordnen, abzuwägen, zu verändern, zu ehren, zu prüfen, zu sehen, frei zu sein, ungezähmt zu bleiben.
- Jede einen Aspekt verkörpernde Frau, die ihre Gabe übergeben hat, kehrt im Lauf der Spirale an den Anfang zurück, so daß diese Form während des ganzen Rituals erhalten bleibt.
- Die nächste gibt ihre Gabe erst dann weiter, wenn die Vorgängerin ihren Platz am Anfang der Spirale wieder eingenommen hat. Es kommt immer darauf an, daß ihr auch eine Choreographie der Handlungen entwickelt. Es macht jeden einzelnen Schritt deutlicher erfahrbar und ermöglicht, daß die Bedeutung allen Handelns besser erfaßt wird.
- Das Ritual wird damit beendet, daß „Dornrosa" es für aufgelöst erklärt. Das kann eine Weile dauern. Jede auf solche Weise beschenkte Frau wird noch ein paar Minuten brauchen, bis sie sich wieder normal in dieser Welt bewegen kann.

Energie kann wieder frei fließen, wenn die Überlebensstrategien ihre ursprüngliche Kraft zurückerhalten:
- die niedliche Kindfrau die Fähigkeit zu sein;
- die adrette Hausfrau die Fähigkeit zu haben;
- die Fit-und-schlank-Frau die Fähigkeit zu erkennen;
- die Gut-im-Bett-Frau die Fähigkeit zu fühlen;
- die mächtige Politikerin die Fähigkeit zu handeln;
- die durchhaltende Sekretariatskrankenschwester die Fähigkeit zu ordnen;
- die Karrierefrau die Fähigkeit abzuwägen;
- die Therapeutin die Fähigkeit zu verändern;
- die Süchtige die Fähigkeit zu ehren;
- die alte Hure die Fähigkeit zu prüfen;
- die Nonne die Fähigkeit zu sehen;
- Maria, die Dulderin, die Fähigkeit, frei zu sein;
- Elisabeth, die nette Zeitlose, die Fähigkeit, ungezähmt zu bleiben.

Wir alle sind natürlich Mischformen dieser inneren Seinszustände. Du kannst zum Beispiel deine Mischung erkennen, wenn du dir ein Radix (Horoskop) machen läßt. Dabei solltest du wissen, daß du nicht z.B. Skorpion, Aszendent Waage *bist*, sondern daß Heilerin/Händlerin bestimmte und besondere Quellen deiner Lebensenergie sind. Wie weit du Zugang zu ihnen hast und auf welche Weise (unbewußt, manipulierend, transzendierend), steht auf einem anderen Blatt.

Wir sind alle immer von allen Zeichen bestimmt. Nur im Wie unterscheiden wir uns. Hierin aber ganz ausgeprägt. Wenn dir das bewußt ist, kannst du Bündnisse schließen und lösen, Kräfte bündeln, Seilschaften bilden. Du beginnst zu lernen, die Gefühle hinter der anderen Meinung zu ergründen. Was will eine Person, die etwas will, wirklich? Auf diese Weise kannst du besser entscheiden, mit wem du dich zu welchen Zwecken zusammenschließt.

Projekte strukturieren

Konkurrenzkeilerei schafft Millionen Verliererinnen und nur eine Gewinnerin. Kooperation macht alle zu Gewinnerinnen. Kompetenz schafft Macht, die allen zugute kommt. Motivation ist das Zauberwort. Sie entscheidet über Erfolg oder Mißerfolg.

Wenn ein Projekt scheitert, dann immer auf der emotionalen Ebene. Die Idee kann noch so gut sein, die Bemühung noch so groß. Selbst eine sichere Finanzierung ist nicht wirklich ausschlaggebend. Wenn es nicht gelingt, über ein gemeinsames Gefühl und gemeinsames Bedürfnis einen gemeinsamen Willen zu entwickeln, dann geht es schief.

Wenn ein Projekt erfolgreich ist, dann liegt es ebenfalls an den Emotionen. Diesmal daran, daß die Emotionen stimmen. Alle Beteiligten spielen eine Melodie. Nicht unerheblich ist es, welche Musik da zu hören ist. Es kommt also nicht nur darauf an, daß alle auf irgendein Gefühl eingestimmt sind, sondern es sollte eines sein, das zu mehr positiver Energie in der Welt führt.

Die Wirklichkeit beweist nur scheinbar, daß meine These falsch ist. Die meisten großen Konzerne arbeiten in der Tat mit dem Gefühl der Angst. Und sind erfolgreich. Allerdings nur, wenn wir Erfolg an Bilanzen und der Anzahl der internationalen Niederlassungen messen. Wobei auch die *trotz* des gemeinen Spiels mit der Angst zustandekommen. Wären da nicht die Sehnsucht nach einem besseren Leben und das Bedürfnis nach Sinn und sozialem Zusammensein der vielen ArbeitnehmerInnen, das diese Unternehmungen energetisch nährt, sie würden jämmerlich zugrundegehen und könnten nicht einmal ordentliche Bilanzen vorweisen.

Der Bedarf an positiver Energie hat nichts damit zu tun, beim Spiel „Gut gegen Böse" auf der richtigen Seite sein zu wollen. (Auch Faschisten leben in dem Glauben, das Richtige zu tun.) Ja, es ist abzulehnen, überhaupt auf diese Polaritätenachse einzusteigen. Mit der Einnahme einer Position nährst du die entgegengesetzte ebenso und trägst dazu bei, daß beide Positionen starr und unveränderlich bleiben. So etwas gibt es. Auch im wahren Leben. Aber unsere Welt lebt in dem Glauben, es wäre das Naturgesetz schlechthin, auf dem alles Sein aufgebaut ist, und nennt es Dualismus. Das jedoch ist ein Irrtum. Solche Polarität (auch Opposition genannt) existiert, um dir über die Spannung, die sie erzeugt, etwas über dich selbst zu erzählen. Mehr Sinn hat das nicht.

Wir wollen also nicht positive Energie erzeugen, um gute Menschen zu sein, sondern um alles im Fluß zu halten. Das heißt, um soviel Leben wie möglich so wahrhaftig wie möglich zu leben. Ein Projekt, ein Unternehmen, ein Berufsweg, eine Umgebung, eine Tradition, ein Lebensplan sind dabei vor allem so etwas wie die Bühne, auf der dein Lebensstück stattfinden kann.

Manchmal handelt es sich um die Bühne des Wahnsinns, wie eine gute Freundin von mir es sieht. Sie hat darin, sagt sie, einen Logenplatz; völlig überteuert, aber mit ausgezeichneter Sicht auf das Geschehen. Sie hat ein Unternehmen mit zweiundzwanzig MitarbeiterInnen, die teilweise sehr originelle Auffassungen vom Arbeiten und sozialen Miteinander in einem Unternehmen haben. Hin und wieder tauschen wir uns aus, wie es uns mit unserem Lebenstheater-Abo geht. Denn auch ich mit meiner fast hundertprozentigen Frauenenergie-Welt begegne so manchem Außergewöhnlichen, mit dem nicht unbedingt zu rechnen gewesen war. Wenn eine die Dinge so sehen kann, gibt es viel zu lachen. Und das bringt viel Energie zum Fließen.

Ausgehend von unserem Grundgedanken, daß die Form den Inhalt bestimmt, ist es von größter Bedeutung, welche Bühne du dir zimmerst. Davon hängt ab, welche deiner in diese Welt mitgebrachten Anlagen zur vollen Entfaltung kommen können. Je größer deine Bewußtheit, um so besser für die Bühne und über diesen Umweg für dich und alle anderen daran Beteiligten.

Du kannst dabei spontan sein. Du kannst vehement sein. Sogar ein gewisses Quentchen Unbekümmertheit, ja Naivität ist durchaus förderlich. Aber du kannst nicht auf Bewußtheit verzichten. Dann kann es unliebsame Überraschungen geben. Alle arbeiten stets an einer Sache aus einer vielschichtigen Motivation heraus. Es liegt an dir, diese Motivationen für dich sichtbar zu machen, wenn dir an deinem Projekt oder was immer es ist, liegt. Supervisorinnen sind bestens geeignet, beim Finden dieser tiefsten und wahrsten Motivationen zu helfen. Das mag teuer sein, aber es lohnt sich.

Wir kennen aus der hierarchischen Welt zwei Wege, ein Projekt zu strukturieren. Einmal wird ein Modell entwickelt, in dem alle Positionen von oben nach unten über ihre Funktionalität besetzt werden. Für unbesetzte Positionen wird gezielt nach einer Besetzung gesucht. Und dann gibt es die Möglichkeit, die Funktionen unter den bereits Anwesenden aufzuteilen. In beiden Fällen sind Machtkämpfe unvermeidlich, und es ist nicht sehr wahrscheinlich, daß die Positionen nach Kompetenz besetzt werden. Ein Großteil der Energie wird immer darauf verwendet werden müssen, die Hierarchie zu sichern. Das ist die Kraft, die dem Projekt mit Sicherheit fehlt, wenn es darauf ankommt, Power zu haben.

Das Kompetenzmodell, das dir die dreizehn Aspekte bieten, setzt ganz andere Kräfte frei, die sich bündeln und potenzieren lassen. Bevor dies geschehen kann, mußt du dir über verschiedene Dinge klarwerden.

Es ist inzwischen (hoffentlich) hinreichend bekannt, daß du deine Fähigkeit zur Imagination, zum Träumen schulen mußt, wenn du in dieser Welt etwas verwirklichen willst. Träume viel und reichlich. Träume großzügig und gründlich. Und dann mußt du aufwachen. Wenn eine Frau ihre Träume verwirklichen will, muß sie zuerst und vor allem aufwachen. Als Dornrosa vom Prinzen wachgeküßt worden war, zeigte sie als erstes den Kerl wegen sexueller Belästigung an. Dann schmiß sie das verschlafene Personal raus und machte aus dem Schloß einen Ort der Begegnung für Frauen und Feen.

Um ein Projekt erfolgreich werden zu lassen, ist einiges zu tun. Das Wichtigste ist die Arbeit im Vorfeld, wenn es noch gar nichts so richtig zum Anpacken gibt. Du mußt deinen Blickwinkel verändern. Es geht nicht um ein Ziel, das erreicht werden soll. Es geht darum, ein neues Energiefeld in dieser Welt zu schaffen.

Alle Energie, die du in ein Projekt hineinfließen läßt, prägt es, wird ein Teil dieses Projekts. Alle, die an einem Projekt beteiligt sind, geben von ihrer Substanz hinein. Jede Person, die mitarbeitet, ist darum von großer Bedeutung. Was die Putzfrau bewegt und besorgt macht, das reibt, scheuert und arbeitet sie ebenso hinein, wie die Inspiration der Initiatorin das Projekt beleben und beseelen mag. Alles, was ihr hineingebt, wird von anderen als Ausstrahlung des Projekts erlebt. Unsichtbar, aber wahrnehmbar wie der Charakter einer Person.

Ebenso wird die Form, die du deinem Projekt gibst, seinen Inhalt prägen. Auch wenn du glaubst, daß dies nicht so wichtig ist. Hier muß ich noch einmal auf die häufig gewählte Form des Vereins zurückkommen. Ein Verein darf beispielsweise keine Gewinne machen. Damit ist das pekuniäre Asthma deiner Unternehmung bereits vorprogrammiert. Das heißt nämlich, daß Geld immer knapp sein wird. Nicht, daß es nicht möglich wäre, einen Verein wirtschaftlich so zu führen, daß er finanziell auf sicheren Beinen steht. Jedoch scheint irgend etwas auf geheimnisvolle Weise dafür zu sorgen, daß die Power dafür fehlt.

Es ist die Struktur. Keine Gewinne machen zu dürfen, hat die gleiche Wirkung wie eine Karusselbremse auf das Karussel. Es dreht sich nicht oder nur mit größter Anstrengung und immer zu langsam. Gewinn ist ein anderes Wort für die Energie, die du für deine Arbeit und deine Bemühungen zurückbekommst. Wenn du in zu kleinen Schuhen unterwegs bist, machst du kleine Schritte, wirst immer unsicherer, und irgendwann bleibst du stehen, denn es tut weh. An Tanzen ist dabei ganz und gar nicht zu denken. Selbstverständlich sollten die Schuhe auch nicht zu groß sein, am besten wäre es, wenn sie für deinen Weg geeignet sind.

Die dreizehn Aspekte weiblichen Seins könnten dir zeigen, daß sie auch ausgezeichnete Schusterinnen sind, wenn es darum geht, dich für deinen Lebensweg auszurüsten. Auch haben sie mit einem Gesundheitswässerchen namens Klosterfrau Melissengeist, das die älteren Damen meiner Kindheit gern anwendeten, etwas gemeinsam: Sie sind innerlich und äußerlich anzuwenden.

Innerlich angewendet bedeutet, daß du auf die dreizehn Aspekte als deine Anlagen zurückgreifst. Du magst vielleicht mit dem einen oder anderen Zeichen mehr anzufangen wissen als mit den anderen; du magst dich als Zwilling, Aszendent Jungfrau bezeichnen – in Wahrheit hast du alle Kraft aller Zeichen in dir. Ein Blick auf das Grundradix beweist es. Da stehen sie – zwar auch mit den über die Zeit veränderten Bezeichnungen – aber in voller Pracht im Kreis. Du bist der Punkt in der Mitte. Zu dir sprechen sie. Auf ihre ganz eigene Weise.

Die zwölf weisen Frauen in ihrem ursprünglichen Kreis

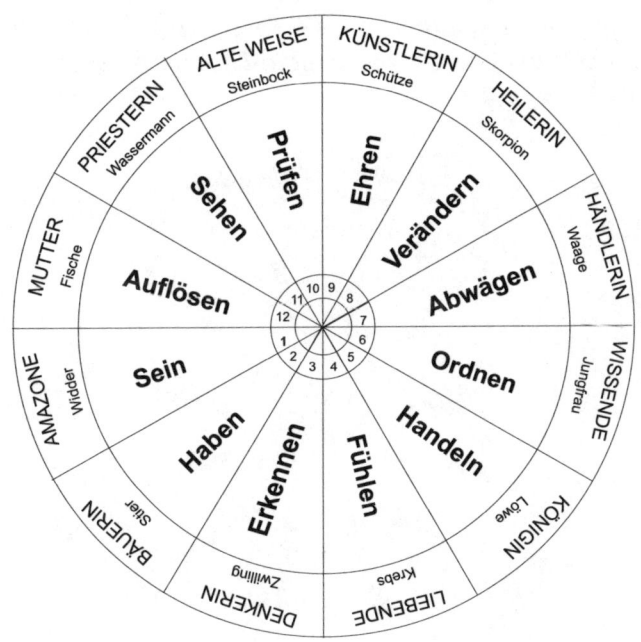

Wie du siehst, beginnt der Kreis links, wo bei der Uhr die 9 steht. Wenn es sich um dein persönliches Horoskop handeln würde, wäre dort eine andere der zwölf weisen Frauen eingezeichnet. Und zwar die, die zum Zeitpunkt deiner Geburt als Sternbild am östlichen Himmel aufgeht. Astrologinnen sprechen vom Aszendenten. Du kannst erkennen, warum der mindestens so wichtig ist wie unser sogenanntes Sternzeichen, worunter immer die weise Frau verstanden wird, die zum Zeitpunkt deiner Geburt von der Wanderschaft der Sonne über das Jahr berührt wurde. Der Aszendent berührt das Tortenstück, in dem „sein" oder „ich bin" steht.

Diese Tortenstückchen, in die der Kreis eingeteilt ist, werden in der Astrologie als Häuser bezeichnet. Im Grunde sind sie das auch: das Haus, in dem eine der zwölf weisen Frauen zu Hause ist. Aus der Bezeichnung des Hauses kannst du die Kompetenz der jeweiligen weisen Frau ablesen. Nun sind die weisen Frauen flexibel. Sie bewohnen die Häuser ganz unterschiedlich.

Beispiel für die individuelle innere Anordnung der weisen Frauen bei Frau X, ausgehend vom Zeitpunkt ihrer Geburt und unter Berücksichtigung des Geburtsortes.

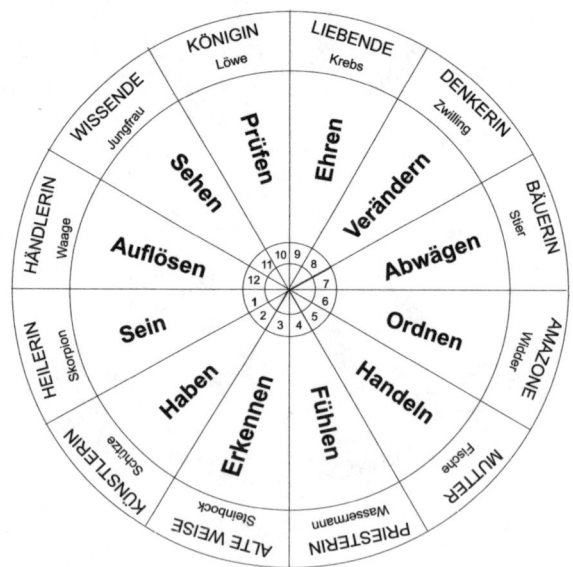

Mit diesem Beispiel kannst du auf zweierlei Weise umgehen. Du kannst den Kreis einer Person als Außenstehende betrachten und deuten. Dann siehst du, daß die Person in ihrem Sein eine Heilerin ist. Sie wird entweder mit anderen so umgehen, daß Situationen entstehen, die in die spiralige Tiefe führen, oder es selber häufig erfahren oder beides. Ihr Talent, mit dem Materiellen umzugehen, wird von der Künstlerin geprägt sein, also im Zusammenhang mit dem Großen und Ganzen stehen, gestaltende Form wird der Bereich sein, wie sie das Haben begreift. Erkenntnisse wird sie machen wie die weise Alte. Lieben und fühlen wird sie wie eine Priesterin. Handeln, Entscheidungen treffen, wird auf die Weise der Mutter geschehen, indem sie nicht festhält, sondern losläßt, bis sich die Dinge auflösen. Ihr Ordnungsprinzip ist das einer Amazone (also wahrscheinlich eher nicht so geordnet). Das Haus, in dem es darum geht, abzuwägen und das Maß herzustellen, wird von der Bäuerin bewohnt. Dort wird es also wahrscheinlich eher ruhig und bedächtig, aber in prächtiger Schönheit zugehen. Die Denkerin prägt das Haus der Veränderungen. Die Liebende ist zuständig dafür zu ehren. Die Königin schafft die Strukturen. Die Wissende ist die, welche den Weg in die Anderswelt geht und sehend wird. Und die Händlerin kennt sich aus mit der Freiheit des Loslassens.

Du kannst aber auch so verfahren, daß du dich in die Mitte des Kreises stellst und dich einer nach der anderen zuwendest. Dann sprechen die Zeichen zu dir, ohne daß eine Deuterin für dich übersetzt. Dann erzählt dir – wenn du es wärst, der dieser Kreis gehörte – die Heilerin von deiner Art zu sein. Die Künstlerin von deiner Art zu haben. Die alte Weise von deiner Art zu erkennen. Die Priesterin von deiner Art zu fühlen. Die Mutter von deiner Art zu handeln. Die Amazone von deiner Art zu ordnen. Die Bäuerin von deiner Art zu geben und zu nehmen. Die Denkerin von deiner Art zu verändern. Die Liebende von deiner Art zu ehren. Die Königin von deiner Art zu prüfen. Die Wissende von deiner Art, die Welt zu sehen. Die Händlerin von deiner Art, in der Freiheit anzukommen.

In beiden Fällen hast du viel über dich und deine innere Struktur erfahren. Oder von der Verteilung der Kompetenzen in deiner Seele. Du kannst auf diese Weise herausbekommen, was du wirklich und auf welche Weise kannst. Vor allem aber solltest du wissen, was du wirklich willst. Auch hierfür gibt es ein Mittel, auf dessen Beipackzettel steht: Innerlich anzuwenden. Die Möglichkeit, dies herauszubekommen, ist ein Gang durch den Zauberwald. Das ist ein Spiel, das dir viel über deine dir eventuell nicht bewußten Wünsche und Vorstellungen verrät.

Die Reise durch den Zauberwald

In einem Zauberwald ist das Wetter immer gut, das heißt, nicht zu warm, nicht zu kalt. Es regnet nicht, auch Schnee gibt es keinen. Es ist angenehm, so wie du es für einen langen Spaziergang brauchst. Natürlich sind in einem Zauberwald Dinge möglich, die es im wahren Leben nicht gibt. Dir begegnen Dinge, die in deinem nächstgelegenen Stadtwald vielleicht so nicht vorkommen. Und du kannst Dinge tun, die dein reales Können übersteigen.

Beantworte die Fragen so konkret und präzise, wie du kannst. Du gehst also durch den Zauberwald. Plötzlich stolperst du. Du bleibst stehen und schaust. Vor dir auf dem Boden liegt etwas.

Frage 1: Was findest du?

Was auch immer du gefunden hast, nimmst du mit und gehst weiter. Du kommst an einen zauberhaften kleinen Waldsee.

Frage 2: Was tust du?

Plötzlich hörst du ein lautes Geräusch. Du gehst weiter, um herauszufinden, was das ist. Da steht plötzlich ein ziemlich aufgebrachter großer Bär hoch erhoben auf seinen Hinterbeinen vor dir.

Frage 3: Wie verhältst du dich?

Nehmen wir an, du bist gut und heil aus dieser Begegnung herausgekommen. Du gehst weiter und siehst noch einmal etwas vor dir auf dem Boden liegen. Du schaust genauer hin und siehst, daß es ein Schlüssel ist.

Frage 4: Was machst du mit dem Schlüssel?

Du gehst weiter und kommst an eine große, hohe Mauer, mitten im Wald. Du schaust nach links. Du schaust nach rechts. Nun weißt du, daß die Mauer in beide Richtungen endlos weitergeht.

Frage 5: Was tust du?

Frage 6: Was befindet sich hinter der Mauer?

Deutungen:

Frage 1: Das, was du gefunden hast, erzählt etwas darüber, was dein Innerstes im Augenblick zutiefst beschäftigt. Es gibt dir Aufschluß darüber, was du dir wünscht, ersehnst, befürchtest. Meist brauchst du eine Weile, bis du die Symbolik deines Fundes entschlüsselt und gedeutet hast.

Frage 2: Dein Aufenthalt am oder im Waldsee erzählt etwas darüber, wie du mit deinen Gefühlen umgehst. Welchen Zugang du zu ihnen hast. Was sie dir bedeuten. Wie es dir dabei geht. Damit ist sowohl deine Einstellung zu Nähe, Sexualität etc. gemeint wie deine allgemeine Einstellung zu deiner Gefühlswelt.

Frage 3: Der aufgebrachte Bär ist ein Symbol für Schwierigkeiten und Probleme in deinem Leben. Daran, wie du auf ihn reagierst, kannst du erkennen, wie du auf Schwierigkeiten reagierst. Du kannst klar erkennen, daß nicht die Probleme das Problem sind, sondern deine Art, damit umzugehen.

Frage 4: Der Schlüssel, den du findest, ist ein Symbol für unerwartete Chancen, die sich dir im Leben zeigen. Du siehst, wie du sie nutzt oder nicht.

Frage 5: An der Art und Weise, wie du dich an der Mauer verhältst, kannst du erkennen, wie es um deinen Einfallsreichtum und deine Tatkraft bestellt ist, wenn ein Hindernis zwischen dir und deiner Perspektive auftaucht.

Frage 6: Hinter der Mauer befindet sich deine Zukunft. Was du dort siehst, ist, was dich im Leben erwarten könnte. Diese Erwartungen ändern sich im Lauf deines Lebens. Aber jetzt, in diesem Augenblick, in dem du die Reise durch den Zauberwald gemacht hast, gibt dir dieses Bild Aufschluß darüber, was du aus tiefster Seele vorhast, wohin du steuerst.

Nun weißt du, welche Voraussetzungen du für die Realisierung eines Projekts mitbringst. Es ist leicht zu erkennen, daß du nicht alles kannst. Was du wahrscheinlich weder beabsichtigst noch erwartest. Es ist ebenso leicht zu erkennen, daß es sinnlos ist, eine andere zu werden, als du bist. Mit den Jahren, die vergehen, stelle ich fest, daß es zeitraubend genug ist, die zu werden, die ich bin. Das heißt, mein gesamtes Potential, das sich in diesem einen besonderen Kreis der weisen Frauen zeigt, zur Entfaltung zu bringen. Wenn es um die Realisierung eines Projekts, einer Idee, einer

Lebensform und so weiter geht, reicht dieses Potential bei weitem nicht aus. Und das ist gut so, denn wir sind nicht auf der Welt, um allein zu leben, allein zu arbeiten, allein zu träumen. Bevor du dich auf die Suche nach anderen Frauen und ihrem Potential machst, solltest du noch ein wenig mehr darüber erfahren, wie dein Projekt strukturiert sein sollte.

So ist es also sinnvoll, sich darum zu kümmern, was ein Projekt eigentlich benötigt, um realisiert zu werden. Ich habe aus meiner Erfahrung folgendes gefunden und gleich dazu notiert, welche der weisen Frauen etwas dazu tun können.

Was nötig ist, um ein Projekt zu realisieren

Ideen und Visionen, Inspirationen – dafür brauchst du die Kraft der Priesterin – oder die Künstlerin – oder die Denkerin.

Talent – dafür brauchst du die, die der Sache am nächsten steht.

Motivation – die Liebende – oder die Amazone.

Antriebskraft – die Amazone.

Strategien – die weise Alte – oder die Händlerin – oder die Wissende.

Logistik – die Händlerin – oder die weise Alte.

Verwaltung – die Wissende.

Entscheidungen – die Königin.

Öffentlichkeitsarbeit – die Denkerin.

Werbung – die wilde Frau.

Vertrieb – die Bäuerin.

Flexibilität – die Heilerin.

Gespür für Sinnhaftigkeit – die Mutter – die Priesterin.

Im Gegensatz zu einem hierarchisch organisierten Modell ist ein von den weisen Frauen bestimmtes Projekt von der Choreographie der zuständigen Kompetenzen bestimmt. Es lohnt sich also, sich Gedanken zu machen, wann es auf welchen Bereich ankommt, um am Ende erfolgreich ein neues Energiefeld zustandegebracht zu haben. Die Kraft, die gerade „am Ball" ist, ist diejenige, der alle Kraft aller anderen zufließt. Es versteht sich von selbst, daß es immer andere Kräfte sind, die am Ball sind. Deshalb selbstverständlich, weil alle interessiert sind, daß alle ihr Bestes geben, um die gemeinsame Sache gelingen zu lassen.

Eine gewisse Bereitschaft aller beteiligten Personen zur Selbstreflektion ist Voraussetzung, damit es gelingt. Die Fähigkeit dazu hat eine erst, wenn sie sich der Motive ihres Handelns bewußt ist und außerdem fähig, Tun und Sein voneinander zu unterscheiden.

Tun und Sein sind zwei Wirklichkeiten, die sich voneinander so unterscheiden wie ich und der Papst. Es ist mir bisher nicht gelungen, eine plausible Erklärung dafür zu finden, warum so viele Frauen Schwierigkeiten haben, die beiden Welten auseinanderzuhalten. Mich und den Papst beispielsweise würde keine so leicht verwechseln. Besonders wenn es um das eigene Tun und Sein geht, scheint es häufig eine Frage von Leben und Tod zu sein. In vielen Fragen des Seins entwickeln Frauen eine geradezu apostolische Geduld, wenn nicht Ignoranz. Sie lassen sich herabsetzen und stecken es weg wie nichts. Ihre Würde kann angetastet werden, als sei sie nicht vorhanden. Feindseligkeiten, weil eine blond ist oder dick oder einfach nur weiblich, sind zum Mitlachen. Aber sag einer, das Gedicht, das sie da verfaßt habe, sei der letzte Mist. Sie wird zusammenbrechen und dich hassen, denn du hast sie in ihrer fundamentalsten Existenz in Frage gestellt.

Nichts auf dieser Welt, kein Job, keine Beziehung; kein Haus, das du baust; kein Ziel, das du hast; nicht Mutterschaft noch Ruhm noch Ehre hat jemals mehr mit deinem Sein zu tun, als daß es der Rahmen ist, in dem sich dein wahres Selbst wahrnimmt. Das alles ist Bühne. Hier zu siegen, fehlzugehen, zu gewinnen und zu verlieren, vergeblich zu kämpfen, unerwartet belohnt zu werden, zu versagen oder über dich hinauszuwachsen kann dafür sorgen, daß du dich gut oder schlecht fühlst. Es kann erhebend sein oder wehtun. Aber niemals kann irgend etwas aus dieser Ebene der Wirklichkeit dein Sein in Frage stellen oder bestätigen.

Was immer du tust, sollte dir Freude und deinem wahren Selbst Raum geben. Das ist wichtig und kann dich so sehr beschäftigen, daß du ganz davon erfüllt bist. Eine Meisterin des Lebens zu werden, indem du das, was du tust, auch kannst, ist von großer Bedeutung. Aber die Meisterin in dir wird auf vielerlei Weise sie selber und ist in Fragen von Wo und Wie hoffentlich flexibel.

Jedes Projekt, das du allein oder mit anderen zusammen auf die Beine stellst, ist eine Struktur, die die Energie in bestimmte Richtungen fließen läßt, während sie in andere Richtungen darum nicht fließt. Das heißt auch, Verantwortung zu übernehmen.

Hierbei können die dreizehn weisen Frauen auch äußerlich angewendet werden. Zuerst geht es darum, den Kreis als Form einzusetzen.

Laß Besprechungen immer im Kreis sitzend stattfinden. Sei in dieser Frage der Sitzordnung nicht nachlässig. Die Besprechung im Viereck oder in ungeordneter Form, bei der Frauen auf irgendeine Weise im Raum Platz nehmen, läßt Energie nicht kreisen und keinerlei Chance auf die Erfahrung von Verbundenheit zu. Achte darauf, welche Person dir im Kreis genau gegenüber sitzt. Sie wird in dieser Besprechung eine besondere Stellung für dich einnehmen. Ebenso die, die schräg links und schräg rechts von dir mit dir zusammen ein Dreieck bilden.

Legt fest, wer welche Kraft im Kreis repräsentiert, auch dann, wenn er aus mehr oder aus weniger Frauen als dreizehn besteht. So mancher mag das ein wenig „verkleidet“ vorkommen. Aber in Wahrheit macht es die Dinge klarer statt sie zu verschleiern. Es ist ein gutes Stück Bewußtseinsarbeit und angewandte Motivationsforschung, was du dann betreibst. Das Annehmen eines oder gar mehrerer der Aspekte weiblichen Seins macht deutlich, daß es darum geht, die Gaben zu koordinieren und optimal einzusetzen, um die Unternehmung dorthin zu steuern, wo sie hinsoll.

Die Aufstellung der dreizehn Aspekte weiblichen Seins so, wie sie auch für die Erhellung deines Innenlebens eingesetzt werden kann, ist ein wirksames Mittel, um herauszufinden, ob und was an einer Unternehmung problematisch ist. In so einem Fall besteht die Schwierigkeit darin, sich darauf zu einigen, welche Person die dreizehn Repräsentantinnen des Projekt-Innenlebens auswählt. Aber in der Regel ist es so, daß die Frau, die die Initiative ergriffen hat, sich Rat zu holen, auch die sein sollte, welche die Frauen auswählt, die dann die dreizehn weisen Frauen verkörpern.

In einer solchen Aufstellung wird die Seele eines Projekts deutlich. Und es funktioniert, auch wenn die beteiligten Frauen, die die dreizehn weisen Frauen verkörpern, das Projekt im einzelnen gar nicht kennen.

Beziehungen gestalten

*Das Leben ist ein feingesponnenes Netz aus Begegnungen und
Beziehungen. Wenn du es spinnst, gehst du den Weg der Reife.
Alles dreht sich im Kreis. Du drehst dich mit.*

Beziehungen hast du zu vielen Menschen auf vielerlei Weise.
Letztlich bedeutet der Begriff lediglich, mit einer oder mehreren
Personen, einer oder mehreren Institutionen in gegenseitiger, wissender und bewußter Verbindung zu stehen. Aber der Begriff hat
in den letzten Jahrzehnten eine gewisse Bedeutungsverengung
erfahren. Wir bezeichnen damit mittlerweile unsere Liebesange-
legenheiten von dem Augenblick an, an dem sie in einer gewissen
Verbindlichkeit angelangt sind.

Das hat uns aber nicht sonderlich genützt, denn es sind vor
allem die Beziehungen, also die verbindlichen Liebesangelegen-
heiten, die uns vielerlei Probleme, Schwierigkeiten, Leid, Schmerz
und was weiß ich noch alles bescheren. Sie müssen für vieles her-
halten. Nur selten geht es lange um Liebe, wenn es um die Liebe
geht. Ein weites Feld. Für viele das wichtigste Feld. Auf jeden Fall
eines, auf dem du dich besser, leichter und erfolgreicher bewegst,
wenn du ein wenig Kenntnis hast, welche Wege es auf diesem
Feld gibt und wohin sie führen. Auch gibt es Spielregeln einzu-
halten. Brauchtum und Irrtum. Sich auszukennen ist wünschenswert.

Nirgendwo findest du mehr DiebInnen, Hasardeure, Schwind-
ler und Analphabeten als auf dem weiten Feld der Liebe. Nirgendwo sonst laufen mehr altgewordene Kleinkinder herum. Nicht alle
tragen ihre Bedürftigkeit wie einen Mantel weithin sichtbar mit
sich herum. Manche verbergen sie auf der Innenseite ihrer Jacke
wie ein Drogendealer seinen Stoff. Nirgendwo findest du sowenig
Liebe wie gerade hier. In keinem anderen Bereich des Lebens gilt
eine Frau so sehr als bedauernswerter *looser* als gerade in der
Liebe wenn sie keine Beziehung hat. Weshalb viele Frauen sich
mit Kompromissen zufriedengeben, die kaum nachzuvollziehen
sind. Neben dem Geldsektor ist das Reich der Liebe der sichtbar-
ste Indikator, daß sich weltweit Energie staut, die nicht fließen
kann, wie sie soll.

In „Die sinnliche Frau" habe ich versucht, dem Gedanken den Weg zu bereiten, daß es vielerlei Liebesbeziehungen gibt, die alle ihre eigene Zeit haben. Zeit, die von einer Sekunde bis zu mehreren Lebensjahrzehnten reichen kann, was über den Wert und die Bedeutung einer Liebesbeziehung nichts aussagt. Was etwas über den Wert und die Bedeutung einer Liebesbeziehung aussagt, ist die Energie, die durch die Begegnung zweier Lebewesen entsteht. Mit jeder Beziehung vermischen sich die Lebensenergien zweier Menschen, und jedesmal entsteht ein eigenes, aus beider Lebensenergie vermischtes Energiefeld. Und jedesmal ist die Qualität der Lebensenergie beider verändert, wenn sie wieder auseinandergehen. Das ist der Sinn von Beziehungen.

Die Beschäftigung mit den Strukturen von Beziehung und das bewußte Umgehen damit mag der Sache möglicherweise viel Romantik nehmen. Es kann schon sein, daß du diese besonders unter Frauen begehrten, weil so entzückenden Gefühle aufgeben mußt, die sich dann einstellen, wenn auf irgendeine unfaßbar wundersame Weise Frau X/Herr Y a) dich endlich bemerkt und erhört hat, b) dir plötzlich wie von einer Fee geschickt in dein Leben geschneit ist und c) mit Sicherheit endlich, endlich dieser Seelenzwilling ist, nach dem du dich dein ganzes Leben gesehnt hast.

Was du dir ersparst, wenn du beginnst, bewußt mit Beziehungen umzugehen, ist die ganze Gefühlspalette der Ernüchterung, Verbitterung und Frustration, die sich einstellt, wenn die Sache sich doch nicht so entwickelt, wie du es dir erträumt hast. Und das tut sie nie. Das hat seinen Grund.

Die Beschäftigung mit den Strukturen von Liebe und Beziehung ist nicht zu verwechseln mit der berüchtigten „Beziehungsarbeit", vor der ich nur warnen kann, allen PaartherapeutInnen zum Trotz.

Mit Schaudern gedenke ich all derer in meinem Leben, die unter einer Beziehung nichts anderes verstanden als die Gelegenheit, andere nach ihren Bedürfnissen zu benutzen, und unverzüglich daran gingen, aus dem Gegenüber (also mir) das Objekt ihrer Vorwürfe zu machen, wenn dieses sich als ein anderes als das erwartete Gegenüber entpuppte – manchmal auch aus dem Objekt ihrer Begierde ein Gegenüber nach ihrem Gusto. In nächtelangen Gesprächen, mittels Erpressung, Vorwürfen, Psychoterror und wenn alles nichts mehr nützte, durch Paartherapie. „Ich weiß, daß Beziehung Arbeit...", sagte die letzte Bewerberin dieser Art in meinem Leben. Das Wort „bedeutet" ging in dem Geräusch unter, das eine Tür macht, wenn sie ins Schloß fällt. Ich hatte beschlossen, in dieser Hinsicht eine Karriere als Langzeitarbeitslose anzustreben, und ging froh meiner Wege.

Das heißt nicht, daß wir jeden Irrsinn und alles Verhalten anderer Menschen ertragen sollen, bloß weil sie nun mal so sind, wie sie sind. Es heißt ebensowenig, auf Liebe und Liebesbeziehungen zu verzichten. Es heißt aber, auch hier wieder einmal einen anderen Blickwinkel einzunehmen und die Beziehung aktiv und ohne Beziehungsarbeit zu gestalten.

Der Grundgedanke dabei ist, daß jede Person, die dir begegnet und in dein Leben und Lieben tritt, dich auf unverwechselbare Weise fragt: Wer bist du? Die Antwort, die du gibst, ist in erster Linie für dich wesentlich. Du kannst entscheiden, ob du antwortest und wie lang die Antwort ist, die du gibst. Gefragt wirst du, um werden zu können. Das ist letztlich eine ziemlich praktische Angelegenheit. Jede und jeder ist gleichzeitig eine jemand anderen Fragende und von jemand anders Gefragte. So helfen wir einander auf dem Wege in die Vollkommenheit.

Vollkommenheit ist nichts Perfektes, Makelloses. Vollkommenheit bedeutet, Meisterin des Lebens zu werden, also im Lauf deines Lebens zu erreichen, daß deine Anlagen sich haben entfalten können. Wenn du wissen willst, was Vollkommenheit ist, ist es sinnlos, dich und dein Leben mit anderen zu vergleichen. Es macht dich nicht vollkommener, daß es andere gibt, die nicht so schön, so klug, so erfolgreich sind wie du. Es macht dich daher auch nicht unvollkommener, wenn andere schöner, klüger, erfolgreicher als du sind.

Der Weg der Reife in Sachen Liebe führt über dein Lebensthema. Meist sind es sogar mehrere. Die Suche nach ihnen kann dir so manchen Schub Endorphine bescheren, was dich für den Kick entschädigen mag, der dir verlorengeht, wenn du den Griff in des Lebens Wundertüte als Illusion der Symbiosemafia entlarvt hast. Auf diesem Weg wirst du auf eine ganze neue Art sehen und fühlen lernen. Du lernst, in den Erscheinungen, in die du dich verliebt hast, zu lesen. Was du entzifferst, hilft dir weiter, Schritt für

Schritt deiner Bewußtheit entgegenzugehen. Und du lernst zu spüren, was die Person in dir auslöst und darauf zu achten. Auf diese Weise kommen immer neue Seiten von dir in dein Bewußtsein, und du kannst dich auf völlig unterschiedliche, manchmal sogar überraschende Weise entwickeln.

Lebensthemen finden

1. generationenübergreifend.
Die Astrologie kann hierbei hilfreich sein. Aber nicht alle Astrologinnen sind darauf eingestimmt, ein Radix aus diesem Blickwinkel zu betrachten. Und außerdem geht es auch auf andere Weise, was jedoch ein wenig Eigenarbeit voraussetzt. Je besser du dich mit dem Geschichtenerzählen auskennst, um so leichter. Schau dir die Lebensgeschichte deiner Eltern und Großeltern an. Achte vor allem darauf, was die ganz großen Sorgen deiner Großeltern gewesen waren, als deine Eltern geboren wurden. Schau dir auch gut an, was deine Eltern beschäftigt und beschwert hat, als du geboren wurdest. Du wirst bald herausfinden, daß es Dinge gibt, die in euer aller Leben beinahe gleich vorkommen. Wenn du das herausgefunden hast, hast du die generationenübergreifenden Lebensthemen eurer Familien entdeckt.

2. individuell
Es gibt auch Lebensthemen, die du nicht von deinen Ahninnen übernommen hast. Auch hier ist die Kenntnis deines Horoskops hilfreich. Aber du kannst auch ohne diese Hilfe erkennen, was das Leben dir immer wieder schickt, was also dein Schicksal ist. Träume, sogenannte Schlüsselträume können da ebenfalls sehr erhellend sein.

Beispiele für generationenübergreifende Lebensthemen

1. das ungeliebte zweite Kind
Dieser Fall ist mein eigenes Thema. Ich bin das ungeliebte, ungewollte zweite Kind meiner Mutter. Ich wuchs als Einzelkind auf,

denn meine Schwester ist sehr viel älter als ich und hatte die Familie sehr früh verlassen. Mir sind Schuldgefühle, die allein aus der Tatsache, daß ich existiere, herrühren, so vertraut wie die Tatsache, zwei Füße zu haben. Ich hatte die Aufgabe, bei der Mutter zu bleiben, um ihre Vereinsamung zu verhindern. Wenn sie nicht früh gestorben wäre, säße ich heute wohl noch immer bei ihr. Sie hätte mich niemals gehen lassen.

Auch ich habe zwei Kinder geboren. Auch ich bekam ein ungewolltes zweites Kind. Es ist ab seinem zweiten Lebensjahr bei seinem Vater aufgewachsen. Ich habe es nicht freiwillig hergegeben. Die Tatsache, daß wir getrennt voneinander waren, hat sehr viel Leid in mein und meines Sohnes Leben gebracht. Meine Tochter wuchs als Einzelkind auf, genau wie ich.

Nun hat auch meine Tochter ein zweites, ungeplantes Kind bekommen. Der Kleine mußte gleich nach seiner Geburt in die Klinik, und seine Mutter bangte sehr um sein Leben und seine Gesundheit. Mit großem Interesse und noch größerer Freude betrachte ich die Beziehung zwischen diesen beiden Menschen in dem Bewußtsein, daß sie auflösen können, was zwei Generationen lang leidvolle Erfahrung in dieser Familie war.

2. Das verlorene Haus, die Heimatlosigkeit, Flucht und Verlust
Auch dies ist eines meiner Lebensthemen, das ich hier zur Erläuterung beschreiben will. Es ist ebenso ein Beispiel, wie sich Themen über mehrere Generationen hinziehen, bis endlich einer Generation gelingt, es aufzulösen.

Meine Großmutter lebte in Smyrna. Heute heißt die Stadt Izmir und gehört zur Türkei. Damals, in den ersten zwanzig Jahren des vergangenen Jahrhunderts war es eine griechische Stadt auf türkischem Boden. Griechenland und die Türkei waren immer in vielerlei Kriege verwickelt. So auch in den zwanziger Jahren, als die Griechen in der Türkei einmarschierten, um den Traum von einem großgriechischen Reich zu verwirklichen. Sie wurden von den Türken nicht nur vernichtend geschlagen. Diese nahmen auch Rache. Unter anderem dadurch, daß sie alle Griechen aus Kleinasien vertrieben und die Stadt Smyrna in Brand steckten. In einer einzigen Nacht im Oktober 1922 fielen hundertzwanzigtausend Menschen einem türkischen Massaker zum Opfer. Meine Großmutter und ihre Familie überlebten, aber sie verlor allen materiellen Besitz, ihr Haus. Sie flüchtete wie viele andere auch nach Griechenland. Dort bekam sie nach langen Jahren als Flüchtling ein kleines Haus. Auch dieses verlor sie an ihre ein bißchen geldgierig geratene jüngste Tochter, die es sich von der schon an Demens erkrankten Mutter heimlich überschreiben ließ. Heimlich hieß, sie bootete ihre anderen Schwestern, auch meine Mutter erbtechnisch aus. Meine Mutter verlor nicht nur ihr Mutterhaus. Sie baute nach dem Krieg in Deutschland ein Häuschen, das ihr mein Vater im Scheidungskrieg ein paar Jahre später abjagte. Sie erstritt es sich zurück. Dann verlor sie es ein zweites Mal, denn es war auf Pachtland gebaut. Das Haus mußte dem Bau einer Autobahn weichen.

Mich, die dritte Generation, in Deutschland geboren, interessierte es nie, ein Haus zu besitzen. Ich war eine ruhelose Frau, immer unterwegs. Nur Schnecken hätten das mit dem Besitz eines Hauses vereinbaren können. Mein Lebensgefühl war: heimatlos, ein Flüchtlingskind (was ich objektiv nicht war), das alles verloren hatte und nirgendwohin gehörte.

Und dann kaufte ich eines Tages den Schlangenberg. Niemand war darüber erstaunter als ich. Ich ahnte nicht im Geringsten, daß ich dabei war, ein altes Familienthema aufzulösen. Natürlich war ich nicht so wohlhabend, daß ich mir Haus und Hof selber hätte kaufen können. Also finanzierte eine der größten Banken Österreichs. Und dann verlor ich eines Tages durch ein ausgesprochen mysteriöses Ereignis beinahe auf einen Schlag, was meine ganze Existenz ausmachte: den Schlangenberg. Obwohl ich brav meine Kreditraten per Dauerauftrag überwiesen hatte, waren sie nie auf dem Kreditkonto angekommen. Am Ende gab es einen schurkischen Filialleiter, der offenbar mit einem schmutzigen Trick versucht hatte, billig an den Schlangenberg zu kommen.

Ich nutzte die Chance, mein Lebensthema zu erfahren. Er bekam den Schlangenberg nicht, sondern verlor seinen Job, denn ich kämpfte mit dem Stolz einer Kreterin um das, was mein war. Dann wechselte ich die Bank und dachte nicht mehr darüber nach.

Der Schlangenberg wurde ein Ort für Frauen. Ich hatte alle Hände voll zu tun. Die Jahre vergingen. Dann kam die zweite Chance.

In der Trennung von meiner damaligen Gefährtin verlor ich beinahe noch einmal Haus und Hof. Die Art und Weise, wie ich in Gefahr geriet, drückte mich fast an die Wand, bis ich aus tiefstem Herzen wußte, daß ich eine Heimat habe, die Schlangenberg heißt.

Vor dem Kampf um die Heimat kam das Bewußtsein, eine zu haben. Haben zu dürfen und haben zu können. Ich mußte sie nur wollen und das Richtige tun, um sie zu bekommen. Das Richtige bestand darin, so darum zu kämpfen, daß nicht noch mehr negative Energie in die Welt gesetzt wurde. Also der Tintenfischwolke meiner ehemaligen Gefährtin keine von mir als Antwort folgen zu lassen. Statt dessen setzte ich Energie in Bewegung, indem ich etwas hergab. Es funktionierte. Nach einem Jahrhundert Diaspora war in dieser Familie wieder jemand zu Hause angekommen.

Beispiele für individuelle Lebensthemen

1. Liebe gibt es im Überfluß

Die Frau, zu der dieses Lebensthema gehörte, hat in ihrer Kindheit nicht viel Liebe erfahren. Bis sie erwachsen war, war sie geübt im Geben, ohne daß sie wirklich ein Bewußtsein dafür hatte, daß sie eine Gebende war. Sie gehörte zu denen, die nicht nehmen können. Dies war ihr selber auch nicht wirklich klar. Auffallend war, daß sie ein fast buchhalterisches Gedächtnis für all das hatte, was sie anderen gegeben hatte, wofür sie sich häufig schämte, denn sie hielt es für berechnend. Dies ist nur scheinbar ein Widerspruch, wie wir noch sehen werden.

Wenn es einmal nicht anders möglich war als von anderen zu nehmen, verfiel sie in devote Dankbarkeit. Wie ferngesteuert war sie anschließend unfähig, eigenen Raum einzunehmen. Ihre ohnehin schon unterentwickelte Fähigkeit zu beurteilen, wieviel sie gab, verschwand dann vollends.

In der Lebensmitte angelangt, begegneten ihr innerhalb von zwei Jahren beruflich wie privat sieben Menschen, die alle eine Eigenschaft gemeinsam hatten: Sie litten unter emotionalem, geistigem und materiellem Geiz, und zwar so sehr, daß es sogar dieser an Menschen mit profunden Nehmerqualitäten gewöhnten

Frau auffiel. Ihr dämmerte, daß das etwas zu bedeuten hatte. (Interessanterweise hatten alle Saturn im zweiten Haus.) Die sieben nahmen die Frau in diesen zwei Jahren emotional aus, bis sie – ich könnte sagen: endlich – nichts mehr zu geben hatte. Erst dann begann sie zu verstehen, daß es so etwas wie einen roten Faden durch ihr Leben gab. Sie entdeckte, daß sie nicht nehmen konnte. Ihr wurde klar, daß ihre innere Buchhaltung dafür sorgte, daß sie sich auf keinen Fall mehr nahm, als sie gegeben hatte. Lernen zu nehmen, ohne zu klagen: Das war ihr Lebensthema. Dieser rote Faden führte sie durch ein Labyrinth in eine Schatzkammer, angefüllt mit Liebe im Überfluß. Dies ist nicht als Belohnung zu verstehen, sondern als weitere Entwicklung eines Lebensthemas.

In dem, was der große Mangel oder das große Leid unserer Kindheit war, steckt das Thema in seiner negativen Form. Wenn eine erfahren will, was Liebe ist, muß sie dort beginnen, wo keine ist. Die, die frei werden will, muß unfrei beginnen.

2. Ein Killer und Betrüger namens Krebs

Eine junge Frau, die zu den typischen Krebspersönlichkeiten zählte (Angepaßtheit, starke Gefühlskontrolle, Schwierigkeiten, Grenzen zu ziehen und Nein zu sagen, starke Durchhaltequalitäten), erkrankte in der Tat eines Tages an Krebs. Sie war klug genug zu begreifen, daß in dieser Krankheit mehr verborgen war als das, was sich körperlich heilen ließ. Die Auslöser, die zu einer Krebserkrankung führen, beispielsweise falsche Ernährung, Rauchen, Leben in der Nähe eines AKW, anderen Formen radioaktiver Strahlung ausgesetzt sein, Kummer und Dauerstreß etc., erklärten ihr nicht alles über dieses Ereignis. Sie wollte die Ursachen wissen, denn sie suchte das Lebensthema.

In dieser Zeit verliebte sie sich in eine Frau, die sich als liebesunfähige, zu psychischer Gewalt neigende Trickbetrügerin entpuppte, die beinahe zwanghaft versuchte, andere Menschen um ihr Geld (Energie) zu bringen. Die Frau begriff, daß der Krebs sich aus ihrem Körper in eine Liebesbeziehung verlagert hatte und nun als Person leibhaftig vor ihr stand. Sie erkannte die große Chance, daß sie ihn nicht mehr mit Operation und Chemotherapie bekämpfen mußte, sondern im Bereich des tiefen emotionalen Wissens erfahren durfte.

Sie begann, daran zu arbeiten, ihre abgespaltenen Anlagen der gewalttätigen Aggression und der Unehrlichkeit – zwei Eigenschaften, die einen Krebs auszeichnen – wieder in ihr Bewußtsein und Sein zu integrieren. So und nur so konnten sie erlöst, das heißt in positive Lebensenergie umgewandelt werden. Die positive Transformation der Aggression ist Antriebskraft (Amazone). Die positive Transformation der Unehrlichkeit ist Kreativität und Unabhängigkeit (Künstlerin). Dies führte sie zu ihrem Lebensthema.

Interessanterweise hatte diese Arbeit den „Nebeneffekt", daß ihre gewalttätige, unehrliche Partnerin sich ebenso dramatisch veränderte. Zwar gingen die beiden kurz darauf auseinander. Aber sie gingen in Frieden und – energetisch gesehen – bereichert ihrer Wege. Er führte die Ex erfreulicherweise nicht ins Gefängnis. Aber das ist eine andere Geschichte.

Je mehr du über deine Anlagen, dein Potential, deine Talente weißt, um so leichter hast du es, sie zur Entfaltung zu bringen. Je besser es dir gelingt, deine eigene Geschichte zu erkennen, um so klarer wird dir, warum du dein Herz an diese Person und nicht an eine andere verlierst.

Schauen wir uns an, welche Personen den jeweiligen Fallbeispielsfrauen die Frage „Wer bist du?" stellten, ihnen also begegneten und was es bewirkte. Anschließend möchte ich zeigen, welche Aspekte dabei auf welche Weise geweckt wurden und wie das Ganze auf der Seite der Energiedynamik aussieht.

Generationenübergreifend, Beispiel 1
Zu der Frau, die ich damals war, mußte ein Mann als Initiator für das Lebensthema kommen, der ganz bestimmte Voraussetzungen mitbrachte. Er mußte Kinder mögen. Er mußte ein zweites Kind wollen. Er mußte ein unzuverlässiger Partner sein, der mich durch sein Verhalten zwang, die Partnerschaft zu beenden. Er mußte mich durch sein Verhalten dazu bringen, den Konflikt zu erleben, der mit dem zweiten, ungewollten Kind verbunden war. Als ich mit neunzehn Jahren so jemandem begegnete, nahm das Schicksal seinen Lauf. Der Vater meiner Kinder brachte mehr Wissen und Können im Umgang mit Kindern mit als ich, denn er war Bruder unter zahlreichen Geschwistern, während ich ja als Einzelkind aufgewachsen war und schon als Kind Kinder nicht besonders inter-

essant fand. Ich wollte nicht mehr Kinder auf die Welt bringen als meine Tochter. Er wollte viele Kinder, denn das war er so gewöhnt durch das Vorbild seiner Eltern und aller anderen Onkel und Tanten seiner Familie. Nach vier Jahren verliebte er sich in eine andere, und ich schmiß ihn raus. Er nahm mir beide Kinder. Während er das ältere, die Tochter zurückbrachte, blieb der Sohn bei ihm. Sein Verlust war eine offene Wunde in meiner Seele für viele, viele Jahre.

Erst Jahrzehnte später begriff ich, daß ich den Wunsch meiner Mutter, das zweite Kind nicht haben zu wollen, von der Energiedynamik her in meinem Leben erfüllt hatte. Ich habe es mir fortnehmen lassen und hatte nicht die Kraft, mit aller Vehemenz zurückzuholen, was meins war.

Dennoch gab es Aspekte, die über diese Zeit erwachten: die Mutter, die Liebende.

Generationenübergreifend, Beispiel 2

Um mich dazu zu bringen, eine Heimat zu haben, brauchte ich eine Partnerin, die durch ihr Verhalten dafür sorgte, daß ich diese Heimat verliere. So mußte es also eine sein, die einerseits mit mir aufs Land zog, andererseits aber nicht für immer ihre Bestimmung darin fand. Darüber hinaus mußte sie eine sein, die von ihrer Biographie und Persönlichkeit her imstande war, mir den Hof streitig zu machen. Wäre sie eine gewesen, die ihn selbst hätte haben wollen, wäre das sinnlos gewesen, denn ich hätte ihn ihr sofort und kampflos überlassen, weil mein Bedürfnis nach Heimat ja noch ungeweckt war. So schickte mir das Schicksal eine, die ihn selbst nicht wollte, ihn aber auch mir nicht gönnte und dabei riskierte, daß meine Tiere keine Heimat mehr gehabt hätten.

Das war genug, um eine Initiation zu erhalten und zum Handeln zu finden. Noch heute bin ich bezaubert von der Tatsache, daß mir das Leben, das Schicksal, die Göttin genau so eine Person schickte. Wäre sie nicht gewesen, ich liefe noch immer über diesen Planeten in der Einbildung, ein Flüchtlingskind zu sein.

Die erwachten Aspekte waren vor allem: die Königin, die Händlerin, die Amazone, die Bäuerin.

Individuell, Beispiel 1

Die Frau, die es nicht für möglich hielt, daß Liebe aus Geben und Nehmen besteht, und die nicht ahnte, daß sie sowenig Liebe erfuhr, weil sie sie nicht nehmen konnte, brauchte gleich viele Personen, die vom Geiz befallen waren, und sie brauchte sie nicht nur in den Liebesbeziehungen. Sie traf eine Kollegin, die sie des Diebstahls bezichtigte. Als sie sich selbständig gemacht hatte, hatte sie eine Mitarbeiterin, die sie um Geld betrog. Eine Freundin warf ihr Egoismus vor. Und vier Geliebte hielten ihr nacheinander vor, nicht genug Liebe zu geben. Erst später, als sie endlich initiiert war, erkannte sie, daß die Kollegin es selber mit dem Besitz anderer nicht so genau nahm. Die Mitarbeiterin hatte genügend Andeutungen fallenlassen, die sie hätten warnen können. Sie erzählte immer wieder über ihre Schwierigkeiten an anderen Arbeitsplätzen. Bei allen vier Geliebten hatte sie selbst sich nicht geliebt gefühlt und nicht gewagt, dies wahrzunehmen. Und die Freundin, die ihr vorwarf, egoistisch zu sein, kam erst zu dieser Ansicht, als sie nicht mehr bereit war, die Interessen der Freundin über ihre eigenen zu stellen. Rückblickend konnte sie aber auch feststellen, daß sie niemals gelernt hätte, so klar und sicher zu erkennen, ob ihr Liebe, Freundschaft und Anerkennung entgegengebracht wurden, wenn nicht diese Armada schrecklicher Lebenslehrerinnen gewesen wären. Erst nachdem sie im absoluten Mangel angelangt war, ohne Geld, ohne Freundin, ohne Geliebte, ja ohne Lebensperspektive, war ihre Bedürftigkeit so groß, daß sie selber sie wahrnehmen konnte. Sie lernte zu nehmen, und seither fließt ihr zu, was es auf dieser Welt im Überfluß gibt: Liebe.

Die erwachten Aspekte: die Liebende, die Bäuerin, die Händlerin, die Königin, die Heilerin, die Mutter.

Individuell, Beispiel 2

Die verlogene, zerstörerische Trickbetrügerin war ein Geschenk des Himmels, denn sie war die beste Gelegenheit, um zu lernen, was Krebs ist. Krebs lügt und betrügt, denn er gaukelt vor, daß alles in Ordnung ist und du fern der Krankheit bist, während er heimlich sein zerstörerisches Werk betreibt. Und er ist ein wirklicher Killer. Das Schlimmste ist: Es ist die betrügerische und mörderische Energie der Erkrankten selbst. Sich einzugestehen, daß der Versuch, ein guter, reiner, lieber, netter und konfliktfreier Mensch zu sein, etwas ist, das einen umbringen kann, ist schwer. Welche will schon zugeben, ein Killer zu sein. Besonders Frauen sind lieber Opfer als Täter, denn das ist eine Identität, die vertraut ist und mehr Sympathien auf sich zieht.

Ohne das Eingeständnis, daß auch wir Frauen solche Kräfte in uns haben, ist es nicht möglich, sie zu erlösen, was ein anderer Ausdruck für Transformation ist. Es waren, wie gesagt, die Amazone und die Künstlerin, die diese Beziehung zum Leben erweckte.

Wenn es möglich ist, dies durch analysierende Rückblicke zu verstehen, dann muß es auch möglich sein, es für die Zukunft zu tun. Natürlich ist das nicht so leicht wie ein Rückblick, denn im nachhinein sind wir alle immer schlauer und beurteilen eine Situation mit anderem Wissen. Dennoch, es geht auch, wenn wir mit dem Fluß der Zeit fließen.

Wenn du dein Lebensthema oder sogar mehrere kennst, wenn du dir bewußt bist, in welchem Teil deines sich entwickelnden Lebens du dich befindest, und wenn du dann noch deine genaue Geburtszeit kennst, kannst du schon recht klar in die Zukunft schauen.

Eine der leicht zu erkennenden Positionen auf deiner Wanderung über den Lebenskreis ist die Position der jungen Frau (Amazone), der Verantwortung tragenden Frau (Mutter) und der alten Frau (weise Alte). Etwas komplizierter wird es, wenn es um die Entwicklungs- und Bewußtwerdungssprünge geht, die wir alle sieben Jahre machen. (Manche Frauen haben eher ein Empfinden, daß es sich um Zehn-Jahres-Sprünge handelt. Soll sein.)

Die Septaden des Lebens

- 0 – 7 Jahre: Du kommst in das Leben hinein. Die Zeit als Anfängerin.
- 7 – 14 Jahre: Du wächst dich aus und lernst, was das Zeug hält.
- 14 – 21 Jahre: Du steigst in den Tanz der Hormone ein.
- 21 – 28 Jahre: Du schaust dich um und probierst aus, du entdeckst und übst. An diesem Ende steht der Saturn-Return, eine kleine Zwischenprüfung des Lebens.

- 28 – 35 Jahre: Du bist erwachsen und steigst voll ein in das Leben.
- 35 – 42 Jahre: Du wirst vom Leben an das erinnert, was du übersehen, nicht erkannt hast, der große Kassensturz.
- 42 – 49 Jahre: Du genießt die Früchte deines Seins, den geistigen Reichtum, ein Innehalten vor dem großen Sprung, die Chance zur Wende in einen tieferen Sinn des Lebens. Nun weißt du, daß Endlichkeit unabänderlich ist. Du erklärst dich einverstanden. Der weise Leichtsinn erfaßt dich.
- 49 – 56 Jahre: Du legst noch einmal so richtig los. Bist schlau und erfahren, stark und eine Anführerin. Hast alten Ballast abgeworfen und alles noch einmal besser gemacht. Bei den Jungen giltst du als alt. Aber bei den Alten bist du die Junge.
- 56 – 63 Jahre: Es beginnt mit einer weiteren Zwischenprüfung des Lebens. Der zweite Saturn-Return. Nun geht es darum, Spiritualität zu leben, denn du bist nun selbst eine Große Mutter, eine Großmutter. Eine, die anderen die Fragen nach dem Sinn des Lebens beantworten kann. Du gibst Wissen weiter.
- 63 – 70 Jahre: Du machst dich frei von allen Abhängigkeiten. Jetzt mußt du alles leben, was du versäumt hast. Reise, entdecke, löse dich von allem, was deine Seele einengt. Du willst jederzeit ohne Reue gehen können, wohin auch immer. Das geht nur, wenn dein Herz nicht durch vergebliche Sehnsucht eingesperrt ist.
- 70 – 77 Jahre: Zeit zum Spielen, Zeit zum Lachen. Noch einmal eine goldene Septade, so wie die sieben-mal-siebte es war.
- 77 – 84 Jahre: Der dritte Saturn-Return steht an. Zeit für Rückblicke, Zeit für neue Pläne. Der Körper wird langsam zu eng für deinen weiten Geist. Die Seele will sich ausdehnen.

Du kannst nun davon ausgehen, daß jeder der zwölf Aspekte für eine der Septaden steht. Das heißt, daß die Kraft einer der zwölf weisen Frauen diesen Lebensabschnitt bestimmt oder färbt. Auf diese Weise gehst du durch die Kraft aller zwölf Aspekte. In diesem Kreis sind die Septaden übereinstimmend mit der folgerichtigen Reihenfolge der zwölf weisen Frauen. In deinem eigenen Lebenskreis mußt du von der Reihenfolge ausgehen, die sich aus deinem präzisen Geburtsdatum (inklusive Geburtsort) ergibt.

Beispiel für den Lebenskreis mit den dazugehörigen Septaden

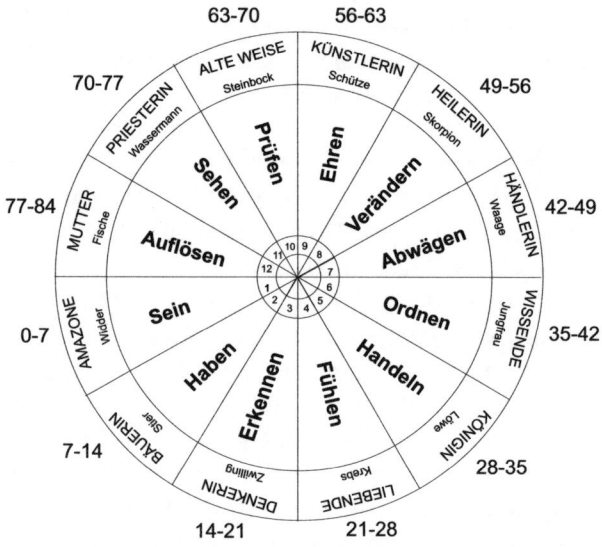

Ausgehend von der ursprünglichen, klassischen Aufteilung, die mit der Amazone beginnt und mit der Mutter endet. Natürlich verläuft die Abfolge bei jeder Frau anders, was mit dem Zeitpunkt ihrer Geburt unter Berücksichtigung ihres Geburtsortes zusammenhängt. Eigentlich – sollten wir meinen - sollte es lediglich eine Rolle spielen, in welchem Monat du geboren bist. Die Astrologie mißt dem Zeichen, das zu deiner Geburt am östlichen Sternenhimmel aufgeht, weitaus größere Bedeutung zu als dem Zeitpunkt, an dem die Sonne in einem ganz bestimmten Zeichen stand.

Ich habe in meiner Arbeit diesen Ausgangspunkt übernommen. Es war eher Intuition als sachliches Argument. Ich habe den Eindruck, daß der sogenannte Aszendent, also jenes Zeichen, das am östlichen Himmel aufgeht, mehr über das Wesen einer Person aussagt als das Zeichen, das durch die Sonne besonders beschienen wird und das wir als das Sternzeichen, unter dem wir geboren wurden, ansehen. Dies scheint mir eher diejenige der zwölf weisen Frauen zu sein, die durch den Sonnenschein für andere besser sichtbar ist. Doch darüber mehr in dem Abschnitt, in dem ich die Patinnen (Planeten) vorstelle.

Wenn du wissen willst, welcher der zwölf Aspekte welchen Abschnitt deines Lebens als besondere Kraft trägt, mußt du wieder bei neun Uhr mit dem Zeichen beginnen, das bei dir im Aszendenten steht. Du erkennst dann, welche Kraft dich trägt, wenn es beispielsweise um das Haben geht oder um das Handeln, Ordnen und so weiter. Du mußt jedoch wissen, daß dein Leben nicht so schematisch abläuft, daß du nun einen Aspekt nach dem anderen „abhaken" kannst. Während die Kräfte dich durch deine Siebenjahresentwicklungen tragen, sind ja auch immer wieder Aspekte gefragt, die dich durch Krisen, Probleme, Schwierigkeiten oder besser gesagt Herausforderungen begleiten oder durch eben diese Herausforderungen verlangen, in dein Bewußtsein zu kommen. Du bist also ununterbrochen mit verschiedenen Aspekten auf vielerlei Art und Weise konfrontiert. Dies Bild soll dir einfach Klarheit der Grundstruktur schenken, damit du erkennst, was sich in deinem Inneren abspielt, während dein Ich in der Außenwelt damit beschäftigt ist, mit dem Leben zurechtzukommen.

Wenden wir uns nun zwei Lebensrädern zu, die zeigen, wie kompliziert und doch klar die Kommunikation zweier Menschen wird, die in Beziehung zueinander stehen.

Lebenskreis 1

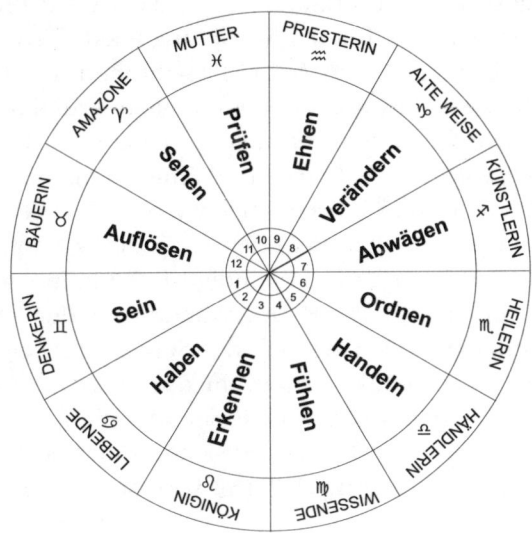

97

Diese Frau wird ihr Sein immer als Denkerin erleben. Eine, die erkennen will, wer sie ist. Mit dem Haben wird sie immer umgehen wie die Liebende. Nicht unbedingt die Chefin einer Bank, die wir da vor uns sehen. Aber eine, die als Leitwölfin für ihr Rudel sorgt. So versteht sie die Welt des Materiellen: Wenn die Ihren genug haben, fühlt sie sich gut. Sie häuft keine Vorräte an. Wenn sie etwas braucht, geht sie jagen.

Ihre Erkenntnisse macht sie als Königin. Das gibt ihrem geistigen Horizont immer etwas, das für sie durch aktives, klares Handeln erreichbar ist. Ihre Erkenntnisse führen sie in die Eigen-Macht, etwas, das eine, die erkennen will, wer sie ist, als hilfreich empfindet. Sie fühlt als Wissende. Es könnte also sein, daß sie eine ist, die nicht unbedingt zum Überschwang neigt. Mit der Kraft der Händlerin lebt sie den Bereich des Handelns. Die Welt des Handelns ist für sie die Welt des Handels. Es bedeutet auch, daß ihr Maß von königlichem Ausmaß ist.

Schwierig ist es für sie, sich zu organisieren. Denn es ist die Heilerin, die für Übersicht in ihrem Leben sorgt. Eine Gestalt, die gnadenlos wegputzt, was nicht mehr sinnvoll ist. Sie wird also nicht unbedingt zu den Sammlerinnen unter uns gehören.

Ihr Maß gibt ihr die Künstlerin. Also wird sie den Bereich von Geben und Nehmen, der ja nicht nur materiell zu verstehen ist, als Künstlerin gestalten und erfahren. Eine, die Geben und Nehmen von Kraft und Liebe als Teil der Schöpfung feiert. Den Bereich des Veränderns erlebt sie als alte Weise. Es wird ihr also schwer fallen, denn die alte Weise bewahrt ja eher die alten Strukturen statt lustvoll hinauszuwerfen, was nicht mehr gebraucht wird.

„Ich ehre", sagt sie als Priesterin. Wenn sie also die Werte des Lebens betrachtet, sind es die Augen einer, die die Anderswelt kennt. Strukturen zu schaffen bedeutet für sie, sie aufzulösen. So ist es, wenn die Mutter dafür zuständig ist, Strukturen zu schaffen. Sie erkennt in ihnen, daß sie überwunden werden müssen, um Freiheit zu erlangen. Den Bereich des Sehens, den eigentlich die Priesterin ihr eigen nennt, hat bei ihr die Amazone in ihrer Verantwortung. Eine ziemlich rasante Form der Spiritualität. Und Freiheit sieht sie so, wie die Bäuerin sie sieht. Früher oder später wird sie auf dem Lande wohnen. Vielleicht wird sie haben müssen, um sich darin frei zu fühlen.

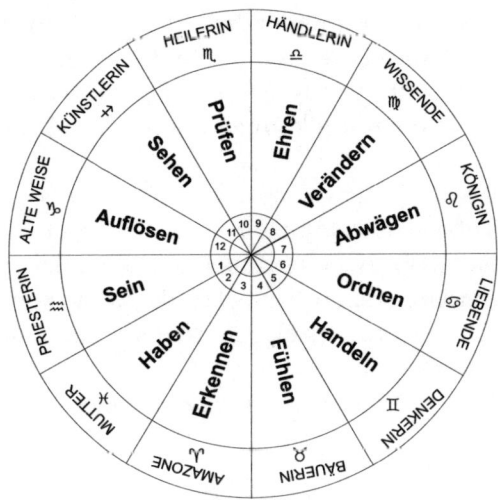

Diese Frau erlebt ihr Sein als Priesterin. Als eine, die zwischen dieser und der Anderswelt hin- und herwandert. Ihr Haben ist von dem Zeichen der Mutter bestimmt. Es ist nicht anzunehmen, daß es ihr auf größere Reichtümer ankommt. Die Welt der Erkenntnisse ist der Amazone zugehörig. Nicht unbedingt eine Philosophin im kleinen Turmzimmer, die lange denkend über den Dingen brütet. Erkennen und auf der Stelle damit losreiten paßt besser zu ihr. Die Welt der Gefühle ist für sie so sicher wie der Bäuerin ihr Garten, während die Denkerin den Bereich des Handelns und der Eigen-Macht bestimmt. Da ist sie wohl weniger geerdet wie in der Welt des Fühlens und flitzt die Spirale hinauf und herunter, statt ruhigen Schrittes ihren Weg zu gehen.

Sie organisiert sich wie die Liebende: Was für das Rudel gut ist, ist für sie auch gut. Ein paar Verstecke, in denen der Vorrat für schlechte Zeiten lagert, eine ruhige Höhle, die nicht groß sein muß. Weniges, das um so übersichtlicher ist. Geben und Nehmen, Kraft, Liebe, Arbeit – ihr Maß wird von einer Königin bestimmt. Transformationen versucht sie in Ordnern abzuheften. „Ich ehre", sagt bei ihr die Händlerin, also eine, die etwas von Geben und Nehmen versteht. Nicht einfach ist es, wenn die Heilerin für die

Strukturen verantwortlich ist, denn sie hat nun mal die Neigung, alles ratzeputz zu entfernen, was alt und überflüssig ist. Anstelle der Priesterin ist die Künstlerin die Sehende. Und nicht minder schwierig wie die Anstrengungen der Heilerin, sich in der Welt der Strukturen zurechtzufinden, ist es, daß die alte Weise für die Freiheit zuständig ist, denn sie kommt eigentlich aus ganz anderem Hause.

Interessant wird nun, welche Frau mit welcher spricht, wenn diese beiden Lebenskreise eine Partnerinnenschaft eingehen. Statt daß wir schauen, ob zwei zusammenpassen oder gar glücklich miteinander werden, sollten wir lieber darauf achten, wer da mit welcher inneren Person zu welchen Themen kommuniziert.

So sehen die beiden Lebenskreise übereinandergelegt aus

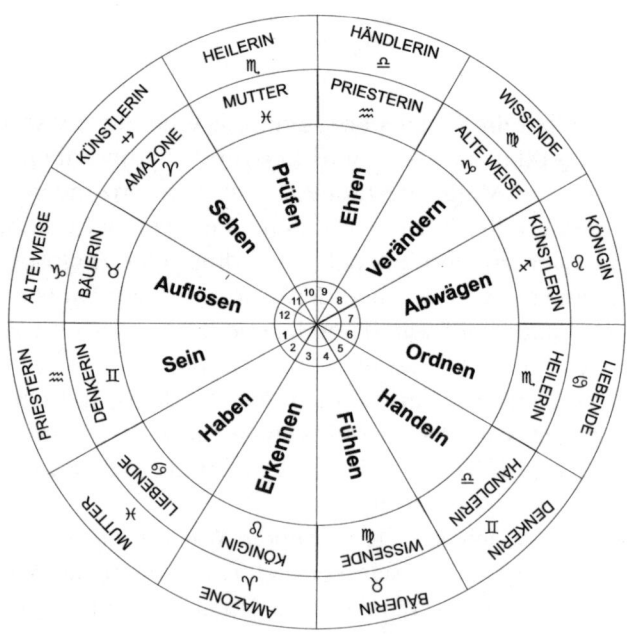

Und nun sehen wir, daß in Fragen des Seins eine Priesterin mit einer Denkerin spricht. zwei, die sehr beweglich sind. In Fragen des Habens ist es die Mutter, Symbol von Freiheit und Loslassen, und die Liebende, die sich zusammentun. Da wird der Liebenden nur übrigbleiben, die Mutter in ihr Rudel aufzunehmen und für sie zu sorgen. Erkenntnisse haben Königin und Amazone miteinander. Zwei, die gut zusammenpassen und einander Stärkung sind.

Der Wissenden kann es leichter fallen, sich in die Welt des Fühlens fallen zu lassen, wenn sie weiß, daß die Bäuerin ihr Sicherheit gibt. Eigen-Macht haben Händlerin und Denkerin. Das sind zwei, die eine gute Kombination ergeben. Die Denkerin ist ja auch die, die träumen kann. Und die Händlerin bestimmt das Maß. Es ist kaum anzunehmen, daß die beiden ein straff durchorganisiertes Leben führen werden. Denn da trifft die Heilerin auf die Liebende. Transformation im Sonnenschein könnte man sagen. Eigentlich gar nicht so schlecht, aber um Ordnung und Übersicht in ein Leben zu bringen, braucht es noch andere Qualitäten.

Königin und Künstlerin gehen eine Verbindung ein, wenn es darum geht, das gemeinsame Maß zu finden. Das läßt auf Großartiges schließen. Und wenn die alte Weise der einen unter den lebensnotwendigen Transformationen ächzt, kann die Wissende der anderen es vielleicht ein wenig leichter machen, indem sie Übersicht schafft und Strategien entwirft. Händlerin und Priesterin treffen sich, um zu ehren – eine wahrscheinlich gesegnete Verbindung. Weniger leicht werden es Mutter und Heilerin haben, wenn sie gemeinsam für die Strukturen verantwortlich sind. Da haben es die Amazone und die Künstlerin besser getroffen, wenn sie sich um den Bereich des Sehens kümmern. Vielleicht bringt die Künstlerin der Kämpferin das Tanzen bei, und die Amazone belebt die Rituale mit rasanter Feurigkeit. Interessant dürfte es werden, wenn die eine ihre Freiheit im Landleben findet und die andere wie die alte Weise mit diesem Bereich verfährt und ihr daher Strukturen zur Freiheit dienen.

Wenn wir die Verbindung auf diese Weise betrachten, dann läßt sich erkennen, daß das Miteinander eine verwobene, verflochtene Kommunikation vieler innerer Instanzen beider Personen bedeutet. Das ist als Antwort vielschichtiger als die Frage, ob zwei zusammenpassen. So etwas läßt sich niemals sagen. Aber es läßt sich leicht erspüren, wo die zwei ihre Stärken und Schwächen haben werden. Auf diese Weise kann das Lebensrad helfen, Beziehungsstrukturen zu erkennen und zu gestalten.

Die Berührung der zwölf Aspekte weiblichen Seins durch den Zyklus der Septaden ist ein Weg, mit ihnen zu leben. Ein zweiter ist der, herauszufinden, welcher eigene Aspekt den jeweiligen Aspekt der Person berührt, mit der wir eine Beziehung eingehen. Eine weitere Bewußtwerdung wird durch das, was wir allgemein Probleme und Konflikte nennen, erreicht.

Konflikte lösen

Keine Angst vor Streit und Ärger. Wo Reibung ist, entsteht Hitze. Aber trotzdem lohnt sich die Frage, ob Streit sich lohnt. Spannung ist der Augenblick, wenn etwas deine Zuwendung fordert. Oder wie Andreas Freundin Marianne immer sagt: Wer sich bekleckert, will Aufmerksamkeit. Die mit dir streiten, haben viel mit dir gemeinsam. Die dich besonders ärgern und aufregen, sind dir besonders ähnlich. Freu dich über viele Lebenslehrerinnen, und du wirst wachsen und gedeihen.

Die dreizehn Aspekte sind ausgezeichnete Ratgeberinnen, wenn es darum geht, Konflikte zu verstehen und zu lösen. In „Das Maß aller Dinge" habe ich den Fall der zwei Frauen geschildert, die um ein gemeinsames Stück Land stritten. Sie haben diesen Streit erfolgreich beenden können, denn eine von beiden entschloß sich, dem Leben und seiner tiefen Wahrheit zu vertrauen.

Ein Konflikt darf zu vielerlei intensiven Emotionen führen. Streiten bedeutet, daß Spannung sich zu lösen wünscht. Etwas verlangt mit Vehemenz unsere Aufmerksamkeit. Es ist sinnlos, diese Gefühle von Ärger und Wut unter einer weichen Harmoniedecke ersticken zu wollen. Sie arbeiten im Untergrund weiter und werden dann wirklich explosiv. Jedoch ist es nicht sinnvoll, in den KontrahentInnen den Feind zu sehen. Wenn du zu zerstörerischen Handlungen greifst, mußt du wissen, daß du dich selber noch viel mehr verletzt als dein Gegenüber.

Nun sind manche von uns so sehr Desperada, daß ihnen das ziemlich egal ist. Ihr Haß ist so groß, daß sie Vernichtung wollen. Sie sind nicht aufzuhalten, und ihr Denkvermögen bewegt sich in anderen Wirklichkeiten, die mit der deinen nicht mehr verbunden sind. Üblicherweise hat eine, die von so einer in einen Konflikt gezogen wird, nur zwei Möglichkeiten: Entweder sie weigert sich, ebenfalls zerstörerisch zu handeln, und wird das Opfer. Oder sie schlägt zurück und setzt noch eins drauf. In beiden Fällen ist sie in einer ohnmächtigen Position, denn ganz gleich, was sie tut, sie wird verletzt werden. Wie auch immer es ausgehen wird, es wird mehr Zerstörung in der Welt sein als vor dem Konflikt. Wenn du den Konflikt gewonnen hast, trägt dein Sieg doch alle Zerstörung in sich, die notwendig war, um ihn zu erringen. Was auch immer du auf solche Weise erreichst, es wird keinen Segen in sich tragen.

Anders ist es, wenn du einen Konflikt als Energiestau betrachtest und dir die Hilfe der dreizehn weisen Frauen holst. Dreizehn, weil in diesem Fall besonders die wilde Frau recht hilfreich sein kann. Wenn sie auch nicht mehr im symmetrischen Kreis der zwölf Frauen Platz hat, kannst du sie doch jederzeit rufen, wenn es gerade darum geht, die Dinge einmal ganz anders als brav und angepaßt anzugehen. Die dreizehn also können dir mit ihrer jeweiligen Sicht und Aufgabe klarmachen, worum es geht und wie du die Energie wieder zum Fließen bringst. Nutz deinen Ärger und deine Wut. Verwandle sie in Antriebsenergie und leg los. Bedank dich bei deiner Angst und bitte sie, dich vor unüberlegten Schritten zu schützen. Und nun betrachte eine neue Wirklichkeit. Wandere im Geist in die Wüste hinaus, wo du nicht mehr von Einzelheiten, die dir den Blick auf das Ganze verwehren, abgelenkt wirst.

Auf der Energieebene geht es immer um Kommen und Gehen, darum, daß es immer fließen muß. Nichts darf bleiben, wie es ist. Aber das ist auch gut. Für das, was du gibst, kommt etwas zurück. Für das, was zu dir kommt, muß etwas fortgehen, sonst ist kein Platz da. Wenn du nicht ausatmest, kannst du auch nicht einatmen. In Fragen von ganz realem Geben und Nehmen sind wir gewöhnt, so etwas rechnerisch zu lösen. Wenn eine Sache hundert Euro kostet und zwei daran beteiligt sind, gibt jede fünfzig, und das ist gerecht. Diese Einstellung ist nicht falsch, aber auch nicht immer sinnvoll. Wenn beide das Gefühl haben, daß es so stimmt, um so besser. Was aber, wenn aus tieferliegenden, nicht sofort offensichtlichen Gründen ein Konflikt auftaucht? Wenn eine das Gefühl hat, sie habe schon x-mal siebzig dazugegeben und darum sei halbe/halbe alles andere als gerecht? Und wenn die andere keineswegs zustimmt, sondern meint, eigentlich sei sie so bedürftig, daß sie gar nichts zu geben hätte, und da seien dreißig schon zuviel, ganz zu schweigen von fünfzig? Oder wie es im Fall der beiden streitenden Frauen war, von denen eine meinte, sie wolle das Land nicht, aber die andere solle es auch nicht haben? Und am allerschwierigsten ist es, wenn beide sich sträuben, und keine weiß warum.

Wenn gestritten wird, weil keine Einigkeit da ist, dann müssen wir einerseits noch viel berechnender werden und andererseits tiefer hinabtauchen, dorthin, wo wir alle ein klares emotionales Wissen um die Wahrheit haben. Grundlage ist folgender Gedanke: Du bekommst immer nur soviel, wie du zu geben *gewagt* hast. Noch deutlicher wird es, wenn wir den Begriff, etwas *verdient zu haben,* verwenden. Jede Mutter hat das Kind, das sie verdient. Jede hat die PartnerIn, die sie verdient, wie wir im vorigen Kapitel gesehen haben. Jede kriegt nur, was sie verdient hat. Das ist der Knackpunkt. Bevor du in Opposition, in spannungsgeladene Distanz zu diesem Gedanken gehst, schauen wir uns das genauer an.

Wenn du dich als ohnmächtiges Opfer einer Situation siehst, wirst du das Opfer sein. Wenn du keine Grenzen ziehst, sind keine da. Wenn du weißt, daß du ein Energiefeld aktiv erschaffst, dann weißt du auch, daß nichts und niemand dich zwingen kann, in einer unhaltbaren Situation zu verharren. Jede von uns weiß in der Tiefe ihres Herzens ganz genau, was gerecht ist und was nicht; ob die eigenen Motive ehrlich und von Liebe getragen sind oder ob Haß sie nährt. Was von Liebe getragen wird, wird Liebe hervorbringen. Haß ruft noch mehr Haß herbei.

Deine Kinder sind eine klare Antwort auf dich. Meiner Ansicht nach haben wir uns in der Anderswelt, in der nicht Materie, sondern Schwingung seienden Welt, auch unsere Eltern ausgesucht, um sicherzustellen, daß wir ein ganz bestimmtes Lebensthema erfahren und vielleicht sogar erlösen können. Unsere PartnerInnen sind die Antwort auf unsere Defizite und stellen sich in diesem Zusammenhang als LebenslehrerInnen zur Verfügung, genau wie KollegInnen und FreundInnen und so weiter.

So ist eine der gesündesten, erhellendsten und weiterführendsten Fragen in deinem Leben die, was du eigentlich verdient hast. Du wirst merken, daß es in dir ein Wissen darüber gibt. Immer weißt du, daß das, was du erkämpfst, in Wahrheit gerecht oder ungerecht ist und in welchem Maß. Wenn du es nicht weißt, dann verrät es dir dein Innerstes in einem ruhigen Augenblick der Wahrheit. Augenblicke der Wahrheit bekommst du manchmal geschenkt. Du kannst sie dir aber auch nehmen, vielleicht mit einem Gang ins Labyrinth. Auf dem Schlangenberg finden seit vielen Jahren Labyrinth-Initiationen statt. Frauen bekommen an einem Wochenende einen Augenblick der Wahrheit geschenkt.

Hilfreich in Wahrheitsdingen ist ein Einstieg in die Prozentrechnung. Frage dich, wieviel Prozent deiner Lebenskraft du in diese Beziehung, Person, Sache, Situation, dies Projekt hast fließen lassen. Frage weiter, wieviel Prozent der Kraft deine KontrahentIn zu dir oder in die Sache, das Projekt, die Situation etc. hat fließen lassen. Nimm immer die Zahl, die sich spontan zeigt, ohne daß du viel nachdenken mußt. Und sei sicher, du liegst immer richtig. Die da spricht, wenn du zu rechnen beginnst, ist mit Sicherheit die Händlerin.

Aber auch die zwölf anderen bescheren dir eine dreizehnfach unterschiedliche Sichtweise auf ein Problem.

Die Amazone wird dir erklären können, wie du kämpfen kannst. Die Bäuerin wird dir ein gutes Gefühl geben, sobald das Haben ausgewogen ist. Die Denkerin wird dich in Fragen der logischen Zusammenhänge beraten können. Die Liebende schenkt dir Gespür dafür, daß auch die KontrahentIn fühlt. Die Königin legt fest, daß gehandelt wird. Die Wissende macht dich darauf aufmerksam, daß du die sozialen Ziele nicht aus den Augen verlieren solltest, und zeigt dir, welche Strategien zum Erfolg führen. Die Händlerin rechnet dir vor, was du gegeben hast oder noch geben mußt. Die Heilerin zeigt dir, daß du bereit sein mußt zu verlieren, sonst wirst du niemals gewinnen. Die Künstlerin fordert Schönheit deines Handelns. Die alte Weise zeigt dir die Verbindung von Anfang und Ende. Die Priesterin zeigt dir den Sinn, der im Konflikt liegt, und die Mutter löst den Konflikt letztendlich auf. Die wilde Frau hilft dir, die Folgen zu tragen.

Die Frage ist: Wie soll denn das nun praktisch passieren? Wie kannst du Antworten von den Aspekten bekommen?

Es ist möglich, dies in Form einer Aufstellung zu tun. Du wirst staunen, wie andere, die deine dreizehn Aspekte verkörpern, dir plötzlich klare Antworten geben. Nicht als Rita X oder Claudia Y. Sie antworten dir als dein Aspekt. Sie müssen dazu nicht schauspielern und sich in eine Rolle hineindenken. Sie sind es von dem Augenblick an, an dem du sie bestimmst.

Du kannst aber auch in Trance gehen. Geh in den Wald, auf einen Berg, an einen einsamen Strand und zieh einen Kreis um dich herum. Setz dich im Dunkeln ein paar Stunden hin und mach ein Ritual ganz für dich allein. Bitte alle Aspekte, die dir etwas sagen können, um Antwort und Hinweise. Und dann warte ab, was geschieht. Vielleicht zeigt sich eines der Tiere, das zu einer der weisen Frauen gehört. Vielleicht die weise Frau selbst.

Neues Recht

Recht und Unrecht empfinden wir alle. Nur nicht alle auf die gleiche Weise. Ich glaube jedoch daran, daß es so etwas wie ein inneres Gefühl für Gerechtigkeit gibt. Mit Hilfe der dreizehn Aspekte kannst du lernen, der Wahrheit zu vertrauen.

Wahrheiten gibt es so viele, daß es beinahe schon wieder keine gibt. Wenn es um Recht und Unrecht geht, geht es niemals darum, was denn die Wahrheit ist und welcher der KontrahentInnen sie gehört. Es geht eher darum, ob du deine eigene Wahrheit wirklich verstehst und bereit bist, dich soweit auf sie einzulassen, ihr zuzuhören, sie anzuschauen, daß du dich weiterentwickelst.

Dabei ist es vollkommen nebensächlich, was die Wahrheit deiner KontrahentIn ist. Die KontrahentIn gibt dir mit ihrer Existenz in deinem Leben die Aufgabe. Mehr Bedeutung hat es nicht, wenn es um Recht und Unrecht geht. Es geht also auch nicht darum, etwas richtig oder falsch zu machen, etwa recht zu bekommen. Einzig und allein die Wahrheiten deines Lebens machen sich da in Gestalt deiner KontrahentIn bemerkbar und zwar nur für dich. Es ist sinnlos, andere – KontrahentInnen, MediatorInnen, Beistand jeder Art – vom eigenen Standpunkt überzeugen zu wollen. Das zeigt nur, wie wenig du deinem eigenen Standpunkt traust.

Das ist viel schlimmer, als wenn du im Unrecht bist. Denn dann liegst du in jedem Fall falsch. Glaubst du etwa, daß etwas wahrer wird, wenn andere dir glauben? Der Standpunkt der Gegenpartei ist genauso richtig. Nur nicht für dich. Das gilt nun mal auch umgekehrt. Wichtig ist, ob du in deiner Wahrheit ankommst oder nicht. Und nur Wahrhaftigkeit erreicht Gerechtigkeit.

Wahr ist, was du lebst. Das, was du lebst, bestimmt, was du forderst, bekommst und erreichst. Niemals solltest du dich selbst verraten. Niemals solltest du weniger fordern, als dir zusteht. Aber auch niemals mehr. Manchmal wird uns viel genommen, damit wir endlich wahrnehmen, was uns zusteht, was wir verdient haben und somit in Zukunft fordern und nehmen. Manchmal wird uns viel gegeben, damit wir erfahren, wie reich das Leben ist und wie schwer, zu haben.

Am Ende kommt nur das zu uns, was unser ist. Wenn du ohne Angst in diese Tatsache vertrauen kannst, dann bleibt nur noch die Aufgabe, mit deinem tiefen emotionalen Wissen über deine innere Gerechtigkeit in Verbindung zu kommen.

Wie also findest du heraus, was deins ist? Wie schaffst du es, eine klare Selbsteinschätzung deiner Fähigkeiten, Wertigkeiten und Verdienste zu erlangen? Ich bin überzeugt, daß wir Frauen hier ein großes Problem haben. Immer wieder habe ich erlebt, daß Frauen in ihrer Selbsteinschätzung in beide Richtungen fehlgehen. Sie neigen dazu, sich entweder unglaublich zu unterschätzen oder atemberaubend zu überschätzen. Das mag daran liegen, daß ein Mensch sich selbst in vielen Situationen erfahren haben muß, um zu einer klaren Selbsteinschätzung fähig zu sein. Und viele Frauen folgen der immer noch unterschwellig und auch unverhohlen geäußerten Botschaft, Frauen sollten sich zurückhalten; nicht handeln; nicht entscheiden; sich nicht verwirklichen; sich anpassen; nicht erobern; nichts ausprobieren; keine Verantwortung übernehmen und so weiter. Die sich nicht ins Leben traut und sich nicht vielen verschiedenen, auch schmerzhaften und negativen Erfahrungen aussetzt, wird es immer schwer haben, herauszubekommen, was in ihr steckt und was ihr Wert ist.

Es ist also gar nicht so leicht herauszufinden, wieviel an Geld, Liebe, Haus, Beziehung, Freude und was immer es ist, ich benötige, wenn ich nicht weiß, wieviel ich „wert" bin. Je weniger eine Person sich selbst spürt oder wahrnimmt, um so schwieriger. Vielfach hält uns ein Korsett von Unmöglichkeiten und Verweigerungen in vermeintlich zu engen Schranken. Oft gaukelt uns auch unsere emotionale Bedürftigkeit Ansprüche vor, die unhaltbar sind. Wenn Erfüllung im Überfluß droht, ist das oftmals sehr erhellend für unser tiefes emotionales Wissen. Auf einmal erhalten wir Klarheit über die Größenordnung unserer Bedürfnisse.

Jahrelang habe ich geträumt und geplant, nach Kreta zurückzugehen und dort so etwas wie den Schlangenberg aufzubauen. Immer hielten mich die unterschiedlichsten Hindernisse und Sachzwänge davon ab. Zusätzlich zu allem hatte ich eine Partnerin, die auf expansive Aktivitäten von mir mit ausgeprägtem Bremsverhalten reagierte. Als ich dann plötzlich Land, viel Land angeboten bekam und zu meinem Erschrecken meine Partnerin alle Bremsen löste und lieber heute als morgen losgezogen wäre, war ich auf einmal in der Situation der Erfüllung angelangt. Und wußte, daß ich nicht nach Kreta gehen will. Ich machte die Erfahrung, was es bedeutet, mehr als genug zu haben. Frei vom Druck meiner Projektionen und Sehnsüchte konnte ich endlich fühlen, was wahr war. Mein Heimweh war auch immer ein kleiner „Trick", mich da, wo ich lebte, nicht voll einzulassen. Von da an ließ ich alle Kraft, die ich in dieser Projektion eingefroren hatte, in den Schlangenberg fließen, was diesem sehr gut tat.

Das Prinzip, daß wir erst durch die Erfahrung, mehr als genug haben zu können, spüren, wieviel wir benötigen, führt zu einer Rechtsvorstellung, die davon ausgeht, daß jede Wahrheit, jede Überzeugung wahr ist und kontroverse Ansichten sich konstruktiv auflösen oder bestätigen, wenn die KontrahentInnen beginnen, sich mit der eigenen Wahrheit auseinanderzusetzen, statt ärgerlich, vorwurfsvoll oder anklagend auf die kontroverse Wahrheit zu starren. Die Anerkennung aller subjektiven Vorstellungen führt meiner Ansicht nach nicht zur Verfahrenheit unvereinbarer Positionen, sondern zur Befreiung von stillstehender Energie.

Die eigene Wahrheit verstehst du in dem Augenblick, in dem der Druck der Gegenwahrheit aufhört. Befreit vom Druck kannst du fühlen, ob und in welchem Ausmaß dein Sieg gerecht wäre. Wohlgemerkt: Du selbst mußt es fühlen. Mußt es auch ertragen können. Für alles, was ein Mensch an Unrecht getan hat, sollte er eigentlich gezwungen werden, selbst zu bestimmen, worin die „Strafe", die Wiedergutmachung, der Energieausgleich bestehen könnte. Jeder sollte selbst bestimmen müssen, was er für seine Tat verdient hat. Und die Betroffenen, die Opfer, die Gegenseite, die KontrahentIn sollte ihrerseits bestimmen, welches Maß den Ausgleich an Energie wiederherstellt.

Und wir sollten dabei ganz genau schauen, worum es geht und welche Aspekte der Beteiligten miteinander kommunizieren. Beispiele zeigen, wie weibliches, nicht-hierarchisches Recht entsteht.

Fall 1
Nehmen wir an, es geht um einen Streit, der nach landläufigem Recht eine sogenannte Zivilsache ist. Ein Streitfall, bei dem es darum geht, daß eine der beiden Parteien recht bekommt und zwar in unbekanntem Ausmaß.

Zwei Personen streiten um ein gemeinsam angeschafftes Auto. Beide haben seinerzeit die Hälfte des Kaufpreises hingelegt. Jetzt wollen sie auseinandergehen. Die eine Person will das Auto behalten. Die andere will finanziellen Ersatz. Nun könnten wir davon ausgehen, daß diese Person die Hälfte des Zeitwerts bekommt. Ihr Zorn aufeinander läßt darauf schließen, daß es noch um etwas anderes geht. Es ist also sinnvoll, den Streit auf der Sachebene zu verlassen und die Aufmerksamkeit dorthin zu richten, wo der wirkliche Konflikt liegt. Untersuchen wir zunächst, welche Hinweise uns die Sachebene des Streites liefert, um herauszubekommen, worum wirklich gestritten wird.

Person A hat einen großen Zorn auf Person B. Sie hat in den Jahren, in denen beide Personen das Auto fuhren, nur zu einem geringen Teil zu den Unterhaltskosten beigetragen. Steuern, Versicherung und Benzin wurde von Person B getragen. Allerdings hat Person A immer dafür gesorgt, daß der Wagen sauber gewaschen war.

Person B fühlt sich durch die Forderung von Person A, ihr die Hälfte des Wertes vom Wagen auszuzahlen, zutiefst mißachtet. Sie ist selbst von der Klarheit dieses Empfindens, das im Gegensatz zum Fakt der gemeinsamen Anschaffung des Fahrzeuges steht, überrascht. Dieses Gefühl und der ihrer Ansicht nach nicht gerechtfertigte Zorn von Person A bringt sie jedoch dazu, darüber nachzudenken, was die Ursache ihrer Abneigung, die Hälfte des Wertes als Ausgleich anzuerkennen, ist.

Sie kommt darauf, daß das Verhältnis von 50 : 50 durch ihre Unterhaltsleistungen zu ihren Gunsten verschoben ist. Sie begreift plötzlich, daß der Wert des Autos symbolisch für den Wert der Freundschaft der beiden Personen steht. Sie kann erkennen, daß sie den allergrößten Teil der Energie aufgebracht hat, um diese Freundschaft am Leben zu halten – ebenso wie das Auto. Um die andere Person die Ungleichwertigkeit nicht zu sehr spüren zu lassen, bietet sie ein Drittel des Wertes des Autos an.

Sie weiß, daß die Verbindung erst dann glücklich und in Frieden gelöst ist, wenn beide das erhalten, was ihnen zusteht. Und das ist der Schlüssel. Weil es ein innerpsychisches Gefühl für gerechten Ausgleich gibt, wird niemand glücklich, der zuwenig bekommt, aber auch niemand, der zuviel bekommt. Um ganz sicher zu gehen, daß ihr Gefühl sie nicht täuscht, informiert sie Person A zwar von ihrem Angebot. Sie läßt A jedoch die freie Wahl, weil sie weiß, daß ihre eigene Einschätzung erst dann richtig ist, wenn sie auch für A richtig ist. A kann ihre innerpsychische Gerechtigkeit jedoch erst dann wirklich fühlen, wenn sie frei vom Druck der – möglicherweise – kontroversen Ansichten von Person B ist. So darf A selbst bestimmen, wieviel sie verdient hat, indem sie zwischen 100 % (das gesamte Auto oder sein Wert an Person A) und 0 % (das gesamte Auto oder sein Wert an Person B) genau den Wert wählt, der ihr zusteht.

Es ist interessant, daß viele Frauen, die dieses Modell als richtig empfinden, dennoch Angst haben, danach zu handeln. Zu tief sitzt offenbar die Angst, alles zu verlieren. Wenn du jedoch nicht bereit bist, alles zu verlieren, wirst du gar nichts bekommen. Denn wenn du daran glaubst, daß diese Welt ungerecht ist, wird sie ungerecht sein. Das heißt, entweder ist wahr, was du fühlst, und dann verträgt sich das mit der Wahrheit der anderen Beteiligten, oder es wird erst dann wahr, wenn die Wahrheit der andern mit hineinfließt.

Wenn du beginnst, dich in dieser Hinsicht zu sensibilisieren, wird es dir mit der Zeit immer leichter fallen, die tieferliegenden Motive deines Handelns und die der anderen an einem Streitfall Beteiligten wahrzunehmen.

Fall 2

Ein Multi-Millionär ist für sein soziales und politisches Engagement bekannt. Er ist ein bescheidener Mann, der mit seiner Familie zurückgezogen lebt. Er trägt Pullover, die an den Ellbogen abgewetzt sind, und fährt ein unscheinbares Auto. Sein ungeheuer großes Erbe nutzt er, um die unterschiedlichsten Projekte zu fördern. So hat er beispielsweise eine in der Öffentlichkeit stark beachtete Fotoausstellung über die Greueltaten der Wehrmacht im Zweiten Weltkrieg finanziert. Dieser Mann wird entführt.

Er zahlt an die 30 Millionen Mark Lösegeld und wird nach über einem Monat Gefangenschaft unter schrecklichen Bedingungen lebend und den Umständen entsprechend gesund freigelassen. Der Täter wird aufgrund der wenigen Anhaltspunkte, die der Millionär hat, gefaßt. Von dem Lösegeld wird der größte Teil nicht aufgefunden

Jahre später findet der Prozeß gegen den Täter statt. Dieser ist geständig. Er zeigt Reue, die aber nicht auf Einsicht sondern auf Berechnung, auf der Hoffnung auf ein milderes Strafmaß beruht. Das ist allen Prozeßbeteiligten und der Öffentlichkeit offensichtlich. Er verhöhnt während der Verhandlung das Opfer und seine Familie. Das Gericht honoriert dies, indem es die Höchststrafe verhängt. Der Täter wandert für vierzehn Jahre hinter Gitter.

Die Frage ist, wie in einem solchen Fall Gerichtsverhandlung und Rechtsprechung nach weiblichem Recht hätten ausgesehen haben können.

Ich gehe davon aus, daß die Rechtsprechung unseres Systems die wichtigsten Dinge nicht erreicht.
1. Sie kann Wiederholungstaten nicht verhindern, sondern nur durch einen immensen wirtschaftlichen Aufwand (Justiz und Vollzug) zeitlich verzögern.
2. Sie erreicht keine Einsicht des Täters in die Verwerflichkeit seiner Tat.
3. Sie ist nicht imstande, die seelische Verbindung zwischen Täter und Opfer wieder aufzulösen.
4. Sie erreicht nicht, daß Täter die Verantwortung für ihre Tat übernehmen wollen und können.

Die lebenslange Verbindung des Opfers mit dem Täter durch die Tat ist dabei die größte Tragödie. Dies ist auch nicht durch psychotherapeutische Behandlung aufzulösen. Denn zwischen Opfer und Täter herrscht ein Ungleichgewicht im Fluß der Energien. Ein Zustand, der mit „Es ist wieder gut" umschrieben werden könnte, ist erst dann erreicht, wenn ein energetischer Ausgleich geschaffen ist. Und wie im vorherigen Fallbeispiel ist es nicht so simpel, wie es zuerst aussieht, über die Erkenntnis von „Geben und Nehmen", also über Energien und ihren Fluß bei Täter und Opfer zur inneren Gerechtigkeit vorzudringen. Der Weg dorthin führt über das Verstehen der eigenen Wahrheit. Der Täter muß seine Wahrheit verstehen lernen, und auch das Opfer hat sich mit seiner Wahrheit auseinanderzusetzen.

Die eigene Wahrheit offenbart sich, wenn wir uns selbst in unserer Subjektivität erfahren und wahrnehmen, wie sehr wir unseren Glauben über die Welt auf die Welt projizieren.

Nach weiblichem Recht muß der Täter sein Strafmaß selbst bestimmen, und das muß nicht zwangsläufig eine Gefängnisstrafe sein. Es ist nicht einfach, für sich selbst einen geeigneten Energie-Ausgleich zu finden. Das ist möglicherweise die schwerste Strafe überhaupt. Wie schwer das ist und wie wahrhaftig wir sind, wenn wir es tun, kannst du erkennen, wenn du, ohne dich rechtfertigen zu wollen, versuchst, im Zusammenhang mit irgendeiner Sache, die du einmal ungerechterweise begangen oder unterlassen hast, eine gerechte „Strafe" für dich zu überlegen.

Das Opfer wird fühlen und wissen, ob das vom Täter gewählte „Straf"-Maß angemessen ist, so daß es sich vom Täter und der Tat lösen kann, damit die seelischen und energetischen Wunden wirklich heilen können. Statt Anwälten, die Fachleute in einem für normale Sterbliche unverständlichen Kommunikationssystem namens Justiz sind, sollten ihnen Menschen zur Seite stehen, die imstande sind, ihnen beim Verstehen der eigenen Wahrheit behilflich zu sein.

Interessant ist in diesem Fall, der unschwer als die Entführung Jan-Philip Reemtsmas zu erkennen ist, das scheinbar taktisch unkluge Verhalten des Entführers vor Gericht, das dazu geführt hatte, daß das Gericht keinen Anlaß zu einem milderen Urteil sah. Ich denke, daraus spricht ein dem Täter selbst nicht bewußtes Bedürfnis nach einer harten Strafe. Er hat das erpreßte Lösegeld ja nicht ausgeben können. Seine Behauptung, er habe es an andere

Gangster verloren, ist mehr als fadenscheinig. Und so hält er extrem mehr Energie auf seiner Seite, als sein inneres Gerechtigkeitsgefühl erträgt, wozu noch der Energieanteil kommt, den er sich durch die Reemtsma und seiner Familie zugefügten Leiden auf seine Seite hinübergestohlen hat. Dieses Gerechtigkeitsgefühl gibt es auch bei skrupellosen Tätern. Ausnahme sind sogenannte geistig abnorme Rechtsbrecher, deren Geist und Seele nicht fähig sind, im Zusammenhang mit ihrem Tun so etwas wie innere Gerechtigkeit zu fühlen.

Ich bin sogar sicher, daß Reemtsmas Entführer das Bedürfnis nach einer weitaus höheren Strafe gehabt hat, als es das deutsche Strafgesetzbuch dafür vorsieht. Und ebenso sicher bin ich, daß das Lösegeld erst dann wieder auftaucht, wenn der sympathische Moralist Reemtsma aufhört, sich in den Tiefen seiner Seele dafür zu schämen, reich zu sein. Erst wenn er begreift, daß er kein Leben wie ein „normaler" Mensch führen kann, hat er einen Teil seiner eigenen Wahrheit in diesem schrecklichen Drama verstanden, in dem ein Verbrecher versuchte, ihm an angesammelter und gestauter Energie abzuknöpfen, was er scheinbar nicht brauchte oder dessen er sich schämte.

Die dreizehn weisen Frauen, die einer Frau helfen, eine gesicherte, stabile und von Abhängigkeiten freie Identität zu entwickeln, sind meiner Meinung nach auch symbolische und doch ganz realistische Ratgeberinnen für ein neues Recht nach weiblichen Maßstäben.

Sie können dir in Streitfragen, in denen du vor allem Hilfe durch Klarheit und Erkenntnis deines eigenen Handelns brauchst, genau diese liefern.

Das kann zum einen geschehen, indem du dich einer Aufstellung stellst oder die Positionen deiner dreizehn Aspekte aus deinem Inneren aufzeichnest. Dann sieh dir an, wo du in diesem Zusammenhang stehst und frag dich, welche deiner dreizehn inneren Ratgeberinnen dich nicht beraten können, weil du sie nicht hörst, siehst oder akzeptierst. Setz dich in einer ruhigen Meditation mit gerade diesen in Verbindung und laß aus den Tiefen deines Seins aufsteigen, was sie dir zu sagen haben.

Zum anderen kannst du dir auch deinen Lebenskreis aufzeichnen und den Lebenskreis deiner KontrahentIn darüberlegen. Dann schau dir gut an, um welchen der zwölf Abschnitte es sich bei dem Streitfall handelt und welche deiner weisen Frauen eigentlich mit welcher weisen Frau der anderen Partei streitet.

Im Fall der zwei um ein Auto streitenden Personen könnte beispielsweise die Zusammenlegung der Lebenskreise zeigen, daß im Haus des Habens die Liebende und die Königin streiten. Das sind für die Liebende, die zu Person B gehört, keine leichten Bedingungen, um zu einer für beide gerechten Lösung zu finden. Die Königin ist eine, die viel Raum einnimmt. Das ist gut und soll so sein, aber wenn du mit einer Königin um ein Auto streitest, kann es vorkommen, daß sie der Ansicht ist, die Karosse gehöre sowieso ihr. In Wahrheit geht es jedoch nicht um Besitz, wie wir ja schon festgestellt haben. So ist die Gerechtigkeit eine andere als die der Königin von Person A. Wir sehen, daß im Haus des Abwägens, in dem es um Geben und Nehmen geht, d.h. um Beziehungen aller Art, die Künstlerin von Person B mit der alten Weisen von Person A im Streit liegt. Diese zwei haben über den Ausgleich von Geben und Nehmen und vor allem darüber, wie sehr und auf welche Weise Energie fließen muß, ganz verschiedene, jedoch keine unvereinbaren Vorstellungen.

Gefährtinnen, Verbündete und Schwestern

Die dreizehn weisen Frauen sind in ihrer Gesamtheit das Symbol der Vollkommenheit. Jede einzelne repräsentiert eine eigene Kraft und Energie und schenkt dir auf ihre Weise eine besonders gefärbte Lebensqualität. Wenn sie aufeinandertreffen, ergeben diese Begegnungen wieder neue Kräfte. Manche inspirieren sich gegenseitig. Andere erreichen gemeinsam mehr (noch mehr) Gewicht. Sie können Gefährtinnen, Verbündete und Schwestern sein. Natürlich auch Kontrahentinnen.

Übersicht über die Begegnungskombinationen
der dreizehn Aspekte

Amazone ♈	Bäuerin ♉
Amazone ♈	Denkerin ♊
Amazone ♈	Liebende ♋
Amazone ♈	Königin ♌
Amazone ♈	Wissende ♍
Amazone ♈	Händlerin ♎
Amazone ♈	Heilerin ♏
Amazone ♈	Künstlerin ♐
Amazone ♈	Alte Weise ♑
Amazone ♈	Priesterin ♒
Amazone ♈	Mutter ♓
Bäuerin ♉	Denkerin ♊
Bäuerin ♉	Liebende ♋
Bäuerin ♉	Königin ♌
Bäuerin ♉	Wissende ♍
Bäuerin ♉	Händlerin ♎
Bäuerin ♉	Heilerin ♏
Bäuerin ♉	Künstlerin ♐

Bäuerin ♉   Alte Weise ♑
Bäuerin ♉   Priesterin ♒
Bäuerin ♉   Mutter ♓

Denkerin ♊   Liebende ♋
Denkerin ♊   Königin ♌
Denkerin ♊   Wissende ♍
Denkerin ♊   Händlerin ♎
Denkerin ♊   Heilerin ♏
Denkerin ♊   Künstlerin ♐
Denkerin ♊   Alte Weise ♑
Denkerin ♊   Priesterin ♒
Denkerin ♊   Mutter ♓

Liebende ♋   Königin ♌
Liebende ♋   Wissende ♍
Liebende ♋   Händlerin ♎
Liebende ♋   Heilerin ♏
Liebende ♋   Künstlerin ♐
Liebende ♋   Alte Weise ♑
Liebende ♋   Priesterin ♒
Liebende ♋   Mutter ♓

Königin ♌   Wissende ♍
Königin ♌   Händlerin ♎
Königin ♌   Heilerin ♏
Königin ♌   Künstlerin ♐
Königin ♌   Alte Weise ♑
Königin ♌   Priesterin ♒
Königin ♌   Mutter ♓

Wissende ♍   Händlerin ♎
Wissende ♍   Heilerin ♏
Wissende ♍   Künstlerin ♐
Wissende ♍   Alte Weise ♑
Wissende ♍   Priesterin ♒
Wissende ♍   Mutter ♓

Händlerin ♎	Heilerin ♏
Händlerin ♎	Künstlerin ♐
Händlerin ♎	Alte Weise ♑
Händlerin ♎	Priesterin ♒
Händlerin ♎	Mutter ♓
Heilerin ♏	Künstlerin ♐
Heilerin ♏	Alte Weise ♑
Heilerin ♏	Priesterin ♒
Heilerin ♏	Mutter ♓
Künstlerin ♐	Alte Weise ♑
Künstlerin ♐	Priesterin ♒
Künstlerin ♐	Mutter ♓
Alte Weise ♑	Priesterin ♒
Alte Weise ♑	Mutter ♓
Priesterin ♒	Mutter ♓

1. Die Amazone und die Bäuerin

Ein paar Mal reitet die Amazone um den Gartenzaun der Bäuerin, dann wird sie ungeduldig. Nicht lange, und sie galoppiert davon. Die Bäuerin sieht ihr nach und hofft, daß sie im nächsten Frühling wieder vorbeischaut. So ungefähr ließe sich eine Verbindung zwischen diesen beiden Kräften charakterisieren. Dennoch ist die Verbindung der beiden nicht negativ, wie ja alle Verbindungen der zwölf untereinander nicht negativ sind, sondern nur unterschiedlich.

Die Amazone lernt Beharrlichkeit. Die Bäuerin wagt sich in den dunklen, unbekannten Wald hinein. Das sind die Geschenke, die sie einander machen können.

Wenn sie sich in den einzelnen Häusern begegnen:

Sein: Hier ist die Amazone zu Hause. Aber hier fühlt sich auch die Bäuerin nicht fremd. In diesem Bereich finden sie ihre beste Ergänzung.

Haben: Hier ist die Bäuerin zu Hause. Die Amazone fühlt sich eingesperrt.

Erkennen: Beiden ist die Welt der geistigen Reisen fremd. Wenn sie sich hier begegnen, kann die Bäuerin von der Amazone lernen.

Fühlen: Die Amazone fürchtet sich, von ihren Empfindungen überwältigt zu werden. Die Bäuerin schützt ihr Zaun vor der Grenzenlosigkeit.

Handeln: Ob einzeln oder miteinander – sie sind zwar nicht die Königin selbst, aber ganz gut in der Behauptung ihrer Eigen-Macht.

Ordnen: Hier sollte die Amazone der Bäuerin den Vortritt lassen. Sie hat einen praktischen Verstand und vermag Struktur zu schaffen.

Abwägen: Die Bäuerin erschafft den Überfluß, aber es fällt ihr schwer, ihre Gaben in den Energiekreislauf zu bringen. Da kann ihr die Amazone Antrieb und Beweglichkeit bieten.

Verändern: Das Beharrungsvermögen der Bäuerin akzeptiert nur das Kommen und Gehen mit dem Wechsel der Jahreszeiten. Für die Überraschungen plötzlicher Veränderungen fehlt ihr der Sinn. Den hat die Amazone, auch wenn sie sich vor den Tiefen des Lebens fürchtet.

Ehren: Die Kunst einer Bäuerin ist immer eßbar, die Kunst einer Amazone ein Abenteuer. Wie sollen sich die zwei auf diesem Gebiet verständigen können?

Prüfen: Was die Amazone nicht wahrhaben will und auf eine unbestimmte Zukunft verschiebt, macht der Bäuerin keine Angst. Sie kann hier die Führende sein.

Sehen: Die Amazone als Priesterin ist ein guter Garant, daß das Heilige nicht zu heilig wird. So gibt sie den bäuerlichen Erntedankfesten Leichtigkeit und Unberechenbarkeit.

Auflösen: Davor fürchten sich diese zwei auf unterschiedliche Weise. Der Amazone ist angst und bange vor soviel Überwältigung und Hingabe. Die Bäuerin fürchtet um ihren Garten, wenn die große Flut kommt. Miteinander wird die Angst noch größer.

2. Die Amazone und die Denkerin

Zwei sehr bewegliche Energien fließen zusammen, wenn die Amazone und die Denkerin aufeinander treffen. Wenn die Amazone der Faszination der Denkerin für Logik nicht wirklich zu folgen vermag, ist sie doch von den philosophischen Begründungen für einen Kampf, den die Denkerin ihr liefern kann, selbst fasziniert. Freude am Tempo ist die Basis ihrer Kommunikation. Zwei Frühlingskräfte, die einander gut tun. Aber lange bleiben sie nicht beisammen, denn auf dem Weg in die Reife müssen andere weise Frauen dazukommen, damit es weitergeht.

Was passiert, wenn sie in den unterschiedlichen Häusern zusammentreffen:

Sein: Hier ist die Amazone zu Hause. Die Denkerin erfährt ihr Sein durch Erkenntnis. Die Amazone lebt es und kann der Denkerin mehr Wirklichkeit verschaffen.

Haben: Die Amazone braucht nicht viel. Die Denkerin ebensowenig. Miteinander werden sie nicht reich. Aber es wird sie kaum bekümmern.

Erkennen: Hier ist die Denkerin zu Hause. Die Amazone braucht hier Unterstützung, denn sie ist schnell und hitzig.

Fühlen: Fremdes Territorium für beide. Die Denkerin weiß immerhin alles über das Fühlen. Die Amazone hat Angst vor diesen unberechenbaren Dingen.

Handeln: Das Reich des Ich regieren beide nicht ohne Mühe. Aber gemeinsam können sie sich auf eine praktikable Regierungsform einigen.

Ordnen: Die Amazone muß gerade mal wissen, wo sie ihren Sattel findet, und braucht Hilfe in strategischen Fragen. Die kann ihr die Denkerin durchaus bieten. Aber große Erfolge werden sie hier nicht unbedingt miteinander erzielen.

Abwägen: Der einen ist es nicht wichtig, der anderen zu mühsam. Wenn sie sich in diesem Haus begegnen, gibt es nicht viel an Kommunikation.

Verändern: Es ist der Denkerin nicht fremd. Sie hat gute Verbindungen zur Anderswelt. Wenn da nicht die Wirklichkeit des Stürzens wäre. Die Amazone steht für die Kraft, die noch ohne Verantwortung ist. Und sie ahnt, daß es nach dem Abstieg in die Tiefe um Verantwortung geht. Wenn sie sich in diesem Bereich nicht gegenseitig stützen, sind sie wie zwei kleine Kinder, die sich im Dunkeln fürchten.

Ehren: Die Kunst der Amazone ist dynamisch, laut und voller Kraft. Die Denkerin liefert die Flüge in die Anderswelt dazu. Sie schreibt ein Buch. Die Amazone liest es nicht.

Prüfen: Aggressionspotential und Freiheit des Geistes sind in Fragen von Strukturen keine Meisterinnen. Eher Revolutionärinnen, die alles über den Haufen werfen wollen.

Sehen: Hier ist die Denkerin die Stärkere. Sie kennt die Kraft von Imagination und Magie.

Auflösen: Die Denkerin kann loslassen, denn sie ist keine, die wirklich festhält. Sie ist der Wind über dem Meer und kann der Amazone die Angst vor dem Untergang nehmen.

3. Die Amazone und die Liebende

Wenn pures Sein, lodernde Energie auf den Wunsch nach dem Unendlichen treffen, dann verspricht dies Großes. Jedoch ist es die Dynamik des Vorwärtsstürmens, die auf die Dynamik des Verströmens trifft. Das zeigt, worin die Schwierigkeit zwischen diesen beiden besteht. Die Liebende wird erst kämpfen wollen, wenn ihr Rudel bedroht ist. Die Amazone ist immer unterwegs zu neuen Eroberungen.

Es ist eine Frage der Umstände, was passiert, wenn das Aggressionspotential und das Liebespotential einer Frau sich vermischen. Die Liebende macht die Amazone runder, weicher. Die Amazone verleiht der Liebenden Schwung und Dynamik.

Was passiert, wenn sie in den unterschiedlichen Häusern zusammentreffen:

Sein: Hier ist die Amazone zu Hause. Die Liebende wird durch sie zur Eroberin.

Haben: Die Liebende geht jagen, wenn sie etwas braucht. Die Amazone braucht nicht viel. In diesem Bereich kennen sich beide nicht besonders gut aus. Aber sie sind einander gute Ergänzung, denn ihre Ansprüche sind nicht wirklich groß.

Erkennen: Die Liebende spürt viel, aber sie versteht vieles nicht.

Auf die Dinge hinter den Gefühlen reagiert sie mit Scheu. Die Amazone dringt leicht hinter die Dinge, aber sie will sie gar nicht verstehen. Zusammenhänge sind ihr nicht wichtig. Ziele schon eher.

Fühlen: Hier ist die Liebende zu Hause. Die Amazone muß von ihr lernen, daß Kampf nicht immer wichtig ist.

Handeln: In diesem Bereich sind beide nicht besonders versiert, aber gemeinsam ein wunderbares Team, das durchaus imstande ist, das Reich des Ich zu regieren.

Ordnen: Wenn sich nicht irgend jemand findet, der den beiden hilft, dann werden sie wie Hänsel und Gretel verloren im Wald herumirren.

Abwägen: Es ist kein kleines Maß, das diese beiden miteinander bestimmen. Aggressionspotential und Liebespotential bilden eine offensive Kraft. Wenn die in die Welt geschickt wird, kommt viel zurück.

Verändern: Die Furcht der Amazone vor Untergang kann von der Liebenden gemildert werden.

Ehren: Über das Gefühl hat die Liebende einen Zugang zur Kunst. Da sie nur durch Berührung erfährt, zeigt sich der Sinn des Lebens auch auf diese Weise. Die Kraft der Amazone zur Idealisierung kann Nähe zu ihr herstellen.

Prüfen: Die Welt der Strukturen wird von der Amazone erst noch entdeckt. Der Liebenden ist sie ohne wirkliche Bedeutung. Hier findet wenig fruchtbare Kommunikation statt.

Sehen: Die Anderswelt zeigt sich der Liebenden durch Fühlen und Berührung. Der Amazone ist sie unangenehm, denn ihre Dynamik geht in die andere Richtung. Sie stürmt in das reale Leben, ist sie doch noch weit entfernt davon, in die Anderswelt zurückzukehren.

Auflösen: Der Liebenden ist dieser Zustand nicht fremd. Sie ist über ihr Gespür immer und überall. Grenzenlosigkeit schreckt sie nicht wirklich. Die Amazone ist der Anfang des Lebens und damit dem Ende des Lebens näher als jede andere. Aber sie will nichts davon wissen, denn sie will ins Leben hinein und noch lange nicht hinaus.

4. Die Amazone und die Königin

Wenn die Amazone und die Königin sich begegnen, schlagen beider Herzen höher. Die Königin regiert das Reich des Ich. Die Amazone verteidigt sie. Sie bewundert sie. Sie idealisiert sie. Beide Gestalten unseres inneren Erlebens gehören zu denen, die häufig nur mit großen Anstrengungen in unser Bewußtsein gelangen und selten mit Identifikation versehen werden. Das hat seinen Grund darin, daß beide – einzeln und noch weitaus mehr miteinander – Garanten für persönliche Stärke und Selbstsicherheit sind. Zusammen sind sie nicht einzuschüchtern, nicht zu deckeln. Den Werdegang in die Reife gehst du unbesorgt, wenn du die beiden beieinander hast.

Was passiert, wenn sie sich in den verschiedenen Häusern begegnen:

Sein: Hier ist die Amazone zu Hause. Sie ist das Selbstbehauptungspotential der Königin. Sie hält das Ego beweglich und feurig. Sie gibt der Königin Glanz durch Bewunderung.

Haben: Die Amazone ist in diesem Bereich eher bescheiden in ihren Ansprüchen. Die Königin ist raumgreifend, jedoch nicht habgierig.

Erkennen: Für dieses Haus übernehmen beide eher ungern die Verantwortung. Gemeinsam kümmert es sie möglicherweise sogar überhaupt nicht.

Fühlen: Wenn das Haus des Fühlens von der Königin bestimmt wird, dann werden Legenden erzählt von der weißen Wölfin, die weithin sichtbar jeden Abend auf dem Hügel sitzt. Der Amazone reicht es, wenn die Königin diesen Raum einnimmt. Sie tritt hinter sie zurück.

Handeln: Hier ist die Königin zu Hause. Die Amazone glüht in Bewunderung.

Ordnen: Wenn Strategien auch nicht die große Kraft der Amazone sind, so kann doch ihr Gefühl für Gemeinschaft ausreichen, um den Gedanken von den sozialen Zusammenhängen und Zielen ins Bewußtsein der Königin zu tragen.

Abwägen: Die beiden gelten als das ideale Paar. Aber es bedarf großer Aufmerksamkeit, die anderen nicht zu vergessen. Sie könnten in Selbstbezogenheit erstarren und müssen doch lernen, daß erst Beziehungen zu vielen das richtige Geben und Nehmen herstellt.

Verändern: Die Amazone wie die Königin sind wenig begeistert von der Notwendigkeit zu stürzen, um wieder aufzuerstehen. Da die Amazone dafür sorgt, daß das Reich der Königin unangreifbar ist, werden sie gemeinsam ganz besonders Schwierigkeiten haben, Veränderungen zuzulassen.

Ehren: Die Art der Königin, die Schöpfung zu feiern, mag pracht- und prunkvoll sein. Aber es läuft immer darauf hinaus, sich selber zu feiern. Die Amazone wird sie darin möglicherweise noch unterstützen. Das ist nicht falsch, aber zu wenig.

Prüfen: Die Königin sieht sich nicht gern in Frage gestellt. In der Amazone hat sie eine an ihrer Seite, die selbst nicht glücklich ist in diesem ihr eher fremden Bereich. Hier haben sie es plötzlich nicht mehr leicht miteinander.

Sehen: Die Königin wird zur Päpstin. Die Amazone ist ihr keine Hilfe mehr, denn sie fürchtet sich vor der Anderswelt, in der sie mit ihrer Erobererkraft nichts bewirkt.

Auflösen: Das Meer ist beiden ein Rätsel. Hier endet das Reich der Königin. Hierhin will die Amazone noch lange nicht zurückkehren.

5. Die Amazone und die Wissende

Sie sind einander entweder ein ewiges Rätsel oder kongeniale Genies des strategischen Kampfes. Eigentlich sind ihre Welten vollkommen unterschiedlich. Die Amazone steht am Anfang eines Lebensweges. Die Wissende ist schon so weit vorgedrungen, daß sie den Überblick hat und das Ego in die soziale Verantwortung führt. Und das ist der Punkt, an dem sie einander letztlich doch wieder begegnen können, Berührungspunkte haben. Wenn die zwei sich zusammentun, geht es immer um eine große Sache. Oder sie streiten sich ohne Ende um Kleinigkeiten.

Was passiert, wenn sie sich in den einzelnen Häusern begegnen:

Sein: Hier ist die Amazone zu Hause. Die Wissende ist von ihrer Dynamik eher beunruhigt. Wo die Amazone in ihrer Jugendlichkeit unsicher ist, kann die Klarheit der Wissenden ihr Sicherheit schenken.

Haben: Die Wissende verwaltet das Haben, das die Amazone gar nicht haben will. In diesem Bereich kann es Ärger geben, den die Wissende empfindet und ausdrückt.

Erkennen: In diesem Haus bewegt sich die Wissende ziemlich sicher, wenn Philosophisches sie auch nicht gerade bezaubert. Sie kann der Amazone hier mit klarem Verstand aushelfen.

Fühlen: Wenn die Amazone fühlt, ist es stürmisch und feurig. Die Wissende schreckt vor den unkontrollierbaren Weiten der Gefühle zurück. Sie analysiert, um nicht überwältigt zu werden.

Handeln: Hier treffen sich zwei, um gemeinsam eine Königin zu vermissen, in deren Diensten sie gern tätig wären.

Ordnen: Hier ist die Wissende zu Hause. Die Amazone ist dankbar für die Strategien des Lebens, die ihr die Wissende entwickelt.

Abwägen: Gemeinsam entwickeln sie die Kraft von Robin Hood. Hier werden sie ein Team, das Hand in Hand Großes bewirken kann.

Verändern: Die Wissende gibt die Kontrolle über das Leben ungern ab. Die Amazone fürchtet sich vor Tod und Auferstehung.

Ehren: Beide feiern die Schöpfung auf ihre Weise. Aber auf sehr unterschiedliche Weise.

Prüfen: Hier lernt die Wissende gern. Die Amazone scheut dieses Haus.

Sehen: Beten und arbeiten. Darauf läuft es wohl hinaus, wenn die Wissende für Spiritualität zuständig ist. Zu groß ist ihre Angst, statt in der Ekstase im Wahnsinn zu landen. Kommt das Aggressionspotential der Amazone dazu, heißt es Vorsicht für beide, denn sie könnten im pragmatisch-religiösen Fanatismus enden.

Auflösen: Die eine füllt das Meer in Flaschen ab. Die andere schiebt die Verantwortung gern von sich.

6. Die Amazone und die Händlerin

Beweglich sind sie beide. Aber in ganz verschiedenen Welten unterwegs. Die eine entdeckt gerade das Leben, während die andere sich mit Geben und Nehmen beschäftigt. Lernen kann die Amazone von der Händlerin sehr viel. Diese mag von der stürmischen Unbekümmertheit der Amazone bezaubert sein, denn für Schönheit und Lebendigkeit hat sie viel übrig. Das Bedürfnis der Amazone nach Gemeinschaft mit anderen Frauen erhält in der Fähigkeit der Händlerin, Verbindungen zu knüpfen, zu pflegen und zu halten, ein passendes Echo.

Was passiert, wenn diese beiden sich in den verschiedenen Häusern begegnen:

Sein: Hier ist die Amazone zu Hause. Sie ist der Lebensquell, denn sie steht am Anfang des Kreises. Die Händlerin empfindet das Sein eher wie einen großen, kräftig fließenden Fluß. Sie wird sich kleiner machen müssen, um zu kommunizieren.

Haben: Vom Haben versteht die Händlerin etwas, denn sie ist die, die Haben transportiert. Der Amazone ist das nicht wichtig.

Erkennen: Über das Schwanken von Kommen und Gehen erhält die Händlerin ihre Erkenntnisse über das Leben. Die Amazone durch erobernde Entdeckung. Hier könnten sie sich begegnen.

Fühlen: Wenn die Amazone dafür verantwortlich ist, geht es um Spontaneität, Schnelligkeit, Hitzigkeit. Wenn die Händlerin verantwortlich ist, ist es eher der Tanz der Energien. Auch sie kennt keinen Stillstand. Aber sie dreht sich, während die Amazone davonschießt.

Handeln: Die Amazone als Königin ist jung und stark, aber nicht unbedingt gefühlvoll. Die Händlerin hat viele soziale Qualitäten, indem sie Verbindung zu vielen hält.

Ordnen: In Anwesenheit der Händlerin sieht die Amazone überhaupt keinen Grund, sich in diesem Bereich zu betätigen.

Abwägen: Hier ist die Händlerin zu Hause. Die Amazone kann von ihr lernen. Die Frage ist nur, ob sie es will.

Verändern: Die Amazone ist das Symbol für den kraftvollen Beginn. Als diese fürchtet sie sich, heilerische, d.h. transformatorische Kräfte zu entwickeln. Die Händlerin hat immer noch einen Ersatzsattel für sie bereit. Sie fühlt sich an diesem Platz auch nicht unbedingt wohl, der Aufgabe aber gewachsen.

Ehren: Beide weisen Frauen sind auf dem Weg über das Lebensrad noch nicht dort angelangt, wo sie die Erfahrung der Transformation gemacht haben. Daher werden sie sich beide an diesem Platz leicht überfordert fühlen. Die Amazone mehr als die Händlerin.

Prüfen: Die Amazone ist eine weise Alte, indem sie die Struktur entdeckt. Die Händlerin fühlt sich wie gefangen in der Erstarrung unbeweglicher Materie.

Sehen: Die Amazone als Priesterin schöpft aus der Erinnerung, denn aus der Erfahrung dieses Lebens kann sie es noch nicht. Die Händlerin ist die magische Priesterin, die zaubert und hext.

Auflösen: Für die Amazone gibt es nur eine Reaktion: Noch nicht. Die Händlerin ist die Mutter, die gibt und nimmt.

7. Die Amazone und die Heilerin

Wenn sie sich begegnen, erhält die Amazone eine Ahnung von Tod und Sterben. Sie, die sich ihres Seins noch nicht so sicher ist, kann darauf nur mit Erschütterung reagieren. Die Heilerin fühlt sich ein wenig in den Kindergarten versetzt und wird versuchen, sich kleiner zu machen, um die Amazone nicht zu erschrecken.

Was passiert, wenn sie sich in den verschiedenen Häusern begegnen:

Sein: Hier ist die Amazone zu Hause. Die Heilerin ist an diesem Platz im kosmischen Sinn zu alt, um eine Quelle zu sein.

Haben: Der Amazone ist es nicht wichtig zu haben. Die Heilerin ist alles andere als eine Sammlerin. Hier können beide einander verstehen, wenn sie kommunizieren.

Erkennen: Die Amazone ist an Erkenntnissen in ihrer ganzen Tragweite nicht interessiert. Die Heilerin ist eine Erkennende, die sich vor allem in der Tragweite der Erkenntnisse auskennt.

Fühlen: Die Amazone ist das Aggressionspotential einer Frau. Sie wird es schwer haben, für alles Fühlen verantwortlich zu sein. Die Heilerin fühlt glühendes Feuer. Die Kommunikation beider in diesem Haus ist hitzig, verbrennend, wild und gefährlich.

Handeln: Die Amazone ist eine jugendliche, bewegliche Königin. Die Heilerin ist eine eher düstere Erscheinung an diesem Ort. Wenn das Aggressionspotential mit dem Potential zur Veränderung das Ich regiert, dann brauchen die beiden die Hilfe der anderen, damit es Gedeihlichkeit gibt.

Ordnen: Die Strategie der Heilerin ist klar und einfach. Was überholt ist, wird davongefegt. Die Unbekümmertheit der Amazone überläßt ihr das Feld.

Abwägen: Geben und Nehmen sind der Heilerin nicht unvertraut. Jedoch ist sie eine Händlerin, die ganze Welten untergehen lassen kann. Die Amazone kennt nur das Maß ihrer Satteltaschen.

Verändern: Hier ist die Heilerin zu Hause. Die Amazone wird in ihrer Angst vor Transformation hinter ihrer Erscheinung verschwinden, als gäbe es sie gar nicht.

Ehren: Die Amazone verfügt über die Kraft zu idealisieren. Aber das Ziel ihrer Idealisierung kann sich ändern, wenn sie ihrer Schwingung folgt. Die Heilerin erschafft Rituale, die Kali ehren.

Prüfen: Als alte Weise haben es beide schwer. Erst recht miteinander.

Sehen: Die Amazone als Priesterin lebt von der Erinnerung an die Zeit, die vor ihrem Sein war. Wenn sie der Heilerin hier begegnet, erfährt sie eine besondere Initiation.

Auflösen: Die Amazone fürchtet sich davor. Die Heilerin ersehnt sich die Auflösung und ist doch die, die auferstehen läßt.

8. Die Amazone und die Künstlerin

Beiden ist die Freude an der Bewegung und an der Entdeckung von Neuem gemeinsam. Die Künstlerin kann der Abenteurerin Amazone den Sinn schenken, den ihr Tun dringend benötigt. Das noch nicht initiierte Sein der Amazone erfrischt und erneuert die Arbeit der Künstlerin.

Was passiert, wenn beide sich in den verschiedenen Häusern begegnen:

Sein: Hier ist die Amazone zu Hause. Die Künstlerin muß von ihr lernen.

Haben: Wenn die Amazone hier verantwortlich ist, spielt Haben eine eher untergeordnete Rolle. Auch für die Künstlerin ist es nicht von großer Bedeutung, ob ihr der Grund gehört, auf dem das von ihr erbaute Labyrinth steht.

Erkennen: Die Künstlerin erfährt Erkenntnisse als kreativen Prozeß. Die Amazone kümmert es nicht.

Fühlen: Wenn die Künstlerin in diesem Haus verantwortlich ist, wird es viel Musik geben. Die Amazone wird sich ihr anschließen, denn als Verantwortliche ist ihr dieses Haus eine Überforderung.

Handeln: Die Künstlerin als Regentin des Ich wird das Leben als ein Fest begreifen und wunderbare Schlösser erschaffen. Die Amazone wird sie bewundern und beschützen.

Ordnen: In diesem Hause fühlen sich beide eher unsicher.

Abwägen: Das Maß der Amazone ist klein und paßt in eine Satteltasche. Das Maß der Künstlerin ist Sehnsucht nach Schönheit.

Verändern: Die Künstlerin wird alle Zeremonien entwickeln, die eine Transformation in Schönheit stattfinden lassen, aber es ist fraglich, ob sie zur Transformation führen. Die Amazone fürchtet sich vor dem Sturz und flüchtet vor der Wirklichkeit.

Ehren: In diesem Haus ist die Künstlerin zu Hause. Die Amazone muß von ihr lernen.

Prüfen: Die Künstlerin weiß etwas von der Bedeutung der Form. Darum fühlt sie sich in diesem Haus nicht fremd und stattet es mit Schönheit aus. Die Amazone fühlt sich eingesperrt.

Sehen: Vergeblich versucht die Künstlerin in den Zustand der Ekstase zu kommen, aber sie bereitet die Zeremonien vor. Die Amazone hat aus der Erinnerung ihres Seins in den anderen Welten die Möglichkeit, die Zeremonien mit Seele zu beleben.

Auflösen: Wenn die Künstlerin hier zuständig ist, werden ihre Werke nicht von langer Dauer sein und die Formen wenig greifbar. Die Amazone fürchtet sich in diesem Haus.

9. Die Amazone und die alte Weise

Wenn die Enkelin mit der Großmutter zusammensitzt, kann es sein, daß sie sich näher sind als Tochter und Mutter. Die Welt der Amazone ist der alten Weisen nicht fremd, wie fast alles im Leben. Denn sie ist die, die viel gesehen und erlebt hat. Schließlich war sie auch einmal jung. Daran erinnert sie die Amazone. Ihr Feuer wärmt die alte Weise. Die Amazone erfährt viele alte Geschichten von ihr, und dennoch fürchtet sie sich vor der Alten. Es erinnert sie daran, daß auch sie einmal von diesem zurückgezogenen, erhöhten Standpunkt aus das Leben betrachten wird. Lange bleibt sie nicht bei ihr. Bald ist sie wieder fort. Und die alte Weise läßt sie gehen, denn die großen Prüfungen erfolgen später im Leben.

Was passiert, wenn sie sich in den verschiedenen Häusern begegnen:

Sein: Hier ist die Amazone zu Hause. Die alte Weise erinnert sich kaum.

Haben: Vergeblich versucht die alte Weise der Amazone die Notwendigkeit materiellen Besitzes nahezulegen.

Erkennen: Sie haben beide keinen sicheren Boden unter den Füßen, wenn sie für dieses Haus verantwortlich sind. Weil es eben gerade um die Sicherheit geht, die eine nur hat, wenn sie keinen Boden unter den Füßen hat. Für beide schwer auszuhalten.

Fühlen: Wenn Aggressionspotential und Erdenschwere zusammenkommen, kann es ein Erdbeben geben.

Handeln: Wenn die alte Weise regiert, dann gibt es eine, die die Grenzen in Würde bewacht. Was ihr an Beweglichkeit fehlt, gibt ihr die Amazone.

Ordnen: Hier fühlt sich die alte Weise nicht unwohl, während die Amazone in Ungeduld davonreitet.

Abwägen: Fülle und unübersichtlicher Überfluß zu verteilen ist eine verantwortungsvolle Aufgabe für die alte Weise. Ihr Maß ist eher bescheiden. Das der Amazone auch.

Verändern: Wenn die alte Weise nur wüßte, wie sie Veränderungen herbeiführen könnte. Die hitzige Kraft der Amazone könnte etwas in Bewegung bringen. Auch das kann Transformation sein.

Ehren: Die Zeremonien der alten Weisen als Künstlerin sind eher karg und bescheiden. Die Amazone erinnert sich an alte Riten aus vergangenen Leben.

Prüfen: Hier ist die alte Weise zu Hause. Die Amazone muß von ihr lernen.

Sehen: Die Spiritualität der Amazone stammt aus ihrer Erinnerung, denn sie ist noch nicht lange auf dem Lebenskreis unterwegs. Ihre Verbindung zu der Zeit vor dem Sein ist noch vorhanden. Die alte Weise liebt Erinnerungen.

Auflösen: In diesem Haus sind beide von großer Angst geprägt.

10. Die Amazone und die Priesterin

Eigentlich will die Amazone es gar nicht so genau wissen, was es mit dieser Anderswelt auf sich hat. Andererseits weiß sie es selbst ganz gut, ist es doch noch nicht so lange her, daß sie sich von dort ins Sein begeben hat. Die Priesterin erhält von der Amazone das Geschenk der feurigen Kraft, mit der sie die Botschaften aus der Anderswelt in die materielle Welt trägt. Die Amazone geht bei der Priesterin in die Lehre. Wenn sie erste Erfahrungen mit dem Wahnsinn macht, also mit den Erfahrungen und Gefühlen, die entstehen, wenn du unvorbereitet und ungeschützt mit der Anderswelt in Berührung kommst, dann hat sie in der Priesterin eine sichere Gefährtin.

Was passiert, wenn sie sich in den verschiedenen Häusern begegnen:

Sein: Hier ist die Amazone zu Hause. Die Priesterin fühlt sich, als sei sie nie wirklich ganz im Da-Sein.

Haben: Das ist für die Amazone soviel wie ein guter Sattel. Die Priesterin ist hier auch nicht zu Hause.

Erkennen: Die Amazone will entdecken und nicht erkennen. Die Priesterin hat schon alles erkannt.

Fühlen: In diesem Haus ist die Amazone nicht gern. Sie ist das Aggressionspotential. Die Priesterin ist die gelebte Spiritualität. Sie hat es hier leichter.

Handeln: Die Amazone ist keine Königin. Sie sucht eine. Die Priesterin ist die Königin der Anderswelt.

Ordnen: In diesem Haus sind Aggressionspotential und Spiritualität wie zwei Verirrte.

Abwägen: Wenn die Amazone das Maß bestimmt, ist es eines der Genügsamkeit. Die Priesterin hat eines, in dem es um Geistiges und Geister geht.

Verändern: In diesem Haus fürchtet sich die Amazone vor der Jenseitigkeit. Die Priesterin leidet an der Diesseitigkeit.

Ehren: Die Amazone ehrt die Pferdegöttin. Die Priesterin ehrt alle Göttinnen.

Prüfen: In diesem Haus wird die Amazone zur ungeduldigen Prüferin. Die Priesterin wird in ihrem Beisein beinahe nicht da sein.

Sehen: Hier ist die Priesterin zu Hause. Die Amazone muß lernen.
Auflösen: Die Amazone fürchtet sich und weigert sich trotzig. Die Priesterin fühlt sich beinahe vertraut.

11. Die Amazone und die Mutter

Sie sind sich sehr nah und dennoch ferner als alle anderen weisen Frauen aus dem Lebenskreis. Amazone und Mutter sind Anfang und Ende. Als die Mutterreiche unter dem Ansturm der Eroberer untergingen, entstanden die Amazonenreiche der Töchter. Sie bauten kein Gemüse und kein Getreide an. Sie hatten keine Häuser. Sie zogen zu Pferde über die Erde und kämpften. Sie empfanden sich als Antwort auf den Untergang. Trotzig, feurig waren sie. Unruhig und unerfahren. Aber wild und neugierig. Die Mutter ist das Prinzip der Auflösung. Sie weiß, alles, was erobert wird, geht auch wieder verloren, weil es nicht wichtig ist. Amazone strebt fort von der Mutter. Die Mutter läßt sie gehen, sie weiß, daß sie, wenn sie den Weg über das Lebensrad vollendet hat, wiederkehrt.

Was passiert, wenn die beiden in den verschiedenen Häusern aufeinander treffen:

Sein: Hier ist die Amazone zu Hause. Die Mutter kann ihr Da-Sein nur schwer fühlen und fassen. Sie will es auch nicht. Wenn das Sein mit Auflösung beginnt, verschwimmen alle Konturen.

Haben: In diesem Haus sind beide fremd. Die Amazone braucht nicht viel. Die Mutter gar nichts. Sie hat schon alles, kann es aber nicht festhalten.

Erkennen: Der Amazone ist die Welt der geistigen Reisen fremd. Die Mutter hat nicht die Distanz zu sich selbst, um sich erkennen zu können. Sie ist wie das Meer.

Fühlen: Die Amazone fürchtet sich, von ihren Empfindungen überwältigt zu werden. Sie ist das Aggressionspotential. Die Mutter kann in diesem Hause gut sein, aber sie fürchtet sich oft vor der eigenen Intensität.

Handeln: Die Mutter ist überall und hat keine Grenzen, darum kann sie nur schwer regieren. Die Amazone fürchtet sich vor ihrer Grenzenlosigkeit. Sie ist in diesem Haus eine junge, sich selbst behauptende Königin, aber leicht zu verunsichern.

Ordnen: Die Amazone braucht Hilfe in strategischen Fragen. Die Mutter weiß nicht mal, was das ist.

Abwägen: Das Meer kann nur schwer Vorstellungen darüber entwickeln, was ein Maß ist. Die Amazone mit ihrer offensiven Kraft tut, was sie kann.

Verändern: Die Amazone fürchtet sich vor der Tiefe des Lebens. Die Mutter hat selber viele Transformationen erlebt. Sie schickt die Flut.

Ehren: Die Kunst der Amazone ist laut und dynamisch. Die Mutter, die Schöpferin und Schöpfung zugleich ist, weiß sich nicht zu ehren.

Prüfen: Die Welt der Strukturen ist für die Amazone in die Zukunft verschoben. Die Mutter weiß nichts von Strukturen. Dieses Haus wird wie verwaist sein, wenn diese beiden dafür verantwortlich sind.

Sehen: Die Spiritualität der Amazone kommt aus der Erinnerung, aus der Zeit, als sie noch nicht im Sein war. Die Spiritualität der Mutter ist ihre Nähe zum Unendlichen. In diesem Haus können die zwei, die Anfang und Ende eines Lebenskreises bilden, sich gut verständigen.

Auflösen: Hier ist die Mutter zu Hause. Die Amazone ist ihre furchtsame und trotzige Schülerin.

12. Die Bäuerin und die Denkerin

Die Bäuerin ist der Denkerin zu langsam. Die Bäuerin findet die Denkerin zuwenig in der Realität angesiedelt. Ihre Kompetenzen sind in der Tat verschiedener Art. Dennoch ist ihre Verbindung nicht ohne Segen. Vor allem die Bäuerin erfährt durch die Denkerin eine Erweiterung ihres Horizonts. Sie erfährt von der Denkerin, daß die Welt größer ist, als sie geglaubt hat. Die Denkerin wird dankbar sein, daß es die Sicherheit von Haben in der Welt gibt.

Was passiert, wenn sie sich in den verschiedenen Häusern begegnen:

Sein: Die Bäuerin erfährt ihr Sein durch Tätigsein. Die Denkerin erfährt es durch geistiges Reisen. Diese zwei Kräfte lassen sich schwer vermischen.

Haben: Hier ist die Bäuerin zu Hause. Die Denkerin muß lernen.
Erkennen: Hier ist die Denkerin zu Hause. Die Bäuerin muß lernen.
Fühlen: In diesem Haus fühlen sich beide nicht sehr sicher. Aber die Bäuerin kennt immerhin das Genießen und das Schwelgen. Zusammenhänge lassen sich nur aus der Distanz erkennen. Gefühle brauchen Nähe.
Handeln: Die Landbaronin und die Königin der Träume regieren zwei unterschiedliche Reiche.
Ordnen: Die Bäuerin hat praktischen Verstand und kann Struktur schaffen. Die Denkerin geht mit Logik an die Sache. Gemeinsam haben sie hier ihre Stärke.
Abwägen: Das Maß der Bäuerin ist nicht groß, aber sie erschafft Überfluß, der einen Abfluß braucht. Die Denkerin löst das Problem mit Logik und ist entzückt, wenn sie funktioniert.
Verändern: Die Bäuerin mag keine Überraschungen, Unvorhergesehenes schreckt sie nur. Ihre Veränderungen gehen langsam voran. Die Denkerin dagegen liebt Überraschungen, wenn es auch die Wirklichkeit des Schmerzes ist, die sie schreckt.
Ehren: Die Bäuerin erschafft einen kosmischen Gourmettempel. Die Denkerin macht die Werbung.
Prüfen: Struktur macht der Bäuerin keine Angst, aber der Herbst ist nicht ihre Jahreszeit. Auch die Denkerin ist im geistigen Frühling zu Hause und leidet an den Novemberschwingungen.
Sehen: Die Bäuerin als Priesterin ist eine unsichere Person. Die Denkerin kann träumen und imaginieren. Sie kennt Magie und hat so ihre eigenen Wege in die Anderswelt.
Auflösen: Hier sind sie beide nicht beheimatet.

13. Die Bäuerin und die Liebende

Die Liebende zeigt der Bäuerin, daß es Formen der Liebe gibt, die keinen Zaun und keine schützende Pflege brauchen, sondern nur in der grenzenlosen Freiheit gedeihen. Die Bäuerin zeigt der Liebenden, daß Grenzen Schutz bedeuten können. Manches gedeiht nur innerhalb des Gartenzauns und bei intensiver Pflege.

Was passiert, wenn sie sich in den verschiedenen Häusern begegnen:

Sein: Ein Dasein als Bäuerin oder als Wölfin sind verschiedene Welten. Verständigung ist nur aus großer Distanz zu erreichen.

Haben: Hier ist die Bäuerin zu Hause. Die Liebende hat Angst, von ihr zu lernen, denn sie fürchtet, domestiziert zu werden.

Erkennen: Die eine erkennt am Ablauf der Jahreszeiten die Zusammenhänge, die andere spürt, wie alles zusammenhängt.

Fühlen: Hier ist die Liebende zu Hause. Die Bäuerin muß von ihr lernen.

Handeln: Die Bäuerin als Regentin des Ich ist eine Landbaronin. Die Liebende ist die weiße Wölfin, die sich in der Ferne zeigt.

Ordnen: Die Bäuerin kennt Ordnungsprinzipien und Strategien, nur sind sie so langsam, wie das Jahr vergeht. Die Liebende ist in diesem Haus überfordert.

Abwägen: Die Bäuerin ist Produzentin, und die sind als Händlerinnen nicht so talentiert. Aber immerhin produziert sie Überfluß, der sich verteilt. Die Liebende braucht nicht viel.

Verändern: Als Heilerin ist die Bäuerin eine, die langsame Veränderungen erzeugt. Die Liebende fürchtet sich.

Ehren: Wenn die Wölfin am Zaun der Bäuerin erscheint, dann ahnen beide, daß sie ihre Welt verlassen müssen, um der anderen zu begegnen und sie zu ehren.

Prüfen: Hier hat die Bäuerin es nicht so schwer wie die Liebende.

Sehen: In diesem Haus fühlt sich die Bäuerin unsicher. Die Liebende kennt Ekstase aus ihrem Erleben und wagt es.

Auflösen: Die Bäuerin geht in die Auflösung, wie der Herbst in den Winter übergeht. Die Wölfin sitzt am Meer und heult.

14. Die Bäuerin und die Königin

Wenn sie einander begegnen, geht es immer um Materielles. Sicherheit und Eigen-Macht sind ein gutes Gespann. Zumindest solange es um Materielles geht. In vielen anderen wichtigen Belangen des Lebens fehlen ihnen im Miteinander Fähigkeiten und Kräfte.

Was passiert, wenn sie sich in den verschiedenen Häusern begegnen:

Sein: Die Königin ist in diesem Bereich sehr raumgreifend. Das heißt für die Bäuerin, daß sie sich ihren Raum schaffen und ihn behaupten muß.

Haben: Hier ist die Bäuerin zu Hause. Sie wird einen Weg finden müssen, es nicht an die Königin abzutreten.

Erkennen: In diesem Haus fühlen sich beide nicht wirklich stark. Die Bäuerin nimmt ihr Wissen über die Zusammenhänge aus dem Jahreszeitenkreis. Die Königin nimmt über die Macht wahr, wie alles zusammenhängt.

Fühlen: Emotionales Verströmen ist beiden eher fremd.

Handeln: Hier ist die Königin zu Hause. Die Bäuerin kann von ihr lernen, wie ein Reich regiert wird.

Ordnen: In diesem Haus sind beide nicht zu Hause. Aber die Bäuerin kennt langsame Systeme des Wachstums und bringt genügend Geduld mit. Die Königin kann von ihr durchaus soziale Verantwortung lernen.

Abwägen: Gemeinsam sind sie ein Team, das gedeihlichen Wohlstand schafft. Sie müssen es nur noch schaffen, ihn auch an andere zu verteilen.

Verändern: Für die Bäuerin ist Veränderung ein langsamer Prozeß, der vor allem entsteht, wenn man es sein läßt. Der Königin, die sich vor Transformationen fürchtet, ist es nur recht.

Ehren: Die Kunst der Bäuerin ist eßbar. Gemeinsam werden sie so etwas wie einen kosmischen Gourmettempel betreiben. Die Königin am Empfang. Die Bäuerin in der Küche.

Prüfen: In diesem Haus fühlt sich die Bäuerin beinahe wohl, wenn auch eingeschüchtert. Die Königin will davon nichts wissen. Sie will sich der Struktur nicht unterordnen.

Sehen: Transzendenz, Ekstase sind Fremdwörter für die beiden. Spiritualität ist ihnen zu unwirklich. Und wenn, dann auf sinnliche, genußvolle Weise und als grandioses Schauspiel.

Auflösen: Beide brauchen Grenzen. Beide haben es schwer, Grenzenlosigkeit zu ertragen.

15. Die Bäuerin und die Wissende

Sie werden einander viel geben können. Im wahrsten Sinn des Wortes. Was die Bäuerin erzeugt, übernimmt die Wissende, um es zu lagern, zu konservieren, einzukochen und einzuteilen. Die Kommunikation zwischen den beiden ist eindeutig, aber für viele andere wäre sie auch ein wenig einseitig. Mag sein, daß die Wissende mit der Zeit mehr geistige Anregung braucht. Aber sie ist eine, die sich gut allein beschäftigen kann. Genauso geht es der Bäuerin. So mag es auch geruhsames Schweigen zwischen ihnen geben. Die Sinnlichkeit der Bäuerin gibt der Wissenden etwas Rundes, Weiches. Von der Bäuerin lernt sie, daß es auch sinnvoll ist zu genießen und zu schwelgen, zu schlemmen und im Überfluß zu baden.

Was passiert, wenn sie sich in den verschiedenen Häusern begegnen:

Sein: Wenn die Bäuerin für diesen Bereich verantwortlich ist, dann geht es um ein erdhaftes, aber sehr sinnliches Sein. Die Wissende erfährt sich als Teil eines großen Systems und trägt in diesem Sinn Verantwortung.

Haben: Hier ist die Bäuerin zu Hause. Die Wissende mag über den Überfluß staunen, den die Bäuerin erzeugt, und dann sieht sie zu, daß sie ein ideales Verarbeitungs- und Verwaltungssystem entwickelt.

Erkennen: Hier hat die Wissende den besseren Zugang. Aber ihre Logik ist eher praktisch und nicht so abgehoben und verspielt wie die der Denkerin. Das gefällt der Bäuerin ganz gut, deren Geist nicht in die Ferne schweift.

Fühlen: Wenn die Wissende für das Fühlen verantwortlich ist, dann liegt die Betonung auf dem Begriff „verantwortlich". Die Bäuerin versteht darunter eher Sinnlichkeit als Liebe, und so gibt es nicht viel, was sie miteinander teilen könnten, wenn sie sich hier begegnen.

Handeln: Wenn die Bäuerin als Königin handelt, ist sie eine Art Landbaronin im alten Tweedjackett. Die Wissende wäre die Gutsverwalterin. Beider Ansehen wäre nicht gering.

Ordnen: Hier ist die Wissende zu Hause. Die Bäuerin mag manchmal Sinnlichkeit vermissen, wird aber immer das perfekte System zu schätzen wissen.

Abwägen: Der Fluß von Geben und Nehmen ist bei beiden ein Haus, in dem sie sich durchaus heimisch fühlen. Hier haben sie endlosen Gesprächsstoff miteinander. Daß auf ihrer Seite mehr hängen bleibt als auf der Seite der anderen und sie damit auch Energiestaus verursachen, ist anzunehmen.

Verändern: Dieses Haus ist beiden unheimlich. Wenn die Bäuerin auch etwas vom Kommen und Gehen versteht, sind ihr doch plötzliche, unberechenbare Veränderungen ein Gräuel. Auch die Wissende fürchtet sich vor Kontrollverlust. Miteinander wird die Angst größer, nicht kleiner.

Ehren: Es sind mit Sicherheit die großartigsten Erntedankfeste, die diese beiden miteinander gestalten.

Prüfen: Sie sind auch einzeln nicht die Idealbesetzung für dieses Haus. Aber sie haben keine Angst vor der Prüfung, sofern es sie selber betrifft, und sind durchaus fähige Hüterinnen der Strukturen.

Sehen: Spiritualität sehen sie lieber in dieser als der Anderswelt. Beide sind nur sicher, solange sie festen Boden unter den Füßen haben.

Auflösen: Das Meer läßt sich nicht in Flaschen abfüllen. Das wäre der Wissenden aber am liebsten. Sie fürchtet sich vor der Auflösung. Ebenso die Bäuerin. In diesem Haus fühlen sie sich eher unsicher. Davon wird ihre Kommunikation bestimmt sein.

16. Die Bäuerin und die Händlerin

Wenn die Händlerin eine ist, die in der Pracht ihrer Waren sitzt, dann ist die Bäuerin die, die die Waren hergestellt hat. Die Händlerin bringt den Überfluß, den die Bäuerin erzeugt hat, in den großen Kreislauf der Energien. Eigentlich tun sie das gleiche. Nur tun sie es in anderen Größenordnungen und anderen Elementen. Es ist der Größenunterschied, der ihre Kommunikation schwierig macht. Und es wird der Bäuerin immer ein wenig so erscheinen, als profitierte die Händlerin mehr von der Beziehung als sie selbst.

Was passiert, wenn sie sich in den verschiedenen Häusern begegnen:

Sein: Beide nehmen die Erde als einen Planeten der Fülle wahr. Wenn die Bäuerin die Erde ist, ist die Händlerin der Fluß, der über sie fließt.

Haben: Hier ist die Bäuerin zu Hause. Die Händlerin lernt gern von ihr.

Erkennen: Hier ist die Bäuerin nicht sicher. Die Händlerin schon.

Fühlen: Die Welt der Händlerin ist die der Sehnsucht, die zu Beziehung und Materie wird. Die Bäuerin läßt Materie werden.

Handeln: Wenn die Landbaronin und die Königin des Marktes zusammenkommen, dann haben sie viel zu tun und können sich viel geben.

Ordnen: Die Bäuerin ordnet nach dem Jahreszeitenkreis. Die Händlerin handelt nach dem Prinzip, alles fließt immer. Ein kongeniales Paar.

Abwägen: Hier ist die Händlerin zu Hause. Die Bäuerin kann lernen.

Verändern: Hier treffen sich zwei noch nicht Initiierte im Haus der Initiation und sollen dafür verantwortlich sein.

Ehren: Die Bäuerin ehrt die Schöpfung auf praktische und genießende Weise. Die Händlerin hält den Fluß der Energien für ein göttliches Prinzip.

Prüfen: Die Händlerin fühlt sich wie gefangen in der Erstarrung unbeweglicher Materie. Die Bäuerin kennt ebenfalls glücklichere Orte als die November-Starre, aber sie kommt zurecht.

Sehen: Die Händlerin ist die magische Priesterin, die zaubert und hext. In diesem Haus fühlt sich die Bäuerin unsicher.

Auflösen: Die Bäuerin fürchtet um den Garten, wenn die große Flut kommt. Die Händlerin ist die Mutter, die gibt und nimmt.

17. Die Bäuerin und die Heilerin

Die Bäuerin weiß nur allzu genau, warum die Heilerin so wichtig ist. Sie kennt das Kommen und Gehen der Dinge und weiß, daß aus dem Tod neues Leben erwächst. Aber sie ist die, die wachsen läßt. Die Heilerin ist die, die sterben läßt. Hier prallen Sinnlichkeit und Leidenschaft aufeinander. Zwei, die aus vollkommen verschiedenen Welten stammen. Wenn Sicherheit und Unberechenbarkeit zusammenkommen, gibt es bewegte Zeiten, eventuell Kampf und Streit. Mit Sicherheit wird die Welt verändert sein, wenn sie wieder auseinandergehen.

Was passiert, wenn sie in den verschiedenen Häusern zusammenkommen:

Sein: Die Bäuerin erfährt ihr Sein als erdhafte Sinnlichkeit. Die Heilerin sagt: Das Leben ist ewige Wandlung.

Haben: Hier ist die Bäuerin zu Hause. Die Heilerin kann von ihr lernen.

Erkennen: Die Zusammenhänge des Lebens zeigen sich der Bäuerin im langsamen Ablauf der Jahreszeiten. Die Heilerin erkennt sie in der ewigen Verwandlung von Sterben und Auferstehen.

Fühlen: Die Bäuerin versteht darunter eher Sinnlichkeit als Liebe. Die Heilerin eher Leidenschaft und Begehren als Liebe.

Handeln: Wenn die Landbaronin auf die Schlangenkönigin trifft, wird deutlich, wie unterschiedlich ihre Reiche sind.

Ordnen: Die Bäuerin folgt einer größeren Ordnung und ist dabei weniger aktiv als unterstützend. Die Heilerin lebt das Prinzip „Was alt und überholt ist, kommt fort".

Abwägen: Das Maß der Bäuerin ist so groß wie ihr Garten, auch wenn sie Überfluß produziert, der Abfluß braucht. Die Heilerin hat ein anderes Maß, das eigentlich dem gleichen Prinzip folgt.

Verändern: Hier ist die Heilerin zu Hause. Die Bäuerin muß lernen.

Ehren: Die Heilerin tanzt den Schlangentanz im heiligen Garten der Bäuerin.

Prüfen: Die Heilerin muß verändern und kann nicht bewahren. Die Bäuerin folgt den Veränderungsprozessen langsam.

Sehen: Die Heilerin ist die Priesterin, die sich von einer Schlange beißen läßt und statt an ihrem Biß zu sterben, wahrzusagen beginnt. So wie es die Legende von Kassandra berichtet. Die Bäuerin hat lieber festen Boden unter den Füßen und fürchtet sich vor einer solchen Frau.

Auflösen: Die Heilerin spielt mit diesen Kräften, bis auch sie untergeht. Die Bäuerin fürchtet die große Flut für ihren Garten.

18. Die Bäuerin und die Künstlerin

Wenn diese beiden einen Garten miteinander gestalten, würde dabei ein Tarot-Garten wie der von Niki de Saint-Phalle entstehen, in dem jedoch zwischen den Skulpturen eßbare Pflanzen wachsen und hin und wieder rauschende Feste gefeiert würden. Die Künstlerin wird nicht auf ewig in diesem Garten wohnen. Sie wird ihn gestalten, und dann zieht es sie woanders hin. Die Bäuerin schaut ihr wehmütig nach. Wenn sie mit ihr geht, wird sie den nächsten Garten gemeinsam gestalten wollen. Oder ein Haus. Oder ein Restaurant. Die Künstlerin will dann möglicherweise etwas anderes.

Was passiert, wenn sie sich in den verschiedenen Häusern begegnen:

Sein: Das Aggressionspotential der Bäuerin ist nicht gering, aber langsam. Der Künstlerin geht es um das Wunder der Schöpfung. Sie wird sich immer als Wiedergeborene fühlen.

Haben: Hier ist die Bäuerin zu Hause. Die Künstlerin kann von ihr lernen.

Erkennen: Geistige Reisen sind nicht der Bäuerin Fall. Die Künstlerin erkennt durch den kreativen Prozeß, die Bäuerin durch Wachstum in ihrem Garten.

Fühlen: Ein Garten, aus dem Musik herüberweht und in dem zwei Frauen tanzen. So ungefähr ist die Welt des Fühlens dieser beiden zu sehen.

Handeln: Das Schloß, in dem die Landbaronin residiert, ist von der Künstlerin gestaltet worden. Die Künstlerin als Regentin des Ich begreift das Leben als rauschendes Fest. Die Landbaronin wird teilnehmen.

Ordnen: Die Künstlerin braucht nur soviel System und Strategie, um ihr Werk erschaffen zu können. Die Ordnung der Bäuerin ist langsam, aber zuverlässig.

Abwägen: Die Größenordnungen sind sehr verschieden, aber aufeinander abstimmbar. Es handelt sich um zwei Energiekreisläufe.

Verändern: Wenn die Künstlerin die Funktion der Heilerin übernimmt, schenkt sie die Wahrheit der Wiedergeburt, die so leicht ist wie ein Schmetterling. Die Bäuerin geht nur langsam mit den Veränderungen mit, die sie selber nur schwer erzeugen kann.

Ehren: Hier ist die Künstlerin zu Hause. Die Bäuerin kann lernen.

Prüfen: Die Künstlerin versteht etwas von der Bedeutung der Form. Als Bewahrerin fühlt sie sich recht gut. Die Bäuerin hat es in dieser Begleitung eher leicht in diesem Haus.

Sehen: Spiritualität ist nicht der Bäuerin Sache. Die Künstlerin findet die Ekstase im Schaffensprozeß.

Auflosen: Die Bäuerin fürchtet um ihren Garten, wenn die Flut kommt. Die Künstlerin ist eine bereits Initiierte und fühlt sich daher sicherer als die Bäuerin.

19. Die Bäuerin und die alte Weise

Es ist nicht unbedingt die große Welt, die diese beiden miteinander erschaffen. Anderswo mag es rauschende Feste geben und das Leben stürmisch verlaufen. Die Bäuerin und die alte Weise sind ein gesetztes Paar. Die Schwingung, die sie miteinander erzeugen, ist wie der Herbst. Ruhig. Wehmütig. Klar und dankbar.

Was passiert, wenn sie in den verschiedenen Häusern aufeinander treffen:

Sein: Frühling und Herbst begegnen einander.

Haben: Hier ist die Bäuerin zu Hause. Die alte Weise muß nicht viel lernen. Sie muß sich nur erinnern.

Erkennen: Zwar hat die alte Weise einen guten Weitblick, aber in diesem Haus der geistigen Reisen fühlen sich beide nicht besonders kompetent.

Fühlen: Die Bäuerin versteht darunter eher Sinnlichkeit als frei fließende Liebe. Die alte Weise ist da noch zurückhaltender und schreckt sogar vor der Sinnlichkeit zurück.

Handeln: Wenn die Landbaronin Queen Victoria zum Tee bittet, dann prasselt im Kamin ein gutes Feuer, und Muffins werden gereicht.

Ordnen: In diesem Hause gibt es eine gute Übersicht und eine gute Ernte, wenn diese beiden dafür zuständig sind.

Abwägen: Das Maß der Bäuerin ist so groß wie ihr Garten, auch wenn sie Überfluß produziert, der einen Abfluß benötigt. Die alte Weise braucht noch nicht einmal einen Garten.

Verändern: In diesem Haus sind beide nicht kompetent, wenn die alte Weise immerhin eine Initiierte ist. Ihre Veränderungen kommen einem Erdbeben gleich. Die Bäuerin schickt Veränderungen, die wie Kompostierung verlaufen.

Ehren: Das Erntedankfest in bescheidener Form.

Prüfen: Hier ist die alte Weise zu Hause. Die Bäuerin muß lernen.

Sehen: Beide sind dem Erdenleben eng verbunden.

Auflösen: Die Bäuerin fürchtet um ihren Garten, wenn die Flut kommt. Die alte Weise fühlt den Sinn ihres Lebens bedroht. Aber sie ergibt sich in Notwendigkeiten.

20. Die Bäuerin und die Priesterin

Die Priesterin hilft der Bäuerin, in allem die Seele wahrzunehmen und bei allem praktischen Nutzen nicht zu vergessen, die Schöpfung zu feiern. Die Bäuerin kann der Priesterin die Erdung und Sicherheit schenken, die sie dringend benötigt, wenn sie zwischen den Welten tanzt. Sie selbst wird selten den Eindruck haben, daß Erdung und Sicherheit ihr von Nutzen sein können.

Was passiert, wenn die beiden sich in den verschiedenen Häusern begegnen.

Sein: Das Sein der Bäuerin ist sehr im Diesseits. Die Priesterin erfährt ihr Sein in zwei Welten.

Haben: Hier ist die Bäuerin zu Hause. Die Priesterin kann von ihr lernen. Ob sie es tut, ist fraglich.

Erkennen: Die Bäuerin kann mit geistigen Reisen nichts anfangen. Die Priesterin ist eine professionelle Reisende. Sie haben sich in diesem Haus nichts zu sagen.

Fühlen: Wenn die Bäuerin hier Verantwortung trägt, geht es um Genuß und Schwelgerei. Die Priesterin kann Ekstase hinzufügen.

Handeln: Wenn eine Landbaronin auf die Königin der Anderswelt trifft, werden sie eine Dolmetscherin benötigen.

Ordnen: Strategisch sind beide nicht. Aber die Bäuerin lebt in einer vom Jahreszeitenkreis bestimmten Ordnung. Die Priesterin ist der kosmischen Ordnung zugehörig. Sie wirft die irdischen Strukturen immer wieder um.

Abwägen: Die Bäuerin braucht enge Grenzen, aber einen Abfluß für den von ihr produzierten Überfluß. Die Priesterin hat ein kosmisches Maß, und ihre Gaben sind nicht von dieser Welt.

Verändern: In diesem Haus lebt die Priesterin nicht ungern. Die Bäuerin lebt und liebt langsame, vorsichtige Transformationen.

Ehren: Im Labyrinth der Bäuerin wachsen Kartoffeln. Die Priesterin hat keines, wenn es niemand anders gebaut hat, sondern schafft sich ein geistiges.

Prüfen: Die Priesterin fühlt sich dieser Aufgabe entwachsen. Die Bäuerin traut es sich zu.

Sehen: Hier ist die Priesterin zu Hause. Die Bäuerin kann von ihr lernen.

Auflösen: Die Bäuerin hat Angst vor dem Meer, der ihren Garten überfluten könnte. Die Priesterin fürchtet sich nicht. Sie kennt die Anderswelt.

21. Die Bäuerin und die Mutter

Sie wissen, daß sie sich irgendwann in ihrem Leben begegnen müssen, denn auch die Bäuerin muß eines Tages dorthin zurückkehren, woher sie einst gekommen ist. Aber es ist ihr nicht wohl bei dem Gedanken. Es wird ihr immer so erscheinen, als würde das Meer ihren Garten verschlingen. Die Mutter wird eine Sehnsucht nach der Sicherheit des Gartens verspüren, aber sie weiß, daß sie ihn niemals besitzen kann.

Was passiert, wenn die beiden sich in den verschiedenen Häusern begegnen:

Sein: Essen wächst aus der Erde, sagt die Bäuerin zum Meer. So ungefähr läßt sich die Begegnung der beiden in diesem Haus charakterisieren.

Haben: Hier ist die Bäuerin zu Hause. Die Mutter kann und will nichts halten.

Erkennen: Der Bäuerin sind geistige Reisen fremd. Die Mutter muß nichts erkennen, denn sie ist alles und eins.

Fühlen: Für die Bäuerin ist die Welt des Fühlens eine des Genießens. Die Mutter ist hier oft von sich überwältigt. Wenn Land und Meer zusammenkommen, entsteht ein eigener Zauber.

Handeln: Die Landbaronin steht am Strand und sieht, daß ihre Welt hier endet.

Ordnen: Das Meer kennt weder Systeme noch Strategien. Die Bäuerin folgt dem langsamen System der Jahreszeitenkreise. Sie wird bestrebt sein, das Meer fernzuhalten.

Abwägen: Die Bäuerin hat ein begrenztes Maß, jedoch produziert sie Überfluß, für den sie einen Abfluß benötigt. Die Mutter kann keine Vorstellung entwickeln, was ein Maß ist.

Verändern: Wenn die Bäuerin verantwortlich ist, werden die Transformationen sich wie ein Komposthaufen entwickeln. Die Mutter schickt die Flut.

Ehren: Die Mutter ist Schöpferin und Schöpfung zugleich. Sie weiß sich selbst nicht zu ehren. Für die Bäuerin muß es einen Nutzen haben. Sie wird im Labyrinth Kartoffeln pflanzen.

Prüfen: Die Mutter weiß nichts von Strukturen. Die Bäuerin ist hier an gutem Platz.

Sehen: Wenn die Mutter die Funktion der Priesterin übernimmt, gibt es Verbindungen mit dem Unendlichen. Davor fürchtet sich die Bäuerin, denn sie braucht den Zaun als Schutz.

Auflösen: Hier ist die Mutter zu Hause. Die Bäuerin wird lernen müssen, aber fürchten, es nicht zu können.

22. Die Denkerin und die Liebende

Die Denkerin braucht Freiheit. Die Liebende braucht ein Rudel. Die Liebende liebt. Die Denkerin liebt Wahrheit und Wissen. Weil die Denkerin eine ist, die verknüpft, also Netzwerke und Leitsysteme erschafft, könnte die Liebende glauben, sie meinten dasselbe, wenn es um Zusammengehörigkeit und Verbundenheit geht. Hier liegen die Schwierigkeiten, die diese beiden miteinander haben, wenn sie in Kontakt kommen. Von der Liebenden kann die Denkerin lernen, daß es auch Erkenntnisse gibt, für die eine keinen Abstand braucht. Die Liebende wiederum erfährt durch die Denkerin Hilfe, wenn sie sich darum bemüht, den Überblick zu finden und zu behalten.

Was passiert, wenn die beiden sich in den verschiedenen Häusern begegnen:

Sein: Das Leben ist eine geistige Reise, sagt die Denkerin. Das Leben ist Liebe, sagt die Liebende.

Haben: In diesem Haus sind beide nicht die Könnerinnen. Wenn die Liebende etwas braucht, findet es sich, oder sie geht jagen. Die Denkerin setzt mehr auf ihr Genie als auf Besitz.

Erkennen: Hier ist die Denkerin zu Hause. Die Liebende kann lernen.

Fühlen: Hier ist die Liebende zu Hause. Die Denkerin muß lernen.

Handeln: Die weiße Wölfin auf einer Hügelspitze begegnet der Königin der Träume.

Ordnen: Die Denkerin macht es mit Logik. Die Liebende versucht es mit Gefühl, aber in diesem Haus ist sie nicht kompetent.

Abwägen: Das Maß der Denkerin ist die geniale Idee. Das Maß der Liebenden ist ihr Rudel.

Verändern: Beide sind nicht Initiierte. In diesem Haus ist beiden nicht wohl.

Ehren: Wenn die Denkerin die Schöpfung ehrt, schreibt sie ein Buch. Wenn die Liebende die Schöpfung ehrt, will sie die Welt umarmen.

Prüfen: Die Welt der Strukturen ist für die Liebende ohne wirkliche Bedeutung. Für die Denkerin gibt es nur geistige Strukturen. Die Materie ist ihr schwer und bremsend.

Sehen: Wenn die Wolfsfrau auf die Magierin trifft, entsteht eine seltsame Schwingung. Aber es ist eine sehr unterschiedliche Form der Spiritualität.

Auflösen: Dieser Zustand ist der Liebenden nicht fremd. Über ihr Gespür ist sie immer und überall. Die Denkerin fürchtet sich vor dem Absturz.

23. Die Denkerin und die Königin

Die Denkerin stellt sich vor, die Königin müsse ein besonders glücklicher Mensch sein, weil sie frei von der Unruhe zu sein scheint, die der Denkerin Leben bestimmt. Aber die Königin ist nicht glücklich, sondern mächtig. Und dies auch nur bezogen auf die Macht des Ego. Es gibt andere im Lebenskreis, die durchaus mächtiger sind als sie. Sobald die Denkerin dies erkannt hat, sieht sie auch die Einsamkeit der Königin, denn die, die keine Rechenschaft ablegen muß, zahlt dafür mit Einsamkeit. Hier versucht die Denkerin der Königin ein Geschenk zu machen: die sprühende, entzückende Welt des geistigen Spiels. Wenn die Königin klug ist, lernt sie bei der Denkerin Fliegen und Spielen.

Was passiert, wenn die beiden einander in den verschiedenen Häusern begegnen.

Sein: Wenn die Königin sich in diesem Haus aufhält, nimmt sie den ganzen Raum ein. Die Denkerin weicht in den Luftraum aus.

Haben: Die Königin muß ein Reich haben. Die Denkerin hat Erkenntnisse.

Erkennen: Hier ist die Denkerin zu Hause. Die Königin kann lernen.

Fühlen: In diesem Haus sind beide nicht besonders kompetent.

Handeln: Hier ist die Königin zu Hause. Die Denkerin muß lernen.

Ordnen: Die Denkerin macht es mit Logik. Die Königin mit Anordnungen statt Ordnung. Beide sind nicht am idealen Platz. Aber die Denkerin wird gut damit fertig.

Abwägen: Das Maß der Denkerin ist die geniale Idee. Das Maß der Königin ist das ganze Reich.

Verändern: Transformationen würden der Denkerin nicht schwer fallen, wenn sie nicht so wirklich wären. Die Königin als Heilerin müht sich in Anstrengung. Beide sind noch nicht initiiert.

Ehren: Die Denkerin ehrt die Schöpfung mit einem Buch. Die Königin ehrt sich selbst durch den Bau eines prächtigen Labyrinths.

Prüfen: Die Struktur der geistigen Welt ist der Denkerin vertraut. Materie dagegen macht ihr Angst. Die Königin fürchtet sich nicht vor Materie, kann sich ihrer Macht jedoch nicht unterwerfen.

Sehen: Die Denkerin fliegt in Träumen und Visionen. Sie zaubert mit Sprache und Wortmagie. Wenn sie auf die Päpstin trifft, gibt es Kommunikation, aber keine Verbindung.

Auflösen: Denkerin und Königin gehen nur in Angst unter.

24. Die Denkerin und die Wissende

Praktizierende Philosophinnen könnte man die beiden nennen, wenn sie ein Paar bilden. Es ist die Sinnlichkeit des Geistes, die sie miteinander verbindet. Die Unruhe, in der die Denkerin zu Hause ist, bringt die Wissende in Verwirrung. Sie wird sich wie eine fühlen, die ständig hinter einem kleinen Kind herräumt. Das Interesse der Wissenden an den Details ist für die Denkerin Erbsenzählerei. Sie fühlt sich in den Imaginationen, Träumen und Ideen vollkommen sicher. Was kümmert sie die Umsetzung?

Was passiert, wenn die beiden sich in den verschiedenen Häusern begegnen:

Sein: Das Leben ist Intelligenz, sagt die Wissende. Das Leben ist eine geniale Idee, sagt die Denkerin.

Haben: Der Denkerin ist Besitz nicht wichtig. Der Luftraum, durch den sie fliegt, gehört allen. Die Wissende muß haben, um verwalten zu können.

Erkennen: Hier ist die Denkerin zu Hause. Die Wissende kann lernen.

Fühlen: Wenn die Denkerin und die Wissende für dieses Haus verantwortlich sind, dann geht es herzlich zu, aber der Rausch der Gefühle bleibt unbekannt.

Handeln: Wenn die Königin der Träume auf die Königin der Perfektion trifft, dann sind sie sehr weit voneinander entfernt.

Ordnen: Hier ist die Wissende zu Hause. Die Denkerin muß lernen.

Abwägen: Das Maß der Denkerin ist die geniale Idee. Das Maß der Wissenden die vollkommene Perfektion.

Verändern: Beide sind noch nicht Initiierte. Wenn die Wissende Transformationen schickt, sind es Verwaltungsreformen. Wenn die Denkerin in diesem Hause zuständig ist, gibt es den Verlust von Visionen und Perspektiven.

Ehren: Die Denkerin schreibt zu Ehren der Schöpfung ein Buch. Die Wissende vermarktet es.

Prüfen: In diesem Haus wird die Denkerin es selber schwer haben und anderen leicht machen. Die Wissende hat einen besseren Zugang.

Sehen: Die Denkerin als Priesterin ist die Magierin der Worte, die sie in Träumen und Visionen entdeckte. Die Wissende leitet einen Ashram.

Auflösen: In diesem Haus fühlen sich beide nicht wirklich kompetent.

25. Die Denkerin und die Händlerin

Die Dynamik ihrer Energien ist sich ähnlich. Die eine steigt in einer Spirale hinauf und hinunter. Die andere schickt ihre Energie in konzentrischen Kreisen in die Welt und wartet, daß sie wieder zurückkommt. Beide leben von Verknüpfungen, Beziehungen, Zusammenhängen. Die Sinnlichkeit der Händlerin beeindruckt die Denkerin. Der Geist der Denkerin ist für die Händlerin anziehend.

Was passiert, wenn sie sich in den verschiedenen Häusern begegnen:

Sein: Das Leben ist eine geniale Vision, sagt die Denkerin. Die Händlerin empfindet Sein als großen, kräftig fließenden Fluß.

Haben: Die Denkerin ist im Luftraum unterwegs, der allen gehört. Die Händlerin hat, um etwas transportieren zu können.

Erkennen: Hier ist die Denkerin zu Hause. Die Händlerin kann lernen.

Fühlen: Die Händlerin dreht sich im Tanz der Energien. Die Denkerin fliegt mit.

Handeln: Wenn die Königin des Marktes auf die Königin der Imaginationen trifft, gibt es ein wunderbares Gauklerinnenfest, das jedoch Substanz und Choreographie hat.

Ordnen: Die Denkerin hat ihre Logik. Die Händlerin hat das Prinzip von Geben und Nehmen.

Abwägen: Hier ist die Händlerin zu Hause. Die Denkerin muß lernen.

Verändern: Beide sind selbst noch nicht Initiierte. Die Denkerin als Heilerin bringt Verlust der Visionen und Perspektiven. Die Händlerin als Heilerin bringt Verlust der Beziehungen.

Ehren: Die Denkerin ehrt die Schöpfung mit einem Buch. Die Händlerin hält den Fluß der Energien für das göttliche Prinzip.

Prüfen: Die Denkerin versucht es mit Logik, Materie ist ihr zu schwer. Die Händlerin fühlt sich in ihr sogar gefangen.

Sehen: Die Denkerin ist eine Magierin der Worte, die sie in Träumen und Imaginationen entdeckt hat. Die Händlerin ist eine, die zaubert und hext.

Auflösen: Die Händlerin weiß, wie es ist, wenn alles in Bewegung ist. Die Denkerin auf ihre Weise auch. Aber vor dem Untergang fürchten beide sich.

26. Die Denkerin und die Heilerin

Wenn die Denkerin der Heilerin begegnet, wird sie den Unterschied zwischen Erkenntnis und Erleuchtung erfahren. Der Schmerz über die Wirklichkeit von Tod und Auferstehung wird in ihr Leben treten und sie reifen lassen. Für die Heilerin mag die Begegnung ein wenig so sein wie ein Lichtstrahl, der sie in der Tiefe ihres Daseins berührt und daran erinnert, daß oberhalb ihres Reiches Blüten duften und Bienen Honig sammeln.

Was passiert, wenn die beiden sich in den verschiedenen Häusern begegnen:

Sein: Das Leben ist eine geniale Idee, sagt die Denkerin. Das Leben ist ewige Wandlung, sagt die Heilerin.

Haben: Beide müssen nicht haben, um sein zu können.

Erkennen: Hier ist die Denkerin zu Hause. Die Heilerin kann lernen.

Fühlen: Die Denkerin träumt. Die Heilerin lebt in ihrer Leidenschaft und in heißem Begehren. Die Denkerin fürchtet zu verbrennen.

Handeln: Die Schlangenkönigin trifft auf die Königin der Träume und Visionen.

Ordnen: Die Denkerin hat ihre Logik. Die Heilerin muß Systeme zu Fall bringen.

Abwägen: Das Maß der Denkerin ist die geniale Idee. Das Maß der Heilerin ist die ewige Wandlung.

Verändern: Hier ist die Heilerin zu Hause. Die Denkerin muß lernen.

Ehren: Die Denkerin schreibt zu Ehren der Schöpfung ein Buch. Die Heilerin tanzt den Schlangentanz.

Prüfen: Die Denkerin hat ihre Logik, aber sie fürchtet sich vor der schweren Materie. Die Heilerin bringt Strukturen zu Fall.

Sehen: Die Schlangenpriesterin und die Magierin der Worte, die sie in Träumen und Imaginationen entdeckte, begegnen sich.

Auflösen: Die Denkerin fürchtet den Untergang. Die Heilerin ist schon viele Tode gestorben.

27. Die Denkerin und die Künstlerin

Die Sehnsucht der Künstlerin nach Transzendenz wird von der Denkerin, die zu träumen und zu imaginieren weiß, verstanden. Was die Denkerin versteht, ist für sie so real wie für die Künstlerin die Form, an der sie arbeitet. Wahrhaftigkeit ist etwas, das beiden von Bedeutung ist. Gemeinsam erleben sie eine Steigerung von Kreativität und können sich dabei wunderbar ergänzen, denn die eine schenkt den Formen und der Oberfläche ihre Aufmerksamkeit, die andere den Zusammenhängen.

Was passiert, wenn beide in den verschiedenen Häusern zusammentreffen:

Sein: Das Leben ist eine geniale Idee, sagt die Denkerin. Es geht um das Wunder der Schöpfung, sagt die Künstlerin.

Haben: Beide müssen nicht haben, um sein zu können.

Erkennen: Hier ist die Denkerin zu Hause. Die Künstlerin kann lernen.

Fühlen: Musik und der Flug des Schmetterlings sind es auf seiten der Künstlerin. Die Denkerin folgt ihr.

Handeln: Die Königin der Träume und Visionen und die Königin des Labyrinths begegnen einander.

Ordnen: Die Denkerin hat ihre Logik. Die Künstlerin braucht nur soviel System und Strategie, um ihr Werk zu erschaffen.

Abwägen: Das Maß der Denkerin ist die geniale Idee. Das Maß der Künstlerin ist Sehnsucht nach Schönheit und Transzendenz.

Verändern: Die Denkerin als Heilerin schickt Verlust der Visionen und Perspektiven. Die Künstlerin als Heilerin schickt leere Zeremonien. Sie ist initiiert, die Denkerin nicht.

Ehren: Die Künstlerin erbaut das Labyrinth. Die Denkerin schreibt zu Ehren der Schöpfung ein Buch.

Prüfen: Die Denkerin hat ihre Logik, aber Materie ist schwer und beängstigend für sie. Die Künstlerin hütet die Form.

Sehen: Die Denkerin ist eine Magierin der Worte, die sie in Träumen und Visionen entdeckt. Die Künstlerin findet Ekstase im Schaffensprozeß.

Auflösen: Die Künstlerin erschafft Werke, die zerfallen. Die Denkerin hat Angst vor dem Untergang.

28. Die Denkerin und die alte Weise

Die Denkerin hat eine Idee, und die alte Weise wird sie fragen, wie sie diese umzusetzen gedenkt. Das wird die Denkerin anfangs nicht freuen, denn Taten interessieren sie nicht. Aber sie wird bald erkennen, daß die alte Weise gerade für sie so etwas wie eine Lebenshelferin ist. Genau das Gegenüber, das ihren Erkenntnissen, Gedanken und Ideen Substanz zu verleihen vermag. Die Denkerin wiederum bringt frischen Wind in das Leben der weisen Alten. Sie zeigt ihr, daß Weisheit und Leichtsinn gut zusammenpassen.

Was passiert, wenn die beiden sich in den verschiedenen Häusern begegnen:

Sein: Das Leben ist eine geniale Vision, sagt die Denkerin. Die alte Weise erinnert sich kaum noch.

Haben: Die Denkerin muß nicht haben, um sein zu können. Die alte Weise braucht nicht viel, aber Haben ist Materie, die sie hütet.

Erkennen: Hier ist die Denkerin zu Hause. Die alte Weise kann von ihr lernen.

Fühlen: Wenn die alte Weise in diesem Haus zuständig ist, legt sich Erdenschwere auf alles. Die Denkerin fliegt davon.

Handeln: Queen Victoria trifft auf die Königin der Träume und Visionen.

Ordnen: Die Denkerin hat ihre Logik. Die weise Alte hütet die Systeme.

Abwägen: Das Maß der Denkerin ist die geniale Idee. Das Maß der alten Weisen ist aus Weisheit bescheiden.

Verändern: Wenn die Denkerin die Heilerin ist, schickt sie Verlust an Visionen und Perspektiven. Wenn die alte Weise die Heilerin ist, bebt die Erde.

Ehren: Die Zeremonien der alten Weisen sind bescheiden. Die Denkerin schreibt zu Ehren der Schöpfung ein Buch.

Prüfen: Hier ist die alte Weise zu Hause. Die Denkerin muß lernen.

Sehen: Die Magierin der Worte, die sie in Träumen und Visionen entdeckt hat, trifft auf die Eremitin.

Auflösen: Beide haben Angst vor dem Untergang.

29. Die Denkerin und die Priesterin

Es sind unterschiedliche Arten, ein und denselben Weg zu gehen. Die Denkerin repräsentiert den Umgang mit der Anderswelt wie er einer noch nicht Initiierten möglich ist. Durch Imagination. Durch Träume. Die Priesterin, die auf dem Lebensrad schon weit gegangen ist, tut dies auf ihre reife Weise. Der Denkerin ist alles neu, auch unsere materielle Welt des Diesseits. Ihre Aufgeregtheit, ihr Entzücken über Zusammenhänge und Wahrheiten beziehen sich auf alle Welten. Dies trifft auf das Vergnügen der Priesterin an den Zuständen der Ekstase.

Was passiert, wenn die beiden sich in den verschiedenen Häusern begegnen:

Sein: Die Denkerin ist erstaunt darüber zu sein. Die Priesterin erfährt ihr Sein in zwei Welten.

Haben: Wenn Denkerin und Priesterin für dieses Haus zuständig sind, dann sollten sich andere helfend und stützend anbieten. Denn die Welt des Habens ist nicht ihre.

Erkennen: Hier ist die Denkerin zu Hause. Die Priesterin kann immer wieder mit ihr auf Entdeckungsreise gehen.

Fühlen: Die Denkerin glaubt, daß es ausreicht, über das Fühlen zu wissen. Die Priesterin fühlt sich hier mehr zu Hause.

Handeln: Die Bedeutung der Eigen-Macht übersehen beide zusammen recht gern.

Ordnen: Hier kann die Denkerin ihre Fähigkeit zur Logik bieten. Die Priesterin ist weniger präsent.

Abwägen: Beide haben die Fähigkeit, ein ziemlich großes Maß zu wählen. Beide brauchen einen weiten Horizont.

Verändern: Die Denkerin weiß viel über den Wandel. Die Priesterin hat ihn erfahren.

Ehren: Wenn die Denkerin die Schöpfung ehrt, schreibt sie ein Buch. Wenn die Priesterin die Verantwortung trägt, kann sie auf die Form verzichten und wird trotzdem ein Zeremoniell finden.

Prüfen: In diesem Hause sind beide nicht recht daheim.

Sehen: Hier ist die Priesterin zu Hause. Die Denkerin muß lernen.

Auflösen: Die Denkerin weiß, daß es logisch ist, aber die Realität macht ihr Angst. Die Priesterin fürchtet sich nicht vor der Anderswelt, aber vielleicht vor dem Untergang.

30. Die Denkerin und die Mutter

Sie sind wie Meer und Wind. Die Denkerin vermag im Leben der Mutter vieles zu bewegen. Aber die Mutter erreicht die Denkerin nicht. So ist ihre Kommunikation für die Denkerin immer ein wenig traurig und läßt sie mit einem Gefühl der Vergeblichkeit zurück. Die Tiefe des Meeres ist ihr unheimlich. In ihrer Welt des freien Geistes kann sie wenig mit dem Begriff Loslassen anfangen, denn sie fühlt sich frei und ungebunden. Was für die Mutter die grenzenlose Weite ist, hält sie für Ungenauigkeit und versucht es mit Logik. Dies kann die Mutter nicht umsetzen.

Was passiert, wenn die beiden sich in den verschiedenen Häusern begegnen.

Sein: Meer wie Wind haben Mühe, ihr Dasein auf Erden zu begreifen. Ihre Verbindung ist ohne das Element Erde beinahe unrealistisch.

Haben: Auch in diesem Haus setzt sich die Anstrengung aus dem Haus des Seins fort.

Erkennen: Hier ist die Denkerin zu Hause. Die Mutter hat nicht die Distanz zu sich selbst, um Erkenntnisse zu haben. Sie fühlt auf diffuse Art.

Fühlen: Die Mutter kann in diesem Haus die Verantwortung übernehmen. Die Denkerin geht auf Abstand, um zu verstehen, was sie tun soll.

Handeln: Die Mutter ist zu groß für Grenzen, darum hat sie kein Reich. Die Denkerin hat eines in den geistigen Bereichen. Eine königliche Erscheinung mit einem Buch in der Hand, die am Meer sitzt und liest.

Ordnen: Die Mutter kennt weder System noch Strategien. Sie ist wie das Meer. Die Denkerin versucht es mit Logik.

Abwägen: Die Mutter kann keine Vorstellung darüber entwickeln, was ein Maß ist. Die Denkerin versucht es mit Logik.

Verändern: Wenn das Meer und der Wind in diesem Haus aufeinander treffen, gibt es gewaltige Veränderungen.

Ehren: Die Mutter ist Schöpferin und Schöpfung zugleich. Sie weiß sich selbst nicht zu ehren. Die Denkerin schreibt das Buch aller Bücher.

Prüfen: Wind und Meer wissen nichts über Strukturen.

Sehen: Beide haben die Fähigkeit, mit dem Unendlichen in Kontakt zu kommen.

Auflösen: Hier ist die Mutter zu Hause. Die Denkerin muß lernen. Wenn die Mutter sie nur erreichte. Dabei ist die Denkerin ihr näher, als die Mutter weiß.

31. Die Liebende und die Königin

Diese beiden haben es nicht leicht zu kommunizieren. Häufig meinen sie dasselbe, aber ihr Sein verändert die Sache trotzdem auf oft schwer zu vereinbarende Weise. Die Königin repräsentiert die Ego-Kraft in einer Frau. Die Liebende ist die Kraft des Verströmens.

Was passiert, wenn sie einander in den verschiedenen Häusern begegnen:

Sein: Wenn das Sein als Königin erfahren wird, nimmt eine viel Raum ein. Das ist für die Liebende schwer zu ertragen, die nicht viel Raum braucht, aber nur in Freiheit gedeiht.

Haben: In diesem Haus ist die Liebende nicht anspruchsvoll, die Königin schon.

Erkennen: Die Liebende fühlt, was sonst erkannt werden muß. Die Königin hat wenig Zugang zu dieser Aufgabe.

Fühlen: Hier ist die Liebende zu Hause. Die Königin muß lernen.

Handeln: Hier ist die Königin zu Hause. Die Liebende muß lernen.

Ordnen: In diesem Hause fühlen sie sich einzeln schon nicht wohl. Gemeinsam wird es nicht besser.

Abwägen: Wenn die Königin das Maß bestimmt, lautet es: *bigger than life.* Wenn die Liebende es bestimmt, kann sie es nicht benennen.

Verändern: In diesem Hause übernehmen beide nur ungern die Verantwortung.

Ehren: Die Königin als Künstlerin will Anerkennung. Die Liebende will die Welt umarmen.

Prüfen: In diesem Haus sind sie nicht gern zu Hause.

Sehen: Die Liebende ist die Wolfsfrau. Die Königin ist *la dame de la nuit.* Ein interessantes Paar.

Auflösen: Für beide eine ungewohnte und schwere Aufgabe.

32. Die Liebende und die Wissende

Wenn diese zwei miteinander ins Gespräch kommen, treffen zwei nicht so leicht zu vereinbarende Wirklichkeiten aufeinander. Wo die eine mit Instinkt arbeitet, braucht die andere die Distanz der Übersicht und Analyse. Wenn sie kooperieren, dürften sie ein bemerkenswertes Team sein. Aber nur dann, wenn sich beide bewußt sind, daß etwas an der anderen immer fremd bleiben wird. Wenn sie in Spannung zueinander stehen, können sie sich gegenseitig dramatisch ins Handwerk pfuschen. Nur selten wird es der Wissenden gelingen, die Liebende zu durchschauen. Nur ungern wird die Liebende die Notwendigkeit von Strategie anerkennen. Daraus kann sich entwickeln, daß die Liebende strategischer wird und die Wissende ein weichgespültes Ordnungssystem anwendet. Je nachdem in welchem Entwicklungsbereich deiner oder eurer Persönlichkeit sie aufeinandertreffen, kann sich eine positive oder spannungsgeladene Begegnung ganz unterschiedlich auswirken.

Was passiert, wenn die beiden sich in den verschiedenen Häusern begegnen:

Sein: Mehr Irritationen als Hilfe füreinander.

Haben: Die Wölfin geht jagen, die Wissende verwaltet die Beute.

Erkennen: Sie sprechen einfach nicht die gleiche Sprache, um sich von ihren Erkenntnissen zu berichten.

Fühlen: Hier ist die Liebende überlegen, die Wissende muß nehmen.

Handeln: Die Liebende regiert mit viel Gefühl. Die Wissende berät und vertraut.

Ordnen: Hier ist die Wissende überlegen. Die Liebende muß lernen.

Abwägen: Ein wunderbares Team mit Klarheit und viel Gespür.

Verändern: Wenn die Liebende in ihren schmerzhaften Gefühlen untergeht, hält die Wissende ihr den Kopf über Wasser. Wenn die Wissende sich sträubt, macht die Liebende sie weich.

Ehren: Hierin sind beide keine Meisterinnen und sich daher auch keine Stütze.

Prüfen: Die Wissende ist die Stärkere. Die Liebende kann von ihr lernen.

Sehen: Hierin glauben beide gut zu sein. Aber sie sind es beide nicht. Das kann Probleme geben.

Auflösen: Die Liebende fürchtet sich nicht. Die Wissende schon.

33. Die Liebende und die Händlerin

Die Händlerin hat Beziehungen, die Liebende Gespür und Familiensinn. Das sind zwei Systeme, die sich vor allem in der Größenordnung unterscheiden. Weil die Händlerin alle Zusammenhänge zwischen der Sehnsucht und dem Entstehen einer Ware kennt, gibt es viele Berührungspunkte mit der instinktgesteuerten und gefühlsbetonten Liebenden. Das Spiel von Geben und Nehmen ist das Spiel mit Energien. Die Welt des Fühlens ist dasselbe auf einer anderen Ebene. Die Liebende schenkt den Waren der Händlerin, die ja nicht nur buchstäblich Waren sind, Glanz, Freude und Liebe.

Was passiert, wenn sich beide in den verschiedenen Häusern begegnen:

Sein: Die Liebende fühlt ihr Sein in Grenzenlosigkeit. Die Händlerin empfindet das Leben als großen, kräftig fließenden Fluß.

Haben: Die Liebende geht jagen, wenn sie etwas braucht. Die Händlerin hat, um etwas bewegen zu können.

Erkennen: Die Liebende spürt viel, versteht es aber nicht. Auf die Dinge hinter den Gefühlen reagiert sie mit Scheu. Die Händlerin hat Erkenntnisse durch Geben und Nehmen.

Fühlen: Hier ist die Liebende zu Hause. Die Händlerin kann lernen.

Handeln: Die Königin des Marktes sieht die weiße Wölfin auf einem Hügel sitzen.

Ordnen: Die Liebende fühlt sich in diesem Haus vollkommen fremd. Die Händlerin hat nur eine Strategie: Alles fließt immer.

Abwägen: Hier ist die Händlerin zu Hause. Die Liebende muß lernen.

Verändern: Die Händlerin als Heilerin schickt Verlust von Beziehungen. Die Liebende als Heilerin schickt Verlust von Gefühl.

Ehren: Wenn die Liebende die Schöpfung ehrt, will sie die Welt umarmen. Die Händlerin hält den Fluß der Energien für das göttliche Prinzip.

Prüfen: In diesem Hause fühlen sich beide nicht kompetent.

Sehen: Die Händlerin zaubert und hext. Die Liebende ist die Wolfsfrau.

Auflösen: Die Händlerin weiß, wie es ist, wenn alles in Bewegung ist. Die Liebende kennt das Verströmen.

34. Die Liebende und die Heilerin

Diese beiden haben sich viel zu geben. Die Heilerin nutzt die Kraft der Liebenden, um denen, die sie heilt, Licht und Gefühl zu schenken. Die Liebende erfährt durch die Heilerin, daß der Schatten zum Licht gehört. Wo diese beiden wirksam werden, geht es um Schönheit in einer seltsam morbiden Form, die ihren eigenen betörenden, aber auch beängstigenden Zauber hat.

Was passiert, wenn die beiden sich in den verschiedenen Häusern begegnen:

Sein: Die Heilerin wird in diesem Haus immer ein wenig leiden, denn das eigene Sein durch Transformation zu erfahren, ist nicht leicht. Die Liebende spürt ihre Existenz.

Haben: Dieses Haus durch Transformation zu erfahren, bedeutet materielle Unsicherheit. Etwas, das die Liebende nicht bekümmert, die jagen geht, wenn sie etwas braucht.

Erkennen: Wer nicht sehen kann, muß fühlen, sagt die Heilerin. Aber sie versteht etwas anderes darunter als die Liebende.

Fühlen: Hier ist die Liebende zu Hause. Die Heilerin muß von ihr lernen.

Handeln: Die Heilerin als Regentin ist eine eher dunkle Erscheinung. Die Liebende ist die fürsorgende Clan-Chefin.

Ordnen: In Fragen von Strategien und Ordnungssystemen verläßt sich die eine auf ihren Instinkt und die andere auf ihr Gespür.

Abwägen: Die Liebende kennt Gefühl als Überfluß. Der Heilerin geht es mit dem Veränderungspotential ähnlich. Aus diesem heraus schöpfen sie.

Verändern: Hier ist die Heilerin zu Hause. Die Liebende muß von ihr lernen.

Ehren: Ein Zeremoniell, das die Heilerin erschafft, hat immer große Folgen. Die Liebende wird ein wildes Spiel bevorzugen.

Prüfen: Die für die Veränderung geboren ist, wird mit dem Bewahren der Strukturen nicht glücklich werden. Die die Grenzenlosigkeit des Gefühls kennt, macht sich nichts aus Strukturen.

Sehen: Wenn die Heilerin für die Spiritualität zuständig ist, dann ist die Wanderung in die Anderswelt nicht ungefährlich. Die Liebende hat Angst, sich ihr anzuvertrauen.

Auflösen: In diesem Bereich sind sie ziemlich gut, denn beide haben Erfahrungen und Fähigkeiten mit Grenzenlosigkeit.

35. Die Liebende und die Künstlerin

Die eine schafft Transzendenz, die andere ist für die Grenzenlosigkeit der Gefühle zuständig. So haben beide einen Zugang zum Unendlichen. Auch ihre Energiedynamik ergänzt sich auf eine Weise, die Schönheit erzeugt. Wenn die Energie der Liebenden wie Sonnenschein ist, dann ist die Energie der Künstlerin der Flug des Schmetterlings in den Himmel.

Was passiert, wenn die beiden einander in den verschiedenen Häusern begegnen:

Sein: Es geht um das Wunder der Schöpfung, sagt die Künstlerin. Das Leben ist Liebe, sagt die Liebende.

Haben: Wenn sie etwas braucht, geht die Liebende jagen wie eine Wölfin. Die Künstlerin braucht einen Platz für ihr Labyrinth. Wem der gehört, ist ihr egal.

Erkennen: Die Liebende spürt viel, aber sie versteht nicht. Auf die Dinge hinter den Gefühlen reagiert sie mit Scheu. Die Künstlerin hat Erkenntnisse durch den kreativen Prozeß.

Fühlen: Hier ist die Liebende zu Hause. Die Künstlerin kann lernen.

Handeln: Die Königin des Labyrinths sieht die weiße Wölfin auf einem Hügel sitzen.

Ordnen: Die Liebende kennt keine Systeme und Strategien. Die Künstlerin kennt nur soviel, wie sie braucht, um ihr Werk zu erschaffen.

Abwägen: Die Liebende hat das Maß der Grenzenlosigkeit. Die Künstlerin hat das Maß der Sehnsucht nach Schönheit und Transzendenz.

Verändern: Die Liebende als Heilerin schickt den Verlust von Gefühl. Die Künstlerin als Heilerin schickt die Leere der Form.
Ehren: Hier ist die Künstlerin zu Hause. Die Liebende muß lernen.
Prüfen: Die Liebende weiß nichts über Strukturen. Die Künstlerin hütet die Form.
Sehen: Die Liebende ist die Wolfsfrau. Sie trifft die Erbauerin des Labyrinths.
Auflösen: Die Liebende kennt das Verströmen. Die Künstlerin den Flug des Schmetterlings.

36. Die Liebende und die alte Weise

Die Liebende mildert der alten Weisen ihre Einsamkeit, von der sie umgeben ist wie alle, die nicht mehr bis zum Hals in die Erfahrungsprozesse verwickelt sind. Die Liebende erfährt durch die alte Weise, daß es sinnvoll ist, die Grenzen der anderen zu erkennen und zu wahren. Sie neigt ein wenig zur Distanzlosigkeit, die sie nie so bezeichnen würde, denn ihr Gefühl kennt keine Grenzen.

Was passiert, wenn die beiden einander in den verschiedenen Häusern begegnen:

Sein: Die eine fühlt, daß es sie gibt. Die andere ist schon seit Ewigkeiten da, so daß es für sie keine Erinnerung an ein Nicht-Sein mehr gibt.
Haben: Die Liebende geht auf die Jagd, wenn sie etwas braucht. Die alte Weise braucht nicht viel. Beide haben bescheidene Vorstellungen. Aber aus unterschiedlichen Gründen.
Erkennen: Die alte Weise hat von ihrer Position aus einen guten Weitblick, aber nur über die materielle Welt. Die Liebende hat ihren Instinkt.
Fühlen: Hier ist die Liebende zu Hause. Die alte Weise kann von ihr lernen.
Handeln: Wenn die weiße Wölfin und Queen Victoria zusammentreffen, dann kommt es darauf an, wer mehr erschrickt.
Ordnen: In diesem Haus fühlt sich die alte Weise nicht unwohl. Die Liebende dagegen sehr.
Abwägen: Wenn Liebende und alte Weise sich zusammentun, dann ist das Maß, das dabei herauskommt, durchaus passend.

Verändern: In diesem Hause fühlen sich beide nicht recht wohl.

Ehren: Statt des Labyrinths tut es auch eine Höhle. Das ist wohltuend und klar für die alte Weise.

Prüfen: Hier ist die alte Weise zu Hause. Die Liebende muß von ihr lernen.

Sehen: Als Priesterin ist die Liebende die Wolfsfrau. Die alte Weise kann Spiritualität auf diese Weise begreifen, im Wortsinn.

Auflösen: In diesem Haus fühlen sie sich miteinander nicht wohl.

37. Die Liebende und die Priesterin

Die Priesterin zeigt der Liebenden die Rückläufigkeit des Verströmens. Sie hilft der Liebenden bei der Erfahrung, daß die Wesen der Anderswelt auf ihre Energie antworten, und zeigt ihr, daß es keinen Grund gibt, davor zurückzuschrecken oder gar Angst zu bekommen. Die Priesterin, die ja auch immer eine ist, die über sich hinauswächst, indem sie die Welten wechselt, hat in unserer diesseitigen Welt in der Liebenden Wärme und Freude gefunden.

Was passiert, wenn die beiden sich in den verschiedenen Häusern begegnen:

Sein: Die Priesterin ist nie wirklich ganz in dieser Welt zu Hause. Die Liebende schenkt ihr Freude am Dasein.

Haben: Wenn die Priesterin für das Haben verantwortlich ist, ist es nicht von Bedeutung zu haben. Die Liebende erjagt sich das bißchen, was sie braucht. Sie erlebt keinen Mangel, denn sie hat das Wissen, das sie dafür ausgerüstet ist, sich jederzeit zu besorgen, was benötigt wird.

Erkennen: Die Liebende spürt eher, als daß sie Erkenntnisse hat. Die Priesterin hat Zugang zur Anderswelt. Ihr sind alle Erkenntnisse bereits bekannt.

Fühlen: Hier ist die Liebende zu Hause. Die Priesterin kann von ihr lernen.

Handeln: Als Regentinnen des Ich sind beide nicht die Stärksten, denn ihr Reich ist nicht materiell und vor allem nicht real. Sie kennen beide eine Welt ohne Grenzen.

Ordnen: Für diesen Bereich verantwortlich sind beide nicht am besten Platz. Ihre Fähigkeiten sind von anderer Art.

Abwägen: Die Priesterin als Händlerin ist eine Zauberin. Die Liebende ein Familientier.

Verändern: In diesem Hause lebt die bereits initiierte Priesterin nicht ungern. Die Liebende fühlt sich in dieser Verantwortung überfordert.

Ehren: Es werden schlichte Formen sein, die die Priesterin entwirft. Die Liebende benötigt keine.

Prüfen: Die Priesterin wird sich weigern. Die Liebende wird nicht können.

Sehen: Hier ist die Priesterin zu Hause. Sie zeigt der Liebenden, daß die Anderswelt aus Liebe besteht.

Auflösen: Beiden ist es möglich, dieses Haus in seiner Notwendigkeit für den Lebenskreis zu verstehen.

38. Die Liebende und die Mutter

Die Mutter zeigt der Liebenden, daß Liebe auch loslassen bedeutet. Die Liebende beschenkt die Mutter, indem sie ihr treu verbunden bleibt. Sie lehrt die Mutter, daß es keinen Verlust bedeutet, wenn sie ihre Kinder in die Freiheit schickt. Gemeinsam sind sie wie Musik, die zu Herzen geht, die du an einem wunderschönen Nachmittag in einer kleinen Taverne am Strand hören kannst.

Was passiert, wenn die beiden sich in den verschiedenen Häusern begegnen:

Sein: Die Liebende spürt ihr Dasein. Die Mutter spürt es ununterbrochen schwinden. Mit Hilfe der Liebenden kann sie wahrnehmen, worum es geht.

Haben: Die Liebende geht wie eine Wölfin jagen, wenn sie etwas braucht. Die Mutter kann nicht haben. Weil die Liebende ihr Rudel mitversorgt, ist immer auch für die Mutter genug da.

Erkennen: Um zu erkennen, brauchst du Distanz. Das Meer hat keine Distanz zu sich selbst, darum hat es die Mutter in diesem Hause schwer. Die Liebende hat ihren Instinkt, aber auch sie ist nicht mit der Fähigkeit zur Übersicht gesegnet.

Fühlen: Hier ist die Liebende zu Hause. Die all-einige Mutter, die nichts Greifbares in ihrem Erleben hat, erfährt, daß Gefühl ein Mittler zwischen ihr und der materiellen Welt sein kann.

Handeln: Die Liebende ist die weiße Wölfin auf der Klippe. Die Mutter ist überall, aber nicht imstande zu regieren, denn sie hat keine Grenzen.

Ordnen: Die Liebende ersetzt Systeme durch Instinkt. Aber das kann sie gut. Die Mutter kennt weder Systeme noch Strategien.

Abwägen: In diesem Hause kennen sich beide nicht aus und haben es schwer, die Verantwortung dafür zu tragen.

Verändern: Die Mutter als Symbol von Auflösung und Rückkehr zum kosmischen Selbst ist eine, die selbst viele Transformationen erlebt hat. Der Liebenden stehen sie auf ihrem Weg über den Lebenskreis noch bevor.

Ehren: Wenn die Mutter die Schöpfung ehrt, ist es, als ehrte sich die Schöpfung selbst. Die Liebende ist eine Musikerin, wenn sie in diesem Hause lebt.

Prüfen: Die eine ist zu klein, die andere zu groß, um dieses Haus ohne Mühe zu beseelen.

Sehen: Sie haben beide Fähigkeiten, über die eigene Existenz hinaus mit dem Unendlichen in Verbindung zu treten.

Auflösen: Hier ist die Mutter zu Hause. Die Liebende muß loslassen lernen.

39. Die Königin und die Wissende

Es ist ein schwieriges, kompliziertes Verhältnis zwischen diesen beiden weisen Frauen. Die Königin wird sich von der Wissenden immer ein wenig belehrt fühlen. Die Wissende wird sich oft vergeblich soziale Verbundenheit ersehnen. Die Wissende ist so etwas wie die „consigliera" für die Königin, eine Beraterin in allen rechtlichen und sozialen Fragen, die die wunderbarsten Strategien entwirft und umsetzt. Sie organisiert, damit die Königin Raum hat.

Was passiert, wenn die beiden sich in den verschiedenen Häusern begegnen:

Sein: Das Leben ist groß, ich bin es auch, sagt die Königin. Sie nimmt allen Raum ein. Alles eine Frage der Organisation, sagt die Wissende.

Haben: Die Königin hat, um ein Reich zu haben. Die Wissende hat, um verwalten zu können.

Erkennen: Die Wissende hat Erkenntnisse, die praktisch sind. Die Königin findet das praktisch, denn sie fühlt sich hier nicht zuständig.

Fühlen: Die Wissende braucht ein System, um sich ins Fühlen zu trauen. Die Königin braucht ein Bad im Sonnenschein.

Handeln: Hier ist die Königin zu Hause. Die Wissende kann lernen.

Ordnen: Hier ist die Wissende zu Hause. Die Königin muß lernen.

Abwägen: Das Maß der Königin ist groß. Das Maß der Wissenden so groß, daß sie den Überblick noch hat.

Verändern: In diesem Haus treffen zwei zusammen, die noch nicht Initiierte sind.

Ehren: Das Labyrinth der Königin ist groß und prächtig. Die Wissende setzt den Eintrittspreis entsprechend hoch an.

Prüfen: In diesem Haus ist der Königin nicht wohl. Die Wissende kennt immerhin Systeme und Strategien.

Sehen: Die Päpstin kann der Wissenden ihre Ängste vor der Spiritualität nehmen.

Auflösen: In diesem Haus wollen beide nicht sein. Ob allein oder miteinander.

40. Die Königin und die Händlerin

Die Königin braucht viel Raum. Die Händlerin kann ihn ihr schaffen und leicht zugestehen. Allerdings ist sie der Königin eine ebenbürtige Partnerin, die ihr in vielerlei Belangen sogar voraus ist, denn die Königin regiert das Ego; die Händlerin stellt Verbindung zwischen vielen Egos her.

Was passiert, wenn beide in den verschiedenen Häusern zusammentreffen:

Sein: Wenn die Königin in diesem Haus lebt, benötigt sie allen Raum. Die Händlerin empfindet ihr Sein als großen Fluß.

Haben: Die Königin muß ein Reich haben. Die Händlerin muß haben, um etwas bewegen zu können.

Erkennen: Die Königin fühlt sich in diesem Haus nicht wohl. Die Händlerin erhält ihre Erkenntnisse über die Zusammenhänge des Lebens aus dem Prinzip von Geben und Nehmen.

Fühlen: Die Händlerin dreht sich im Tanz der Energien. Die Königin fühlt sich selbst.

Handeln: Hier ist die Königin zu Hause. Die Händlerin kann lernen.

Ordnen: Die Königin ordnet an, statt zu ordnen. Die Händlerin kennt nur ein System: Alles fließt immer.

Abwägen: Hier ist die Händlerin zu Hause. Die Königin muß lernen.

Verändern: Die Königin als Heilerin ist ein kleines Kind auf dem Thron. Die Händlerin als Heilerin schickt Verlust der Beziehungen.

Ehren: Die Königin ehrt sich selbst mit einem prächtigen Labyrinth. Die Händlerin hält den Fluß der Energien für das göttliche Prinzip.

Prüfen: Die Königin kann die Unterwerfung unter die Materie nicht ertragen. Die Händlerin fühlt sich wie gefangen in der Erstarrung unbeweglicher Materie.

Sehen: Die Päpstin trifft auf eine, die zaubert und hext.

Auflösen: Die Händlerin weiß, wie es ist, wenn alles in Bewegung ist. Die Königin sieht ihr Reich bedroht.

41. Die Königin und die Heilerin

Die Heilerin ist eine, die von der Königin von Zeit zu Zeit benötigt wird. Vor allem dann, wenn sie jedes Maß verloren hat und der Grandiosität verfallen ist. Die Heilerin läßt die Königin stürzen und wiederauferstehen, so daß sie ein mitfühlendes Herz erhält. Die Königin ihrerseits gibt der Heilerin von ihrem goldenen Glanz und läßt sie gewärmt und geachtet sein.

Was passiert, wenn die beiden in den verschiedenen Häusern aufeinander treffen:

Sein: In diesem Haus nimmt die Königin den ganzen Raum ein. Ich bin die Wandlung, sagt die Heilerin.

Haben: Ich habe ein Reich, sagt die Königin. Die Heilerin braucht keinen Besitz.

Erkennen: Erkenntnis kommt durch Transformation, sagt die Heilerin. Die Königin will es gar nicht wissen.

Fühlen: Die Heilerin fühlt Leidenschaft und heißes Begehren. Die Königin will begehrt werden. Aber nicht auf diese Weise.

Handeln: Hier ist die Königin zu Hause. Die Schlangenkönigin kann lernen.

Ordnen: Systeme müssen fallen, sagt die Heilerin. Nicht innerhalb meines Reiches, sagt die Königin.

Abwägen: Das Maß der Königin ist die Eigen-Macht. Das Maß der Heilerin ist die ewige Wandlung.

Verändern: Hier ist die Heilerin zu Hause. Die Königin muß lernen.

Ehren: Die Königin hat ein prunkvolles Labyrinth bauen lassen. Die Heilerin tanzt den Schlangentanz auch an diesem kostbaren Ort.

Prüfen: Strukturen müssen fallen, sagt die Heilerin. Nicht innerhalb meiner Grenzen, sagt die Königin.

Sehen: Die Päpstin trifft die Schlangenpriesterin.

Auflösen: Die Schlangenpriesterin springt ins Meer. Die Päpstin erschaudert.

42. Die Königin und die Künstlerin

Die Königin erfährt durch die Künstlerin, daß die Ehre anderem als ihr zu gelten hat. Was an der Königin eitel sein mag, wird durch die Sehnsucht der Künstlerin nach Wahrheit und Transzendenz in eine andere Qualität verwandelt. In der Künstlerin spiegelt sich die Königin, nachdem sie von der Heilerin gestürzt wurde und wieder auferstanden ist. Mit der Künstlerin erhält das Reich der Königin einen Rahmen, der weit über die irdische Welt hinausreicht. Sie schafft den Zauber, der dem zentrierten Ego – das die Königin ja ist – erzählt, daß es zwar wichtig ist, ein Zentrum zu sein, daß aber wahre Größe im Wunder des Schmetterlings zu finden ist.

Was passiert, wenn die beiden sich in den verschiedenen Häusern begegnen:

Sein: Wenn die Künstlerin in diesem Hause die Verantwortung trägt, geht es um das Wunder der Schöpfung. Wenn die Königin das Sein bestimmt, geht es um das Wunder der Eigen-Macht.

Haben: Raum benötigen beide nicht wenig. Wenn die Königin dies

Haus regiert, ist es ein Schloß. Wenn die Künstlerin hier bestimmt, ist es ein Labyrinth. Wenn sie sinnvoll zusammenarbeiten, gibt es im Schloßgarten Raum für das Labyrinth, und die Königin wagt den Gang hinein.

Erkennen: Eigenmacht und Transzendenz haben andere Möglichkeiten, Erkenntnisse zu machen.

Fühlen: Für die Königin wie ein Bad im Sonnenschein. Für die Künstlerin wie der Flug des Schmetterlings.

Handeln: Hier ist die Königin zu Hause. Die Künstlerin muß lernen.

Ordnen: Für die Königin reicht es, wenn die Eigen-Macht Raum hat. Für die Künstlerin ist nur soviel System und Strategie notwendig, wie es braucht, um ihr Werk zu erschaffen.

Abwägen: In diesem Hause fühlen sich beide nicht wirklich daheim.

Verändern: In diesem Hause findet statt, was die Künstlerin von der Königin unterscheidet. Die Königin muß ihre Eitelkeit verlieren, um wie die Künstlerin sein zu können.

Ehren: Hier ist die Künstlerin zu Hause. Die Königin muß lernen.

Prüfen: In diesem Haus haben es beide schwer, wenn sie die Verantwortung tragen.

Sehen: Wenn die Künstlerin den Platz der Priesterin eingenommen hat, dann ist die Form möglicherweise wichtiger, als sie sein sollte. Die Königin an diesem Platz könnte sich Machtspielen hingeben, die sie jedoch auf die Dauer verliert.

Auflösen: Die Künstlerin hat Transformation erfahren, darum fühlt sie sich dem Haus gewachsen. Die Königin hat Empfindungen wie Unterwerfung, was sie nicht gut verträgt.

43. Die Königin und die alte Weise

Die alte Weise weiß, daß es eine Königin geben muß. Aber sie ist eine, die auf dem Weg des Werdens und Vergehens weit vorangekommen und sehr alt geworden ist. Vieles von dem, was die Königin für wichtig hält, wird sie wenig beeindrucken. Sie hält still, weil sie die Entwicklung der Königin nicht stören will, aber sie sorgt unauffällig für den notwendigen Ernst und die sichere

Erdung. Die Königin schützt die alte Weise vor allzu großer Bescheidenheit. Wenn die alte Weise den Prunk ablehnt, zeigt die Königin ihr, daß die Pracht der Schöpfung auch für sie da ist.

Was passiert, wenn die beiden in den verschiedenen Häusern aufeinander treffen:

Sein: In diesem Haus nimmt die Königin allen Raum ein. Die alte Weise ist bescheiden und zurückgezogen, jedoch auch unbeweglich und starr. So erhält sie sich ihr Sein in der Gemeinsamkeit.

Haben: Haben ist Materie. Da kennt die alte Weise sich aus. Haben ist Anerkennung durch Prunk, sagt die Königin.

Erkennen: Die alte Weise hat einen guten Weitblick, aber sie geht ungern auf geistige Reisen. Die Königin fühlt sich auch nicht zur Denkerin berufen.

Fühlen: Wenn die alte Weise dieses Haus bestimmt, legt sich Erdenschwere über das Fühlen. Die Königin braucht ein Bad im Sonnenschein.

Handeln: Hier ist die Königin zu Hause. Queen Victoria zieht sich auf den Altersruhesitz zurück.

Ordnen: Die alte Weise hütet mehr, als daß sie organisiert. Die Königin ordnet mehr an, als daß sie ordnet.

Abwägen: Die Königin sagt: Das Leben ist groß, ich bin es auch. Die alte Weise sagt: Mein Maß ist aus Weisheit bescheiden und klein.

Verändern: Die Königin ist noch nicht gestürzt und wieder auferstanden. Sie wird sich schwer tun mit den Veränderungen. Die alte Weise läßt die Erde beben, wenn sie für Veränderungen zu sorgen hat.

Ehren: Die Königin als Künstlerin baut das prächtigste Labyrinth aller Zeiten. Die alte Weise hütet es dennoch und erinnert in ihrer schlichten Erscheinung daran, daß der Prunk nur eitel ist.

Prüfen: Hier ist die alte Weise zu Hause. Die Königin muß lernen.

Sehen: In diesem Haus gehen die Vorstellungen der beiden weit auseinander. Hier treffen die Päpstin und die Eremitin zusammmen.

Auflösen: In diesem Haus sind beide nur ungern und fühlen sich, als wären sie nur zu Gast.

44. Die Königin und die Priesterin

Zwei sehr Mächtige treffen zusammen, wenn Königin und Priesterin sich begegnen. Sie sind ein beziehungsvoller Gegensatz. Die Königin wird dazu neigen, die Priesterin nicht als gleichwertiges Gegenüber anzuerkennen. Und am Ende wird das Ego vor der Begegnung mit dem kosmischen Selbst erschaudern. Hier begegnen sich Geist und Materie. Wenn sie einander achten und anerkennen, wird die Königin erleuchtet, und die Priesterin erhält Substanz im Hier und Jetzt. Der Weg in die Anderswelt ist immer mit einem vorübergehenden Verlust an Bodenhaftung verbunden. Wenn die Priesterin zurückkehrt, ist auch sie verwandelt und findet Halt im verläßlichen Reich des Materiellen.

Was passiert, wenn sie einander in den verschiedenen Häusern begegnen:

Sein: Hier ist die Königin die Stärkere. Die Priesterin muß schauen, daß ihr noch Raum bleibt.

Haben: Auch in diesem Hause ist die Königin selbstsicherer als die Priesterin. Wenn sie das Haben bestimmt, geht es auch um Pracht und Prunk. Die Priesterin braucht nur soviel, wie nötig ist, um aus der Anderswelt hier sicher wieder zu landen.

Erkennen: In diesem Haus ist die Priesterin die Fähigere und Interessiertere.

Fühlen: Im Haus des Fühlens gehen die Auffassungen der beiden weit auseinander.

Handeln: Hier ist die Königin zu Hause. Die Priesterin kann von ihr Präsenz lernen.

Ordnen: In diesem Hause fühlen sich beide nicht sicher. Aber sie streben in zwei verschiedene Richtungen von hier fort.

Abwägen: In diesem Hause wird die Priesterin zur Zauberin. Und die Königin lädt alle an eine reich gedeckte Tafel.

Verändern: Die Priesterin ist bereits durch die Heilerin initiiert. Die Königin nicht.

Ehren: In diesem Haus verkörpern sie zwei konträre Kräfte. Wenn sie es schaffen, spirituelle Intelligenz und Erfolgsintelligenz zusammenzubringen, können sie Bemerkenswertes erreichen.

Prüfen: Erst gemeinsam sind sie imstande, dieses Haus erfolgreich zu beseelen.

Sehen: Hier ist die Priesterin zu Hause. Die Königin erlebt sich als unwichtig, sonst wird sie keine Sehende.

Auflösen: Die Königin fürchtet sich. Die Priesterin begibt sich dorthin, wo sie schon oft zu Gast war.

45. Die Königin und die Mutter

Die Königin wird Ängste entwickeln, denn das Sein der Mutter läßt sie ahnen, daß das Ego sich irgendwann auch wieder auflösen muß. Die Ankunft im Meer, das Auflösen aller Grenzen und Konturen ist schwer zu vereinbaren mit dem Interesse, ein Reich zu erhalten und gut zu regieren. Der Mutter bedeutet der Glanz der Königin nicht viel. Sie ist zu Hause in einer Welt, in der das meiste nicht greifbar ist. Die Kommunikation zwischen diesen beiden Gestalten ist eher schwer.

Was passiert, wenn die beiden einander in den verschiedenen Häusern begegnen:

Sein: Wenn die Königin das Haus des Seins regiert, nimmt sie allen Raum ein. Die Mutter ist größer als dieser Raum.

Haben: Die Mutter kann und will nichts festhalten. Die Königin braucht Grenzen, um ein Reich zu haben.

Erkennen: Das Ego geht nicht auf geistige Reisen. Es will gesehen werden. Die Mutter muß nichts mehr erkennen, sie ist alles und eins. Sie ist der Zusammenhang, den die Königin nicht wahrnimmt.

Fühlen: Wenn die Mutter in diesem Haus die Verantwortung trägt, sehnt sie sich nach einer Möglichkeit, einen Halt zu haben. Die Königin hat diesen Halt, aber Schwierigkeiten, über sich hinaus zu fühlen.

Handeln: Hier ist die Königin zu Hause. Die Mutter muß lernen. Aber es ist fraglich, ob sie es kann. Hier steht ein Schloß am Meer.

Ordnen: Die Königin hat genug damit zu tun, ihr Reich in Ordnung zu halten. Darüber hinaus interessieren sie Systeme nicht. Die Mutter kennt keine Systeme und keine Strategien.

Abwägen: Wenn jede an sich denkt, ist an alle gedacht, sagt die Königin. Die Mutter weiß nicht, an wen sie denken soll.

Verändern: Die Königin als Heilerin führt möglicherweise Krieg. Die Mutter schickt die Flut.

Ehren: Die Königin ehrt die Schöpfung, wenn sie sich selbst ehrt. Die Mutter ist Schöpferin und Schöpfung zugleich und weiß sich nicht zu ehren.

Prüfen: Die Mutter weiß nichts von Strukturen. Die Königin will gesehen werden und nicht prüfen oder gar geprüft werden.

Sehen: Wenn die Königin zur Priesterin wird, dann werden die Geister geadelt. Die Mutter tritt mit dem Unendlichen in Verbindung und weiß die Wahrheit.

Auflösen: Hier ist die Mutter zu Hause. Das Reich der Königin löst sich auf.

46. Die Wissende und die Händlerin

Wenn die Händlerin der Wissenden von Liebe, Sehnsucht und Glück erzählt, kann die Wissende sich nicht vorstellen, daß diese Dinge mit Ökonomie zu tun haben sollen. Wenn die Wissende von dem geistigen Entzücken berichtet, das sich bei ihr einstellt, wenn sie das Prinzip verstanden und zu einem System ausgebaut hat, kann sich die Händlerin wiederum nicht vorstellen, daß Verwaltung etwas so Lebendiges sein kann. Wie alle anderen der zwölf weisen Frauen als Gestalten unseres Innenlebens ergeben sie erst miteinander ein vollkommenes Ganzes, über das jedes weibliche Wesen verfügt. Aber isoliert als Paar zeigen sich immer wieder nicht nur die Ergänzungen, sondern auch die Spannungen durch das Anderssein.

Was passiert, wenn diese beiden einander in den verschiedenen Häusern begegnen:

Sein: Die Händlerin empfindet Sein als großen, kräftig fließenden Fluß. Die Wissende sagt: Alles eine Frage der Organisation. Sie wird versuchen, die Ufer zu begradigen.

Haben: Die Wissende muß haben, um zu verwalten. Die Händlerin muß haben, um zu transportieren.

Erkennen: Die Wissende erkennt, was praktischen Nutzen hat. Die Händlerin erfährt die Zusammenhänge des Lebens durch Geben und Nehmen. Hier können sie sich gut verständigen.

Fühlen: Die Wissende braucht ein System, um sich ins Fühlen zu trauen. Die Händlerin dreht sich im Tanz der Energien.

Handeln: Die Königin des Marktes trifft auf die Königin der Systeme. Sie könnten ein Reich gedeihlich miteinander regieren.

Ordnen: Hier ist die Wissende zu Hause. Die Händlerin kann lernen.

Abwägen: Hier ist die Händlerin zu Hause. Die Wissende muß lernen.

Verändern: Beide sind noch nicht Initiierte, die in diesem Haus die Veränderungen herbeiführen sollen.

Ehren: Die Händlerin hält den Fluß der Energien für das göttliche Prinzip. Die Wissende hält Intelligenz für das göttliche Prinzip.

Prüfen: Die Händlerin fühlt sich eingesperrt in der Starre der unbeweglichen Materie. Die Wissende kann es verwalten.

Sehen: Die Wissende fürchtet sich vor Spiritualität. Die Händlerin kann hexen und zaubern.

Auflösen: In diesem Haus mag die Wissende sich nicht aufhalten. Sie kann nur schwer loslassen. Die Händlerin ist dem näher.

47. Die Wissende und die Heilerin

Wenn Systematik und Unberechenbarkeit zusammenkommen, ist es offensichtlich, daß das Chaos das überlegene Lebensprinzip ist. Denn nur in der Veränderung liegt die Chance auf Entwicklung, also Weiterleben. Es ist nicht leicht für die Wissende, ein perfektes System wieder über den Haufen zu werfen, nur weil es Stillstand bedeutet, wenn es nicht auch zerfällt. Die Heilerin fühlt sich von der Wissenden gehemmt und eingeengt. So haben sie viel Kraft und Willen aufzuwenden, um sich ihre Gaben zu überreichen.

Was passiert, wenn diese beiden sich in den verschiedenen Häusern begegnen:

Sein: Wenn die Wissende in diesem Haus zuständig ist, erwartet sie, daß die Welt sich ihr in Klarheit erschließt. Wenn die Heilerin ihr hier begegnet, wird sie sich in ihrem Sein in Frage gestellt sehen, ohne daß etwas geschehen sein muß. Die Heilerin wird sich fühlen, als habe sie sich in irgendwas verheddert, das sie hindert.

Haben: Man muß etwas haben, um es verwalten zu können, sagt die Wissende. Man muß etwas haben, um es verlieren zu können, sagt die Heilerin.

Erkennen: Der Wissenden ist die Welt der Erkenntnisse vertraut. Sie nimmt sie zur Kenntnis, wenn sie sich praktisch umsetzen lassen, sonst nicht. Die Heilerin lebt nach dem Prinzip: Stürzen, um zu erkennen.

Fühlen: Die Welt des Verströmens von Emotionen ist der Wissenden ein wenig unheimlich. Die Heilerin kennt sich hier aus.

Handeln: Die Wissende als Königin macht immer den Eindruck der Stellvertreterin. Die Heilerin ist eine eher dunkle Regentin des Ich.

Ordnen: Hier ist die Wissende zu Hause. Hier ist die Heilerin eine schlechte und leider oft Chaos erzeugende Schülerin.

Abwägen: In diesem Hause wird mehr verwaltet als zum Fließen gebracht, wenn die Wissende dafür verantwortlich ist. Die Heilerin kann die Wissende genau hier stürzen lassen.

Verändern: Hier ist die Heilerin zu Hause. Die Wissende muß lernen.

Ehren: In diesem Haus fühlt die Wissende sich unwohl. Um so mehr, wenn sie der Heilerin als Künstlerin begegnet.

Prüfen: Hier fühlt sich die Heilerin unwohl. Die Wissende fühlt sich dieser Aufgabe durchaus gewachsen.

Sehen: Der Wissenden wäre es am liebsten, wenn es keine Spiritualität gäbe und wenn, dann in kleinen, verwaltungsfähigen Portionen. Die Heilerin kennt Formen der leidenschaftlichen Spiritualität.

Auflösen: Die Wissende fürchtet sich vor dieser Aufgabe. Die Heilerin nicht.

48. Die Wissende und die Künstlerin

Wenn die Wissende sich bereiterklärt, den Part der Galeristin für die Künstlerin zu übernehmen, kann es eine segensreiche Verbindung werden. In der Tat haben sich diese beiden, die nur teilweise Berührungspunkte haben, viel zu geben. Wo die Künstlerin ehrt, ist die Wissende achtsam. Über ihre Kunst vermag die Künstlerin der Wissenden den Weg in die Spiritualität zu weisen, mit der sie sich normalerweise schwertut.

Was passiert, wenn diese beiden einander in den verschiedenen Häusern begegnen:

Sein: Es ist alles eine Frage der Organisation, sagt die Wissende. Der Künstlerin geht es um das Wunder der Schöpfung.

Haben: Haben benötigt die Wissende, um etwas verwalten zu können. Die Künstlerin braucht Platz und Geld, um ihr Labyrinth zu bauen. Woher beides kommt, ist ihr egal.

Erkennen: Die Wissende hat Erkenntnisse, die sich praktisch umsetzen lassen. Der Rest interessiert sie wenig. Die Künstlerin hat Erkenntnisse durch den kreativen Schaffensprozeß.

Fühlen: Die Wissende braucht ein System, um sich ins Fühlen zu trauen. Die Künstlerin macht Musik. Vielleicht hören sie zusammen Bach.

Handeln: Die Königin der Formen trifft auf die Königin der Galerien. Ein durchaus segensreiche Verbindung.

Ordnen: Hier ist die Wissende zu Hause. Die Künstlerin kann lernen.

Abwägen: Das Maß der Wissenden ist so groß, daß sie den Überblick hat. Das der Künstlerin, daß sie ihr Werk erschaffen kann.

Verändern: Die Wissende ist noch nicht initiiert. Darum fürchtet sie sich in diesem Haus. Die Künstlerin ist initiiert. Sie erschafft ein Ritual zur Transformation.

Ehren: Hier ist die Künstlerin zu Hause. Die Wissende muß lernen.

Prüfen: Die Welt der Strukturen ist beiden nicht fremd. Die eine ehrt die Form. Die andere entwickelt die Systeme und Strategien.

Sehen: Die Wissende fürchtet die Spiritualität. Die Künstlerin sehnt sich nach Transzendenz.

Auflösen: Die Wissende kann schwer loslassen. Die Künstlerin fliegt davon.

49. Die Wissende und die alte Weise

Vielleicht ist der alten Weisen die Wissende manchmal zu naseweis. Aber im Grunde kommen sie aus einem Stall. Beide verstehen etwas von Arbeit, Pflicht und Strukturen. Die eine organisiert und denkt in Systemen. Die andere hütet, was in langen Generationenfolgen aufgebaut wurde.

Was passiert, wenn beide in den verschiedenen Häusern zusammenkommen:

Sein: Leben ist Intelligenz, sagt die Wissende. Die alte Weise fügt hinzu: Und Erfahrung.

Haben: Die eine verwaltet den Besitz. Die andere hütet ihn und wahrt die Traditionen. Es gibt Großzügigere als die beiden, aber bestimmt auch Ärmere.

Erkennen: Die Wissende hat Erkenntnisse, die praktischen Nutzen haben. Die alte Weise hat einen guten Weitblick.

Fühlen: In diesem Haus fühlen sich beide nicht zu Hause. Gemeinsam wird die Sache auch nicht besser.

Handeln: Wenn Queen Victoria auf die Verwalterin ihrer Güter trifft, dann stehen die Themen fest.

Ordnen: Hier ist die Wissende zu Hause. Die alte Weise kann lernen, aber es fällt ihr leicht.

Abwägen: Das Maß der alten Weisen ist bescheiden aus Weisheit. Das Maß der Wissenden reicht, daß sie die Übersicht behält.

Verändern: Wenn die Wissende für Veränderung zuständig ist, gibt es Verwaltungsreformen. Wenn die alte Weise verantwortlich ist, bebt die Erde, jedoch nur selten.

Ehren: Als Künstlerin ist die alte Weise bescheiden. Ebenso die Wissende. Beide scheuen die Transzendenz.

Prüfen: Hier ist die alte Weise zu Hause. Die Wissende muß lernen.

Sehen: Die Wissende fürchtet sich vor Spiritualität. Die alte Weise kann sich damit auch nur schwer anfreunden. Wenn die beiden in diesem Haus die Verantwortung tragen, ist Erleuchtung nicht alltäglich.

Auflösen: Beide können nur schwer loslassen. Beide fürchten sich.

50. Die Wissende und die Priesterin

Ekstase ist nicht gerade der vertrauteste Zustand für die Wissende. Produktivität und Detailtreue ist dagegen für die Priesterin nicht unbedingt lebensnotwendig. Ohne die Vermittlung dritter dürfte die Begegnung zwischen diesen beiden nicht nur für die beiden anstrengend sein.

Was passiert, wenn diese beiden in den verschiedenen Häusern aufeinander treffen:

Sein: Alles nur eine Frage der Organisation, sagt die Wissende. Die Priesterin ist nur halb in dieser Welt des Seins vorhanden.

Haben: Die Wissende will haben, um zu verwalten. Die Priesterin will beides nicht. Sie fragt die Wissende nach dem Sinn.

Erkennen: Die Wissende hat Erkenntnisse, die praktisch sind. Die Priesterin hat Erkenntnisse durch Ekstase.

Fühlen: Wenn die Wissende ein System benötigt, um vor der Welt des Fühlens nicht zu erschrecken, wird die Priesterin mit ekstatischen Zuständen antworten, die kein System kennen.

Handeln: Eigen-Macht ist der Wissenden nicht fremd. Sie sieht sich nur nicht an der Spitze des Reiches. Der Priesterin Macht ist nicht von dieser Welt.

Ordnen: Hier ist die Wissende zu Hause. Die Priesterin kann von ihr lernen.

Abwägen: Das Maß der Wissenden ist so groß wie ihre Fähigkeit zur Übersicht. Die Priesterin ist in kosmischen Ausmaßen unterwegs.

Verändern: Wenn die Wissende als Heilerin arbeitet, dann gibt es Verwaltungsreformen. Die Priesterin schickt Sinnkrisen.

Ehren: Die Wissende ehrt die Schöpfung durch Perfektion. Die Priesterin schafft ein geistiges Labyrinth.

Prüfen: Die Wissende hat Landkarten über die Strukturen besorgt. Aber sie ist in diesem Haus gern tätig. Die Priesterin fühlt sich gefangen.

Sehen: Hier ist die Priesterin zu Hause. Die Wissende muß lernen.

Auflösen: Die Wissende fürchtet sich. Die Priesterin begibt sich dorthin, wo sie schon so oft zu Gast war.

51. Die Wissende und die Mutter

Das Meer als Symbol für die Mutter ist für die Wissende Symbol der Unmöglichkeit, Klarheit und Übersicht zu behalten. Sie ist darauf konzentriert, den Kopf über Wasser zu halten und für eine größere Gemeinschaft den sozialen Zusammenhalt zu organisieren. Die Mutter läßt sie wissen, daß dies am Ende ohne Bedeutung ist. Das wird der Wissenden Angst machen, denn wo es drunter und drüber geht, geht sie unter.

Was passiert, wenn die beiden einander in den verschiedenen Häusern begegnen:

Sein: Alles eine Frage der Organisation, sagt die Wissende. Die Mutter hat es schwer zu begreifen, was Sein eigentlich ist.

Haben: Die Wissende will haben, um verwalten zu können. Die Mutter kann und will nichts festhalten.

Erkennen: Die Wissende hat Erkenntnis, wenn sie praktischen Nutzen hat. Die Mutter hat nicht die Distanz zu sich selbst, um Erkenntnisse zu haben.

Fühlen: Wenn die Wissende auf ein System zurückgreifen kann, ist die Welt der Gefühle nicht mehr beängstigend. Die Mutter kann hier Mittlerin zwischen Fühlen und Wissender sein.

Handeln: Eigenmacht ist der Wissenden nicht fremd. Sie sieht sich nur nicht an der Spitze. Die Mutter ist zu groß für Grenzen. Sie hat kein Reich. So gibt es keine Regentin in diesem Haus.

Ordnen: Hier ist die Wissende zu Hause. Die Mutter könnte lernen, weiß aber nichts von Systemen und Strategien.

Abwägen: Das Maß der Wissenden ist so groß, wie ihre Fähigkeit zur Übersicht vorhanden ist. Die Mutter kann keine Vorstellung entwickeln, was ein Maß ist. Die Wissende betreibt einen Bootsverleih am Meer.

Verändern: Wenn die Wissende in diesem Hause zuständig ist, gibt es Transformationen durch Verwaltungsreformen. Die Mutter schickt die Flut.

Ehren: Die Wissende ehrt die Schöpfung durch Perfektion. Die Mutter ist Schöpfung und Schöpferin zugleich. Sie weiß sich nicht zu ehren.

Prüfen: Die Wissende ist zu jung und noch nicht initiiert. Aber sie fühlt sich in diesem Haus wohl. Anders die Mutter. Sie weiß nichts von Strukturen.

Sehen: Spiritualität macht der Wissenden Angst. Die Mutter schafft Verbindung mit dem Unendlichen.

Auflösen: Hier ist die Mutter zu Hause. Die Wissende muß lernen.

52. Die Händlerin und die Heilerin

Auch die Händlerin muß stürzen, um wieder aufzuerstehen. Das ist für eine, die den Austausch von Energien zum Lebenszweck hat, beängstigend. Sie lebt für Gerechtigkeit und sehnt sich nach Ausgewogenheit. Die Botschaft der Heilerin lautet eher: Laß Unausgewogenheit geschehen, damit Ausgewogenheit entstehen kann. Die Weisheit der Heilerin ist schwer berechenbar. Und sie ist ein Signal an die Händlerin, daß jedes Wachstum endlich ist. Die Heilerin, die selbst bereits tausend Tode gestorben ist, erhält von der Händlerin ihr Maß. So wird für sie deutlich, daß Achtsamkeit in ihr Leben kommt.

Was passiert, wenn die beiden einander in den verschiedenen Häusern begegnen:

Sein: Wenn die Heilerin das Haus des Seins bestimmt, geht es um Transformation als Lebenszweck. Die Händlerin erfährt sich in diesem Haus eher als eine, die ins Meer der Energien springt.

Haben: Die Heilerin ist nicht unbedingt eine Sammlerin. Die Händlerin benötigt die Fülle, um Geben und Nehmen in Fluß zu bringen.

Erkennen: Für die Heilerin bedeutet Transformation den Weg zur Erkenntnis. Für die Händlerin stellt sie sich durch die Erfahrungen mit Kommen und Gehen ein.

Fühlen: Die Welt des Fühlens ist für die Heilerin heiß, brennend, verlangend und voller Tiefe. Für die Händlerin ist es eine Welt der Sehnsucht, die zu Materie und Wirklichkeit wird.

Handeln: Die Heilerin als Regentin des Ich ist mächtig wie Kali. Die Händlerin regiert das Reich des Ich in Schönheit und Fülle der Gaben.

Ordnen: Die Strategien der beiden sind simpel und sehr konträr. Die eine sagt, das Alte muß weg. Die andere sagt: Alles fließt immer.

Abwägen: Hier ist die Händlerin zu Hause. Die Heilerin erhält auch von ihr ihr Maß.

Verändern: Hier ist die Heilerin zu Hause. Auch die Händlerin muß stürzen und wiederauferstehen, auf daß sie initiiert ist.

Ehren: Die Heilerin ehrt die Schöpfung auch im Tod. Die Händlerin hält den Fluß der Energien für ein göttliches Prinzip.

Prüfen: Die eine fegt hinweg, was alt ist. Die andere will alles in Bewegung setzen. Beide sind in diesem Haus überfordert.

Sehen: Die Heilerin als Priesterin huldigt Kali. Die Händlerin huldigt Venus.

Auflösen: Die Händlerin weiß, wie es ist, wenn alles in Bewegung ist. Die Heilerin weiß, wie sich ein Untergang anfühlt.

53. Die Händlerin und die Künstlerin

Die Händlerin beherrscht die Kunst des Gebens und Nehmens. Die Künstlerin ist die Mittlerin zwischen Himmel und Erde. Ihre Energien richten sich auf unterschiedliche Ebenen der Wirklichkeit. In der Begegnung miteinander vermischen sich ihre Kräfte und verbinden die verschiedenen Ebenen miteinander. So erhält das Leben der Künstlerin mehr Selbstwert, und das der Händlerin wird vom Zeremoniell in eine spirituelle Struktur gebracht.

Was passiert, wenn die beiden einander in den verschiedenen Häusern begegnen:

Sein: Die Künstlerin erlebt das Sein als Wunder der Schöpfung. Die Händlerin erlebt es als Sprung ins große Meer der Energien.

Haben: Die Künstlerin benötigt viel Raum, aber wenig Besitz. Ihr ist es gleich, wem der Boden gehört, auf dem ihr Labyrinth entsteht. Für die Händlerin ist der Sinn von Haben sein Transport.

Erkennen: Die Künstlerin hat Erkenntnisse durch ihren kreativen Prozeß. Die Händlerin erhält sie durch die Erfahrung von Kommen und Gehen.

Fühlen: Die Händlerin dreht sich im Tanz der Energien. Die Künstlerin macht die Musik dazu.

Handeln: Als Regentin des Ich begreift die Künstlerin das Leben als rauschendes Fest. Die Händlerin lädt alle dazu ein und steuert die Fülle der Gaben bei.

Ordnen: Die Künstlerin braucht nur soviel System und Struktur, um ihr Werk erschaffen zu können. Die Händlerin kennt nur ein Ordnungsprinzip: Alles fließt immer.

Abwägen: Hier ist die Händlerin zu Hause. Die Künstlerin muß lernen.

Verändern: Der Verlust von Beziehungen ist die Art der Transformation der Händlerin. Die Künstlerin entwickelt Sterbezeremonien.

Ehren: Hier ist die Künstlerin zu Hause. Die Händlerin kann lernen, wie die Welt nach der Initiation aussieht.

Prüfen: Die Künstlerin versteht etwas von der Bedeutung der Form. Sie wird in diesem Haus zur Museumswächterin. Die Händlerin fühlt sich wie gefangen in der Erstarrung der Materie.

Sehen: Die Künstlerin findet Erleuchtung im Erschaffen eines Werkes. Die Händlerin ist die magische Hexe, die zaubert und hext.

Auflösen: Die Händlerin ist die Mutter, die gibt und nimmt. Die Künstlerin schafft Werke, die zerfallen dürfen.

54. Die Händlerin und die alte Weise

Die alte Weise ist Gelassenheit und Bedürfnislosigkeit, die aus einem lange gelebten Leben und der Erkenntnis der Bedeutungslosigkeit von Begehren und Begehrlichkeit entstanden sind. Sie sieht die Händlerin in der Fülle ihrer Gaben und ist überwältigt. Sie benötigt so vieles nicht mehr, was der Händlerin von großer Wichtigkeit ist. Diese will ja nicht besitzen, sondern den Fluß der Energien – in Gestalt von Liebe, Sehnsucht, Geld, Waren, Freundschaften etc. – in Bewegung halten. Darum gibt es zwischen beiden Berührungspunkte, die in der Gemeinsamkeit wohltuend für beide sind.

Was passiert, wenn beide einander in den verschiedenen Häusern begegnen:

Sein: Das Flußdelta erinnert sich kaum daran, einmal eine Quelle gewesen zu sein. Die Händlerin ist der große, kräftig fließende Fluß der Energien. Beide sind keine kosmischen Jugendlichen.

Haben: Der alten Weisen geht es nicht um Besitz. Aber Haben ist Materie. Da kennt sie sich aus. Die Händlerin braucht das Haben, damit es transportiert werden kann.

Erkennen: Geistiges Reisen ist für die alte Weise wie Verlust von Bodenkontakt. Schwer auszuhalten. Die Händlerin hat Erkenntnisse durch den Fluß der Energien in den Beziehungen.

Fühlen: Dieses Haus wird durch die Last der alten Weisen beschwert. Sie fühlt über die Struktur. Die Händlerin erlebt sich als Tanzende in den Energien.

Handeln: Queen Victoria trifft die Königin des Marktes. Die Händlerin wird die alte Weise ein wenig weltfremd finden. Die alte Weise dankt königlich für die überreichten Früchte.

Ordnen: Ordnung ist Bewahren, sagt die alte Weise. Alles fließt immer, sagt die Händlerin.

Abwägen: Hier ist die Händlerin zu Hause. Die alte Weise kann noch etwas lernen.

Verändern: Wenn die alte Weise für Initiationen zuständig ist, gibt es Bergrutsche und Erdbeben. Wenn die Händlerin die Heilerin ist, weiß sie, daß auch sie zuerst stürzen muß.

Ehren: Die Zeremonien sind karg und bescheiden, wenn die alte Weise verantwortlich ist. Die Händlerin hält den Fluß der Energien für das göttliche Prinzip.

Prüfen: Hier ist die alte Weise zu Hause. Die Händlerin muß lernen. Aber sie fühlt sich gefangen von der Schwere der Materie in diesem Haus.

Sehen: Das Liebste an der Spiritualität ist der alten Weisen das Wissen um die Unendlichkeit. Die Händlerin ist die magische Priesterin, die zaubert und hext.

Auflösen: Die alte Weise hat es schwer, sich zu bewegen. Wenn die Strukturen sich auflösen, reagiert sie mit Angst. Die Händlerin ist die Mutter, die gibt und nimmt.

55. Die Händlerin und die Priesterin

Die Händlerin gestaltet den zwischenmenschlichen Austausch in einer Gemeinschaft. Die Priesterin ist niemals ganz in dieser Welt zu Hause. Sie kann sich nicht als Teil einer Gemeinschaft erleben, sie kann ein solches Leben möglicherweise nicht einmal ertragen, wenn sie nicht gleichzeitig auch jederzeit nicht dazugehören darf. Da die Händlerin die ist, die für alle das Maß bestimmt, ist es ihr möglich, die Größenordnung so zu erweitern, daß auch für die Priesterin mit ihren besonderen Kräften Raum bleibt, so daß sie sich nicht als außerhalb der Gemeinschaft stehend erleben muß.

Weil die Priesterin den Kreis immer wieder verlassen muß, um in die Anderswelt zu gehen, bringt sie Veränderung und Weiterentwicklung für alle. Die Sehnsucht der Händlerin nach Ausgewogenheit antwortet darauf.

Was passiert, wenn beide einander in den verschiedenen Häusern begegnen:

Sein: Die Priesterin sucht ein Sein außerhalb der vorgefundenen Strukturen. Die Händlerin ist ein großer Fluß der Energien. An diesem Ufer kann die Priesterin verweilen.

Haben: Für die Priesterin ist es nicht von Bedeutung zu haben. Für die Händlerin ist die Bedeutung, die hinter dem Haben ist, wichtiger als das Haben selbst.

Erkennen: Die Händlerin erfährt die Zusammenhänge des Lebens aus dem Kommen und Gehen der Energien. Die Priesterin bringt die Zusammenhänge aus der Anderswelt mit.

Fühlen: Wenn Ekstase und Tanz zusammenkommen, dann ist dieses Haus in den besten Händen.

Handeln: Wenn die Königin des Marktes auf die Königin der Engel trifft, dann begegnen sich zwei Prinzipien, die sich fremd, aber nicht feindlich sind.

Ordnen: Alles fließt immer, ist das Ordnungsprinzip der Händlerin. Das kommt der Priesterin bekannt vor.

Abwägen: Hier ist die Händlerin zu Hause. Die Priesterin muß lernen.

Verändern: Die Priesterin ist initiiert. Die Händlerin noch nicht.

Ehren: Die Händlerin hält den Fluß der Energien für das göttliche Prinzip. Die Priesterin setzt die Kraft ihres Willens ein, um sie in der Form des Labyrinths fließen zu lassen, denn sie hat kein reales Labyrinth.

Prüfen: Die Händlerin fühlt sich wie gefangen in der Erstarrung unbeweglicher Materie. Die Priesterin ist schon geprüft worden. Ihr sagen Strukturen nichts mehr.

Sehen: Hier ist die Priesterin zu Hause. Die Händlerin muß lernen.

Auflösen: Die Priesterin fürchtet sich nicht vor der Anderswelt. Aber vor dem Untergang. Die Händlerin ist die Mutter, die gibt und nimmt.

56. Die Händlerin und die Mutter

Das Leben ist größer als du, lautet die Botschaft der Mutter. Diese Botschaft wird von der Händlerin verstanden. Weil sie weiß, daß sie niemals imstande sein wird, das unendliche Meer der Energien zu kontrollieren, auch wenn sie es immer wieder versucht, kann sie mit dieser Botschaft etwas anfangen. Sie wiederum hat auch der Mutter zu geben und schenkt ihr Spiel und Schönheit.

Was passiert, wenn die beiden einander in den verschiedenen Häusern begegnen:

Sein: Das Leben ist größer als du, sagt das Meer zum Fluß.

Haben: Die Mutter kann und will nichts festhalten. Die Händlerin nimmt Haben wichtig, damit es etwas zu transportieren gibt.

Erkennen: Das Meer hat zu sich selbst keine Distanz, um erkennen zu können. Die Händlerin erfährt die Zusammenhänge des Lebens durch Geben und Nehmen, also durch die Beziehungen, die entstehen.

Fühlen: Die Händlerin dreht sich im Tanz der Energien. Die Mutter ist oft überwältigt von der eigenen Intensität. Eine Surferin auf bewegtem Meer.

Handeln: Die Königin des Marktes baut ihren Stand direkt am Strand auf.

Ordnen: Die Mutter kennt kein System und keine Strategien. Die Händlerin kennt nur die Ordnung, die besagt, daß alles immer fließt.

Abwägen: Hier ist die Händlerin zu Hause. Die Mutter kann lernen.

Verändern: Die Mutter schickt die große Flut. Die Händlerin schickt den Verlust von Beziehungen.

Ehren: Die Händlerin hält den Fluß der Energien für das göttliche Prinzip. Die Mutter ist Schöpferin und Schöpfung zugleich. Sie weiß sich selbst nicht zu ehren.

Prüfen: Die Mutter kennt keine Strukturen. Die Händlerin fühlt sich wie gefangen in der Erstarrung unbeweglicher Materie.

Sehen: Die Händlerin ist die Priesterin, die zaubert und hext. Die Mutter stellt die Verbindung zum Unendlichen her.

Auflösen: Hier ist die Mutter zu Hause. Die Händlerin muß lernen.

57. Die Heilerin und die Künstlerin

Zeremonien, die geschaffen wurden, um die Schöpfung zu ehren, haben die Tendenz, zu starren Ritualen zu werden und mit der Zeit den alten Sinn zu verlieren. Die Heilerin hat die Kraft, die Erstarrung zu verhindern, indem sie zerstört, was seinen Sinn verloren hat. Was neu entsteht, ist größer und schöner als das Alte, vor allem aber ist es sinnvoller. Zumindest solange, bis es wieder zerstört werden muß. Die Künstlerin erhält das größte Geschenk von der Heilerin, das eine haben kann, die für diesen Bereich zuständig ist. Sie schützt sie vor der Sinnleere. Immerhin ist es ihre Aufgabe, den anderen im Kreis den Sinn im Leben zu geben. Der Heilerin gibt sie ihn in dieser Begegnung auf jeden Fall.

Was passiert, wenn die beiden einander in den verschiedenen Häusern begegnen:

Sein: Es geht um das Wunder der Schöpfung, sagt die Künstlerin. Das Wunder der Schöpfung besteht in ununterbrochener Wandlung, sagt die Heilerin.

Haben: Die Künstlerin braucht nur soviel Boden, daß sie ihr Labyrinth bauen kann. Wem er gehört, ist ihr egal. Die Heilerin will nichts besitzen, denn Wandlung ist ihr Prinzip.

Erkennen: Erkenntnis entsteht durch Transformation, sagt die Heilerin. Transformation ist ein anderes Wort für meinen Schaffensprozeß, sagt die Künstlerin.

Fühlen: Für die Heilerin eine Welt von Leidenschaft und Begehren. Die Künstlerin lebt hier ihre Sehnsucht nach Transzendenz.

Handeln: Wenn die Schlangenkönigin und die Königin des Labyrinths aufeinandertreffen, dann entsteht ein Reich von eigenartiger Anziehung.

Ordnen: Ewige Wandlung ist das einzige System, sagt die Heilerin. Die Künstlerin braucht nur soviel System und Strategie, um ihr Werk zu erschaffen.

Abwägen: Das Maß der Künstlerin ist Sehnsucht nach Schönheit und Transzendenz. Das Maß der Heilerin ist die ewige Wandlung.

Verändern: Hier ist die Heilerin zu Hause. Die Künstlerin kann lernen.

Ehren: Hier ist die Künstlerin zu Hause. Die Heilerin muß lernen.

Prüfen: Strukturen müssen ununterbrochen gewandelt werden, sagt die Heilerin. Die Künstlerin schätzt die Form.

Sehen: Die Schlangenpriesterin erwartet die Fertigstellung des Labyrinths.

Auflösen: Zerstörung des Sinnlosen und Wandlung in ein neues Leben sind ihre gemeinsame Botschaft.

58. Die Heilerin und die alte Weise

Die Heilerin ist dramatisch, leidenschaftlich. Die alte Weise ist Gelassenheit. Diese Ausdrucksformen von Lebenskraft machen die Begegnung der beiden nicht unbedingt glücklich und erfüllend. Aber beide sind Gestalten, die in den Kategorien von Glück und Erfüllung sowieso nicht denken. Es ist eine seltsame Kraft, die entsteht, wenn diese beiden Energien sich vermischen. Wenn die alte Weise sich der Veränderung unterwerfen muß, die der Lebenszweck der Heilerin ist, kommen Berghänge ins Rutschen, und der Fluß reißt alles mit sich. Der Heilerin wird durch diese Begegnung deutlich, daß sie nur ein Lebensgesetz erfüllt, ihm dient. Ihre Macht hat Grenzen. Das muß sie immer wieder akzeptieren.

Was passiert, wenn beide einander in den verschiedenen Häusern begegnen:

Sein: Ich bin die Wandlung, sagt die Heilerin. Ich bin die Dauer, sagt die alte Weise.

Haben: Was ist, muß sterben, sagt die Heilerin. Bis es soweit ist, hüte ich das, was ist, sagt die alte Weise.

Erkennen: Erkenntnis kommt durch Transformation, sagt die Heilerin. Die alte Weise hat Weitblick, denn sie hat viele Transformationen überlebt.

Fühlen: Fühlen bedeutet für die Heilerin glühende Leidenschaft, heißes Begehren. Die alte Weise weicht zurück. Sie fühlt sich in diesem Haus nicht wirklich zuständig.

Handeln: Wenn die Schlangenkönigin und Queen Victoria zusammentreffen, dann hat die Schlangenkönigin ein Gefühl, als sei sie eine Zirkusattraktion.

Ordnen: Systeme bringt die Heilerin gern zu Fall. Die alte Weise verharrt unbeweglich.

Abwägen: Das Maß der Heilerin ist die ewige Wandlung. Das Maß der alten Weisen ist Bescheidenheit aus Weisheit.

Verändern: Hier ist die Heilerin zu Hause. Die alte Weise kann lernen.

Ehren: Die Heilerin tanzt den Schlangentanz. Die alte Weise weiß nicht, was sie hüten soll.

Prüfen: Hier ist die alte Weise zu Hause. Die Heilerin muß lernen.

Sehen: Die Schlangenpriesterin trifft die Eremitin.

Auflösen: Die Heilerin läßt sich von einer Schlange in die Brust beißen wie Kleopatra. Die alte Weise erschaudert.

59. Die Heilerin und die Priesterin

Wäre die Priesterin nicht mehr als einmal in ihrem Leben der Heilerin begegnet, wäre sie nicht die Priesterin. Die beiden sprechen eine Sprache, die beide verstehen. Gäbe es die Priesterin nicht, würde die Heilerin an sich selbst verzweifeln, weil ihre Berührung mit anderen immer wieder Leid und Schmerz verursacht. Durch die Priesterin wird auch sie mit den Kräften berührt, die größer als wir alle sind und die ihr ihre Aufgabe auferlegt haben. Durch die Priesterin kann sie erfahren, daß sie – möglicherweise – der Göttin liebstes Kind ist, die ihr diese schwere Aufgabe zutraut.

Was passiert, wenn die beiden einander in den verschiedenen Häusern begegnen:

Sein: Ich bin die Wandlung, sagt die Heilerin. Ich bin die Wanderin zwischen den Welten, sagt die Priesterin.

Haben: Die Priesterin braucht keinen Besitz. Genausowenig die Heilerin.

Erkennen: Erkenntnis kommt durch Transformation, sagt die Heilerin. Transformation öffnet die Tore in die Anderswelt, sagt die Priesterin.

Fühlen: Die Heilerin erfährt sich in diesem Haus durch Leidenschaft und glühendes Begehren. Die Priesterin erfährt Ekstase.

Handeln: Wenn die Schlangenkönigin auf die Königin der Engel trifft, dann ist der ganze Kosmos ihr Reich.

Ordnen: Systeme müssen fallen, sagt die Heilerin. Die Priesterin erkennt nur ein System als gültig an: das kosmische System.

Abwägen: Das Maß der Heilerin ist die ewige Wandlung. Das Maß der Priesterin hat kosmische Ausmaße.

Verändern: Hier ist die Heilerin zu Hause. Die Priesterin kann von ihr lernen.

Ehren: Die Heilerin tanzt den Schlangentanz. Die Priesterin tanzt den Kranichtanz, der die Form des Labyrinthes hat.

Prüfen: Strukturen müssen sich auflösen, sagt die Heilerin. Die Priesterin hat alle Prüfungen hinter sich.

Sehen: Hier ist die Priesterin zu Hause. Die Heilerin muß lernen.

Auflösen: Zusammen gehen sie diesen letzten Schritt der Vollendung.

60. Die Heilerin und die Mutter

Kommen–Gehen–Wiederkehr als ewiges Prinzip ist die Lebensgrundlage beider Gestalten. Die Heilerin nimmt vorweg, was die Mutter als zentrale Erfahrung ihres Seins erlebt. So werden sie sich einander nahe fühlen und sich auf einer Ebene verstehen, auf der andere Gestalten des Lebenskreises Angst vor beiden entwickeln.

Was passiert, wenn beide einander in den verschiedenen Häusern begegnen:

Sein: Ich bin die ewige Wandlung, sagt die Heilerin. Die Mutter hat es schwer, zu begreifen, was Sein ist.

Haben: Die Heilerin braucht Freiheit und keinen Besitz. Die Mutter ist zu groß und kann und will nichts festhalten.

Erkennen: Erkenntnis kommt durch Transformation, sagt die Heilerin. Die Mutter hat wie das Meer keine Distanz zu sich und kann darum nicht erkennen.

Fühlen: Eine Welt von Leidenschaft und glühendem Begehren für die Heilerin. Eine Welt der überwältigenden Auflösung für die Mutter.

Handeln: Wenn die Schlangenkönigin das Meer erreicht hat, springt sie hinein.

Ordnen: Ordnung muß vergehen, sagt die Heilerin. Die Mutter kennt keine Systeme und Strategien.

Abwägen: Das Maß der Heilerin ist ewige Wandlung. Das Meer kann keine Vorstellung darüber entwickeln, was ein Maß ist.

Verändern: Hier ist die Heilerin zu Hause. Die Mutter könnte lernen.

Ehren: Die Schlangenzeremonie in einer Vollmondnacht am Meer.

Prüfen: Strukturen müssen zerfallen, sagt die Heilerin. Das Meer kennt keine Strukturen.

Sehen: Die Schlangenpriesterin steht in einer Vollmondnacht am Meer, um auf eine Insel zu schwimmen.

Auflösen: Die Mutter, das Meer, nimmt ihre Tochter, die Heilerin, in ihre Arme.

61. Die Künstlerin und die alte Weise

Die Künstlerin erschafft die Form. Die alte Weise hütet sie. Sie sorgt dafür, daß sie nicht entweiht und entehrt werden kann. Sie achtet darauf, daß die Kinder nicht im Labyrinth, dem Tor zur Anderswelt verschwinden. Ihr Sein und Tun ermöglicht der Künstlerin, sich der Transzendenz zu öffnen. Sie wiederum erhält von der Künstlerin die Schönheit, die nur durch Erleuchtung entsteht.

Was passiert, wenn beide einander in den verschiedenen Häusern begegnen:

Sein: Wenn die alte Weise hier lebt, weht ein Hauch von Ewigkeit. Wenn die Künstlerin hier lebt, geht es um Sehnsucht nach Transzendenz. Gemeinsam erzeugen sie eine seltsam ernste Schwingung, in der das Versprechen der Wiedergeburt eine Rolle spielt.

Haben: Die alte Weise hat bis zur Erstarrung. Aber es geht ihr nicht um das Haben, sondern um die Kenntnis darüber. Die Künstlerin benutzt das Haben, um das Nicht-Materielle zu feiern.

Erkennen: Die Künstlerin hat Erkenntnisse im kreativen Prozeß. Die alte Weise versteht den Begriff „Prozeß" nicht.

Fühlen: Das Haus des Fühlens wird erdenschwer und unbeweglich, wenn die alte Weise darin lebt. Da kann die Künstlerin nicht zum Flug des Schmetterlings ansetzen.

Handeln: Das Reich der alten Weisen ist sehr von dieser Welt. Aber sie wird wie Queen Victoria auf dem Fest der Künstlerin wirken. Wenn sie gemeinsam regieren, kommt dabei vielleicht so etwas wie der Wiener Opernball heraus.

Ordnen: Die alte Weise kennt sich aus in der materiellen Welt. Aber sie bewahrt, und Organisation dient nur der Bewahrung. Die Künstlerin braucht nur soviel System und Strategie, um ihr Werk erschaffen zu können.

Abwägen: Das Maß der Künstlerin ist Sehnsucht nach Schönheit und Transzendenz. Das Maß der alten Weisen ist Bescheidenheit aus Weisheit.

Verändern: Wenn die alte Weise für Veränderungen zuständig ist, rutschen Berghänge, und die Erde bebt. Die Künstlerin möchte davonfliegen.

Ehren: Die Künstlerin ist hier zu Hause. Die alte Weise muß noch etwas lernen.

Prüfen: Hier ist die alte Weise zu Hause. Die Künstlerin muß lernen.

Sehen: Die Künstlerin findet die Ekstase im Schaffensprozeß. Die alte Weise kann nur schwer in diesen Zustand versetzt werden.

Auflösen: Die alte Weise hütet die Strukturen bis zur Erstarrung. Ihr fällt es schwer, in diesem Haus zu handeln. Die Künstlerin schafft Werke, die zerfallen.

62. Die Künstlerin und die Priesterin

Sie sind einander auf entscheidende Weise nahe. Die Künstlerin erschafft die Zeremonien, die die Priesterin mit ihrem Sein beseelt, indem sie sie als leitende Struktur erfährt, mit deren Hilfe sie in die Anderswelt gelangt und sich anschließend – zurück im Kreis – mitteilen kann. Die Künstlerin baut das Labyrinth. Die Priesterin geht hinein und geleitet und beschützt andere, die hineingehen.

Was passiert, wenn beide einander in den verschiedenen Häusern begegnen:

Sein: Der Künstlerin geht es um das Wunder der Schöpfung. Die Priesterin kennt die Schöpfung aus beiden Welten.

Haben: Für die Priesterin ist es nicht von Bedeutung zu haben. Für die Künstlerin auch nicht. Sie braucht einen Platz, an dem sie das Labyrinth bauen kann. Wem der gehört, ist ihr egal.

Erkennen: Die Künstlerin erkennt im kreativen Prozeß. Die Priesterin durch Ekstase. In diesem Haus sind sie einander nahe.

Fühlen: Auch in diesem Haus erfährt die Priesterin durch die Ekstase, worum es geht und was sie zu tun hat. Die Künstlerin wandelt die Ekstase in Tanz.

Handeln: Wenn die Königin der Engel auf die Königin der heiligen Form trifft, dann sind sie beide in einer besonderen Welt.

Ordnen: Die Künstlerin braucht nur soviel System und Strategie, um ihr Werk zu erschaffen. Die Priesterin kennt nur die kosmische Ordnung.

Abwägen: Das Maß der Künstlerin ist die Sehnsucht nach Schönheit und Transzendenz. Das Maß der Priesterin ist von so kosmischen Ausmaßen, daß es wirkt, als wäre es keins. Auf jeden Fall steht es über jedem irdischen Maß.

Verändern: Zwei Initiierte fliegen in den Himmel. Es geht um den Sinn des Lebens.

Ehren: Hier ist die Künstlerin zu Hause und baut das Labyrinth. Die Priesterin lernt von ihr.

Prüfen: Die Künstlerin hütet die Form. Die Priesterin weicht zurück.

Sehen: Hier ist die Priesterin zu Hause. Sie betritt das Labyrinth der Künstlerin.

Auflösen: Beide gehen gemeinsam in die Anderswelt. Sie kehren wieder, so oft sie wollen.

63. Die Künstlerin und die Mutter

Wenn die Künstlerin das Labyrinth erschafft, muß dieses Tor in die Anderswelt fest und sicher mit unserer, der materiellen Welt verbunden sein. Die Mutter repräsentiert die Zeit, die schon weitergegangen ist und alle Form verwirft, weil sie keine Bedeutung mehr hat. Hierhin richtet sich die Sehnsucht der Künstlerin, und dennoch muß sie an der Form festhalten, die uns Halt gibt und damit den Sinn unseres Seins vermittelt.

Was passiert, wenn sie einander in den verschiedenen Häusern begegnen:

Sein: Der Künstlerin geht es um das Wunder der Schöpfung. Die Mutter ist das Wunder der Schöpfung und weiß es selber doch nicht.

Haben: Die Mutter kann und will nichts festhalten. Die Künstlerin aber braucht festen Boden, um ihr Labyrinth bauen zu können.

Erkennen: Die Künstlerin hat Erkenntnisse durch den kreativen Prozeß. Die Mutter hat nicht genügend Distanz zu sich selbst, um erkennen zu können.

Fühlen: In diesem Haus wird die Künstlerin zum Schmetterling. Die Mutter kann Mittlerin zwischen den Welten sein, die aber immer wieder Angst vor sich selbst bekommt.

Handeln: Die Königin der Kunst wird am Strand ein rauschendes Fest feiern. Und das Meer wird im Mondenschein still daliegen.

Ordnen: Die Künstlerin braucht nur soviel System und Strategie, um ihr Werk erschaffen zu können. Die Mutter weiß nichts von Systemen und Strategie.

Abwägen: Das Maß der Künstlerin ist die Sehnsucht nach Schönheit und Transzendenz. Die Mutter ist Schöpferin und Schöpfung zugleich. Der Flug des Schmetterlings über das Meer.

Verändern: Ist die Mutter für dieses Haus verantwortlich, dann schickt sie die Flut. Ist die Künstlerin zuständig, gibt es kunstvolle Zeremonien zur Transformation.

Ehren: Hier ist die Künstlerin zuständig. Die Mutter kann lernen.

Prüfen: Hier hütet die Künstlerin ihr Formengefühl. Die Mutter kennt keine Strukturen.

Sehen: Ekstase durch den Schaffensprozeß ist der Lebensausdruck der Künstlerin in diesem Haus. Die Mutter tritt mit dem Unendlichen in Verbindung.

Auflösen: Hier ist die Mutter zu Hause. Die Künstlerin muß lernen.

64. Die alte Weise und die Priesterin

Die Priesterin wird sich von der alten Weisen an die diesseitige materielle Welt gebunden fühlen. Die alte Weise wird erschrecken vor der Welt der gestaltlosen Geister, in der sich die Priesterin bewegt wie die alte Weise auf festem Boden. Es ist die Aufgabe der alten Weisen, sich im Diesseits auszukennen und Struktur als Wahrheit zu erleben. Sie braucht viel guten Willen, um fliegen zu können. So wird sie lieber am Eingang des Labyrinths hocken und warten, bis die Priesterin wieder hervorkommt.

Was passiert, wenn diese beiden einander in den verschiedenen Häusern begegnen:

Sein: Die Priesterin sucht ein Sein außerhalb der vorgefundenen Strukturen. Die alte Weise ist die Hüterin der alten Strukturen. Sie werden sich in diesem Hause nie verstehen.

Haben: Der alten Weisen geht es nicht um Besitz. Aber Haben ist Materie – da kennt sie sich aus. Der Priesterin ist das nicht wichtig.

Erkennen: Erkenntnis durch Ekstase ist der Weg der Priesterin. Die alte Weise schätzt eher den Weitblick.

Fühlen: Ekstase ist ein Zustand, der dem des Verströmens ähnlich ist. Darum fühlt sich die Priesterin in diesem Hause wohl. Der weisen Alten haben diese Dinge zuwenig Substanz.

Handeln: Das Reich der Priesterin ist nicht von dieser Welt. Das Reich der alten Weisen ist sehr von dieser Welt.

Ordnen: In der kosmischen Ordnung gibt es kein System, keine Strategien. Darum kann die Priesterin in diesem Haus nicht froh sein. Die alte Weise kennt Systeme, Strategien, aber sie wendet sie nur an, wenn es sein muß.

Abwägen: Das Maß der Priesterin hat kosmische Ausmaße. Das der alten Weisen ist bescheiden aus ihrer Weisheit heraus.

Verändern: Der alten Weisen ist es nicht leicht, Veränderungen erfolgen zu lassen. Erdbeben kann es nur selten geben. Die Priesterin erschüttert durch Zweifel und geistige Krisen.

Ehren: Die Priesterin belebt das Labyrinth. Sie baut es nicht. Die alte Weise hütet es, auch sie baut es nicht.

Prüfen: Hier ist die alte Weise zu Hause. Auch die Priesterin muß sich prüfen lassen. Die Priesterin fühlt sich als eine, die keine Prüfungen mehr erfahren muß. Wenn sie für die Prüfungen verantwortlich ist, dann sind diese spiritueller Natur.

Sehen: Hier ist die Priesterin zu Hause. Die alte Weise muß lernen.

Auflösen: Die Priesterin weiß, daß dies am Ende des Lebenskreises kommen muß. Die alte Weise weiß es auch, aber sie will sich nicht bewegen.

65. Die alte Weise und die Mutter

Die alte Weise hat in ihrem Leben viel gesehen. Aber auf der Wanderung über den Lebenskreis ist sie noch lange nicht dort angelangt, wo die Mutter ist. Die schwierigste Aufgabe liegt noch vor ihr, die es gewöhnt ist, die anderen an ihre Aufgaben und Pflichten zu erinnern. Sie muß lernen, loszulassen. Unser Planet heißt Erde, und wir setzen dieses Wort mit der festen Haut gleich, auf der wir leben. Aber unser Planet hat weitaus größere Flächen mit Wasser bedeckt. Wasser, aus dem alles Leben entstanden ist. Eines Tages holt sich das Meer zurück, was es einmal hergegeben hat, und alle Strukturen verschwinden. Die alte Weise läßt die Mutter wissen: Gäbe es keine Strukturen, gäbe es auch nichts aufzulösen.

Was passiert, wenn die beiden einander in den Häusern begegnen:

Sein: Die eine ist es schon so lange, daß sie fast erstarrt ist. Die andere hat es schwer zu begreifen, was das ist: Sein.

Haben: Die eine hat soviel, daß sie nur noch hütet, was da ist und selber nicht viel braucht. Die andere kann nichts festhalten. Will es auch gar nicht.

Erkennen: Der alten Weisen zeigen sich die Zusammenhänge in den Strukturen. Was darüber hinausgeht, ahnt sie und fürchtet es. Die Mutter muß nichts mehr erkennen, sie ist alles und eins.

Fühlen: Wenn die Mutter für das Verströmen der Gefühle verantwortlich ist, ist das für sie überwältigend. Die alte Weise fürchtet den Verlust aller Materie. Sie hat Angst vor der Auflösung.

Handeln: Die alte Weise als Königin ist eine gelassene, zurückgezogen lebende Großmutter. Die Mutter ist zu groß für Grenzen. So hat sie kein Reich.

Ordnen: Die alte Weise schafft ein ordnendes System, das schwer, langsam und haltbar ist. Die Mutter weiß nichts von Systemen und Strategien.

Abwägen: Das Maß, das die alte Weise bestimmt, ist von ihrer Genügsamkeit geprägt. Die Mutter kann keine Vorstellungen darüber entwickeln, was ein Maß ist.

Verändern: Wenn die Mutter hierfür zuständig ist, gibt es immer wieder Fluten. Die alte Weise läßt die Erde beben. Beides folgenreich. Gemeinsam gewaltig.

Ehren: Die Mutter ist Schöpferin und Schöpfung zugleich. Sie weiß sich nicht zu ehren. Die alte Weise hütet das Labyrinth.

Prüfen: Hier ist die alte Weise zu Hause. Die Mutter weiß nichts von Strukturen.

Sehen: Die alte Weise hütet das Labyrinth. Ihre Ekstase ist wie fernes Gewittergrollen. Die Mutter ist das Tor zur Anderswelt.

Auflösen: Hier ist die Mutter zu Hause. Die alte Weise hat Träume von Untergang und Bergrutschen. Sie fürchtet sich.

66. Die Priesterin und die Mutter

Die Priesterin ist die Verheißung der Vollkommenheit. Die Mutter ist der Weg dorthin. Die Priesterin sorgt dafür, daß die Form den Inhalt nicht dominiert. Sie geht ins Labyrinth, das Tor in die Anderswelt. Aber es ist der Fluß der Energien, der durch die Form eine Richtung bekommt, der für sie Bedeutung hat, nicht die Form selbst. Wenn es keine Rückkehr aus der Anderswelt mehr gibt, kommt auch für die Priesterin die Auflösung.

Was passiert, wenn diese beiden einander in den verschiedenen Häusern begegnen:

Sein: Beide sind in dieser Welt nicht ohne Probleme da. Die Priesterin wandert zwischen den Welten. Die Mutter kann sich selbst schwer fassen.

Haben: Auch in diesem Haus sind sie nicht das Traumteam. Wenn du eine von beiden in deinem Haben-Haus hast, geht es dir in diesem Leben nicht um Besitz.

Erkennen: Das Meer hat keine Distanz zu sich selbst, um sich zu erkennen. Aber die Priesterin hat Erkenntnisse, die für zwei reichen, wenn sie aus der Anderswelt zurückkehrt.

Fühlen: Der Zustand der Ekstase der Priesterin ist dem Gefühl von Verströmen sehr ähnlich. Auch die Mutter ist diesem Haus nicht fremd. Jedoch hat sie Angst vor der überwältigenden Intensität ihrer Gefühle.

Handeln: Die Königin der Engel steht in der Abenddämmerung am Meer.

Ordnen: Die Mutter kennt weder Systeme noch Strategien. Auch die Priesterin lebt in ihrer kosmischen Ordnung ohne sie.

Abwägen: Die Mutter kann keine Vorstellung entwickeln, was ein Maß ist. Die Priesterin als Händlerin schenkt mit vollen Händen fort, weil sie nur das kosmische Maß gelten lassen mag.

Verändern: Initiationen der Mutter sind wie die große Flut. Die Priesterin taucht hinein, denn sie ist bereits initiiert.

Ehren: Die Priesterin kann auf Formen verzichten. Für sie zählt schon die Vorstellung eines Labyrinths. Die Mutter ist Schöpfung und Schöpferin zugleich. Sie weiß sich nicht zu ehren.

Prüfen: Das Meer weiß nichts von Strukturen. Die Priesterin fühlt sich diesem Haus längst entrückt.

Sehen: Hier ist die Priesterin zu Hause. Die Mutter kann lernen.

Auflösen: Hier ist die Mutter zu Hause. Die Priesterin muß lernen.

Dreifache Göttin

In den folgenden Beispielen siehst du, welche weisen Frauen eine Dreiecksbeziehung eingehen und auf welche Häuser sie (in diesem Fall) Einfluß nehmen. Wenn du herausfinden willst, auf welche Häuser in deinem Lebenskreis sie Einfluß nehmen, mußt du deinen Aszendenten wissen und den Aspekt, der ihn repräsentiert, in das erste Haus (das bei neun Uhr beginnt) und nachfolgend alle Aspekte der Reihenfolge nach in die jeweiligen Häuser eintragen.

1. Amazone–Künstlerin–Königin

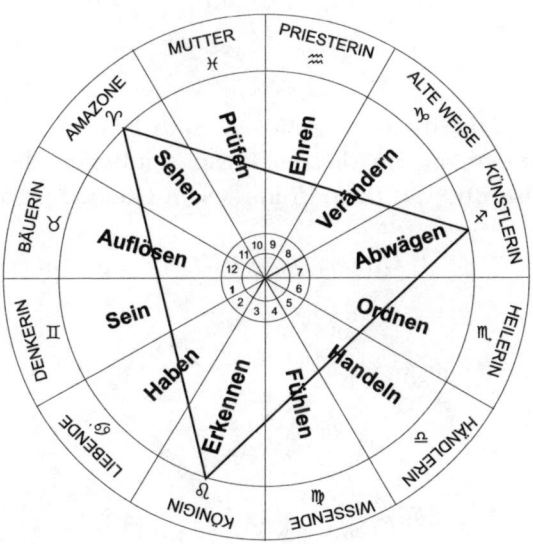

Die Häuser und ihre Funktionen bleiben in jedem Lebenskreis in derselben Reihenfolge am selben Ort. Auch die weisen Frauen, die ein Dreieck bilden, sind immer dieselben. In diesem Beispiel sind die Königin, die Künstlerin und die Amazone für die Häuser „erkennen", „abwägen" und „sehen" zuständig. Das heißt, daß sie einen wohltuenden Einfluß mit gegenseitiger Unterstützung auf die drei Häuser haben.

2. Bäuerin–Alte Weise–Wissende–

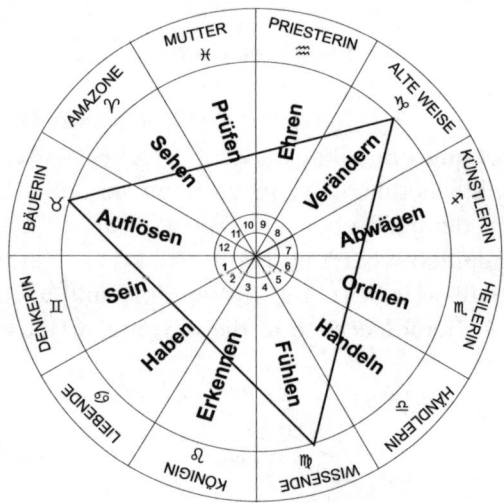

„Fühlen", „verändern" und „auflösen" sind Häuser in einem eigenen Zusammenhang. In diesem Beispiel arbeiten die Wissende, die alte Weise und die Bäuerin in diesem Dreieck zusammen.

3. Mutter–Heilerin–Liebende

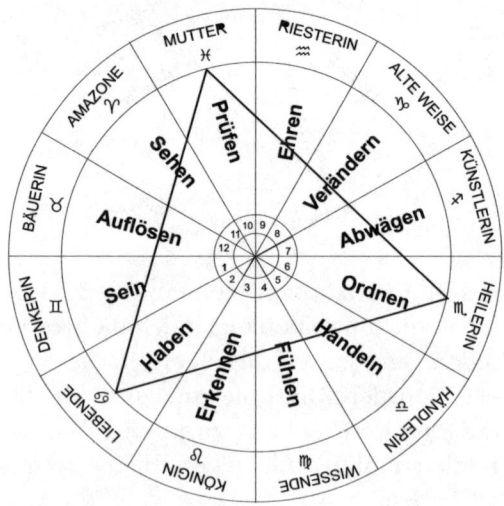

Die Häuser „haben" „ordnen" und „prüfen" stehen in einem besonderen Zusammenhang. Auf diesen üben hier die Mutter, die Heilerin und die Liebende ihren speziellen, in jedem Falle harmonischen Einfluß aus.

4. Priesterin–Händlerin–Denkerin

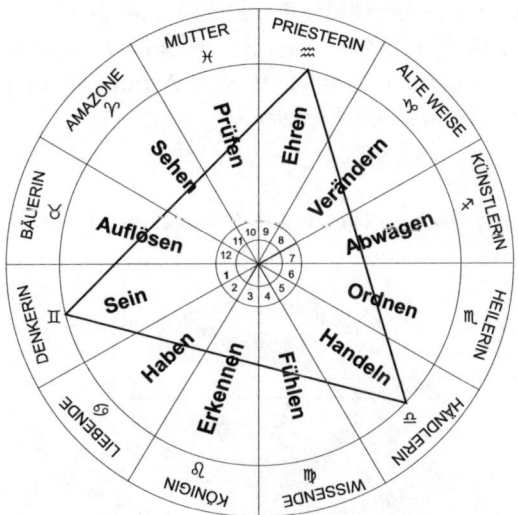

Die Häuser „sein", „handeln" und „ehren" sind als Dreieck ein eigener Bewußtseinsweg. Auf diesen üben – in diesem Beispiel – die Priesterin, die Händlerin und die Denkerin ihren Einfluß aus.

Viererbanden

Um zu zeigen, welche spannungsvolle Beziehungen jeweils vier der weisen Frauen in einem Lebenskreis eingehen und in welchen Häusern sie auf Entscheidung pochen, habe ich hier Beispiele eines Lebenskreises gewählt. Wenn du herausfinden willst, welche Häuser die jeweiligen Viererbanden in deinem Lebenskreis beeinflussen, mußt du im ersten Haus den Aspekt eintragen, der sich durch deinen Aszendenten ergibt.

Amazone–Alte Weise–Händlerin–Liebende

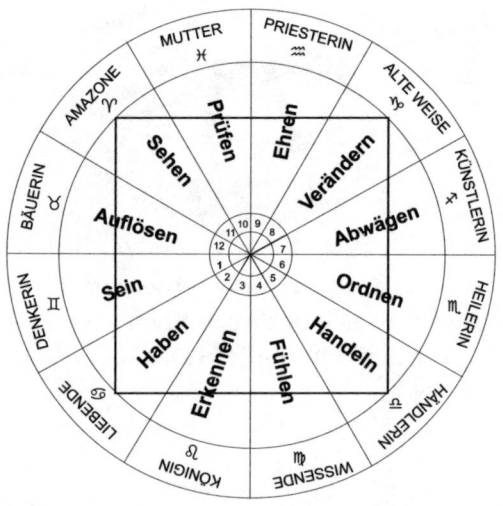

In diesem wie in jedem Lebenskreis stehen die Liebende, die Händlerin, die alte Weise und die Amazone in einem Spannungsverhältnis. In diesem Lebenskreis geht es um die Häuser „Haben", „Handeln", „Verändern" und „Sehen".

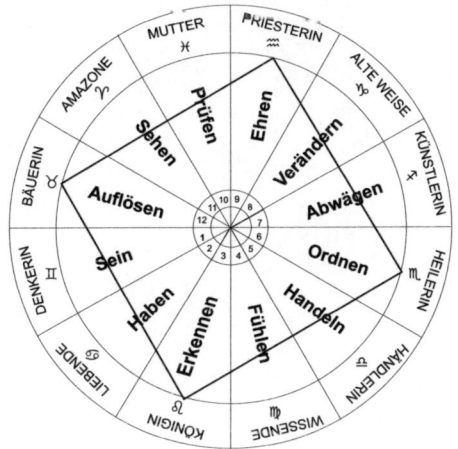

In diesem wie in jedem Lebenskreis stehen Denkerin, Wissende, Künstlerin und Mutter in einem Spannungsverhältnis. Hier sind sie für die Häuser „Sein", „Fühlen", „Abwägen", „Prüfen" zuständig.

Priesterin–Heilerin–Königin–Bäuerin

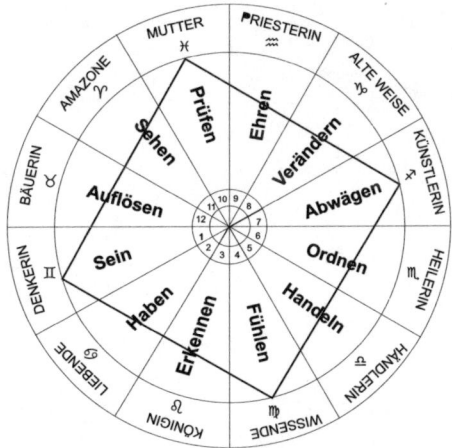

In diesem wie in jedem Lebenskreis stehen Königin, Heilerin, Priesterin und Bäuerin in einem Spannungsverhältnis. Hier sind sie für „Erkennen", „Ordnen", „Ehren" und „Auflösen" zuständig.

Die Kraft der wilden Frau wirkt sich auf jeden der zwölf anderen Aspekte letztlich dreifach aus:

- Sie bringt den Aspekt zur Erfahrung dessen, was seine Essenz ist.
- Sie führt, was in der Anpassung an die Erfordernisse der Zivilisation zu funktionieren beginnt anstatt zu leben, zur Ursprünglichkeit und Wildheit zurück.
- Sie schickt dir (scheinbar) Unvorhergesehenes, denn sie weiß um dein Schicksal und ist behilflich, daß es sich erfüllt.

1. Was passiert, wenn die wilde Frau die zwölf Aspekte berührt

Sie ist nicht mehr Teil der Gemeinschaft. Aber sie ist aus dem Vergessen aufgetaucht. Sie ist wieder da. Ungebunden und frei wie sie jetzt ist, kann sie handeln wie nie zuvor. Die wilde Frau ist die Kraft, die jeden anderen der weiblichen Aspekte mit ungezügelter und damit höchst vitaler Energie belebt und beschenkt, wenn es an der Zeit ist. Wann es an der Zeit ist, hängt davon ab, wie es um den Fluß deiner Lebensenergien bestellt ist.

Empfindungen wie Depression und dauernde Wut können ein Zeichen dafür sein, daß mal wieder frischer Wind durch die Bude fegen sollte. Krankheiten oder Verletzungen durch Unfälle und Überwältigung durch immer dieselben Probleme, die du immer wieder nicht zu deinem seelischen Wachstum nutzen kannst oder willst, sind ebenfalls klare Indikatoren dafür, daß es an der Zeit ist, die wilde Frau einzuladen.

Der Besuch der alten Dame sorgt dafür, daß Unbekanntes, Überraschendes, Unerhörtes, Unglaubliches geschieht, damit es sich weiter dreht, dein Lebensrad. Sie ist es, die dir immer mal etwas schickt, denn sie ist für das Schicksal aller zuständig, ist sie doch die Älteste unter den dreizehn weisen Frauen. Die Astrologie schreibt diese Fähigkeit, durch Unvorhergesehenes alles umzuwälzen, dem Planeten Uranus zu. Uranus war einmal Urania, die kretische Priesterin, die den Lauf der Sterne kannte. Urania, die dann Teil der Legende von den neun Musen wurde. Auch Urania hatte Ahninnen, von denen sie ihr Wissen übernommen hatte. Und eine davon – vielleicht unser aller Stamm-Mutter, Mutter von Lilith und Eva – war diejenige, die Muße und Grips genug hatte, um einen Zusammenhang zwischen ihrem monatlich erscheinenden Blut und dem Kommen und Gehen der Mond zu erkennen. Sie begann zu rechnen, und eines Tages konnte sie am Stand der Mond erkennen, wann sie wieder bluten würde.

So wurde Erkenntnis Grundlage vieler Künste und Wissenschaften. Unsere Stamm-Mutter, die wilde Frau, war die Begründerin, was sich in manchen Bezeichnungen noch erhalten hat. Mathematik beispielsweise heißt übersetzt: von der Mutter gelernt. Die soviel wußte, hatte Kenntnis von Dingen, die anderen unbekannt waren. Sie konnte am Lauf der Sterne ablesen, was geschehen würde. Was sie sagte, war wahr.

Ihre beiden Töchter, die lesbische Lilith und die heterosexuelle Eva gingen auf ganz unterschiedliche Weise mit dem Wissen um. Lilith – ihr erinnert euch – war die, die mit Adam rein gar nichts anfangen konnte. Sie behielt ihr Wissen für sich und wurde dafür dämonisiert. Eva, die Adam vertraute, vertraute ihm auch ihr Wissen an. Er stahl es ihr, und sie wurde dafür domestiziert. Wenn Evas Töchter, die zu den zwölf weisen Frauen geworden sind, mit dem, was sie von der Mutter und der Tante geschenkt bekommen haben, allzu brav umgehen oder, wie ich es in „Die sinnliche Frau" ausgedrückt habe, versuchen, das Meer in Flaschen abzufüllen, dann kommt ihre Großmutter, die wilde Frau zurück und rückt zurecht, was verrückt worden ist.

2. Die Amazone und die wilde Frau

Wenn die wilde Frau zur Amazone kommt, dann bebt die Erde, als liefen Hunderte von Pferden. Die Essenz der Amazone ist die Entdeckung des Seins. Sie ist noch frei von Verantwortung, reine Tochter-Energie. Die wilde Frau erhöht das Tempo der Amazone. Sie schenkt ihr die Erfahrung der Sehnsucht nach Entdeckung und

Eroberung. Vielleicht schickt sie einen Hinweis, eine Chance, eine Erinnerung – und auf einmal weiß die heutige junge Amazone, daß das wahre Abenteuer nicht mit Zelt und Rucksack erfahren wird, sondern in der wirklichen Begegnung mit realen Menschen irgendwo in Panama oder Arizona. Was heißen soll, daß die wahren Abenteuer dein ganzes Leben erfassen und nicht Teil deiner Freizeitgestaltung sein können.

3. Die Bäuerin und die wilde Frau

Was passiert, wenn die Wildnis den Garten erobert? Die Bäuerin ist für den Bereich des Habens zuständig. Keine der zwölf weisen Frauen ist so sehr domestiziert worden wie ausgerechnet sie. In Fragen des Habens sind wir Frauen unseres Kulturkreises, die wir mittlerweile alle Möglichkeiten haben, um zu haben, Entmündigte und Enteignete, geizige, kleinliche Schrebergärtnerinnen. Frauen dürfen nicht haben, so scheint es. Aber es ist sinnlos, das zu beklagen. Es ist ebenso sinnlos, andere dafür verantwortlich zu machen. Längst schon erledigen wir dies selbst viel besser als das System oder die Männer oder wen auch immer wir verantwortlich machen möchten. Wir wollen nicht nur selbst nicht haben, wir wollen auch verhindern, daß andere haben. Wenn die wilde Frau bei der Bäuerin auftaucht, wird der Garten größer und größer, denn die Wildnis verschafft sich den Raum, den sie benötigt, ganz von selbst. Sie beschert Superernten und läßt Pflanzen Mutationssprünge machen. So zwingt sie dich zu erkennen, daß die Bäuerin die Kraft ist, die Überfluß schafft.

4. Die Denkerin und die wilde Frau

Die Horizonte der Denkerin werden weit und groß, wenn die wilde Frau sie besucht. Sie schickt ihr die Gabe, das Undenkbare zu denken. Jenseits der Tabus findet die Denkerin die Zusammenhänge, die erklären, warum dies so ist und jenes nicht. Die wilde Frau sagt ihr: Mach's – tu's! Sie sagt auch: Hinter dem Horizont ist immer noch ein weiterer. Wenn die Denkerin in dir in immer engeren und kleineren Spiralen auf- und abtanzt; wenn sie glaubt, daß es wirklich nichts mehr zu erkennen gibt, dann hat sie plötzlich eine Erscheinung, die sie sprachlos staunen läßt. Wenn die Denkerin müde und mutlos geworden ist, weil alle wunderbare, funkelnde und berührende Erkenntnis auf Desinteresse und Ablehnung stößt; wenn sie bitter wird, weil ihre Arbeit die Menschen böse macht, denn sie bedeutet Beweglichkeit, Veränderung und Abenteuer – dann erinnert die wilde Frau sie daran, daß die Wahrheit einer Erkenntnis nicht weniger wahr wird, nur weil sie nicht mitgeteilt werden kann oder nicht gehört wird.

5. Die Liebende und die wilde Frau

Wölfinnen jagen. Wölfinnen spielen gern. Die wilde Frau als Liebende ist eine jagende und spielende Wölfin. Frei und niemandem gehörend. Treu ihrem Clan, ihrer Sippe, ihrem Rudel. Wenn die Liebende in Abhängigkeiten steckt, hilft nur noch die wilde Frau.

6. Die Königin und die wilde Frau

Die Königin ist häufig ein verängstigtes, trotziges, rachedurstiges und überfordertes Kind. Wenn die Königin in uns nicht wachsen durfte oder wenn sie so sehr gewachsen ist, daß sie zum aufgeblähten Ego wurde, dann erscheint die wilde Frau. Im ersteren Fall vielleicht als Fee, die Cinderella das passende Kleid, die passenden Schuhe schenkt und sie auf den Ball für große Prinzessinnen schickt. Im zweiten Fall vielleicht als Revolutionärin, die die Eitelkeit stürzt und ein mitfühlendes Herz schenkt.

7. Die Wissende und die wilde Frau

Honig ist das Ergebnis eines der beeindruckendsten Ordnungssysteme, das wir kennen. Die Bienen sind die einzigen Lebewesen, die ein Lebensmittel hervorbringen, das nicht verderben kann. Es verfault nicht, verrottet nicht, vergärt nicht. Honig ist noch nach

Jahrtausenden genießbar. Und er ist das Nahrungsmittel für eine Königin, in deren Dienste sich die Wissende begibt. Die Wissende erinnert die Königin daran, daß sie ohne sie nur ein Ego wäre. Erst sie stellt den Zusammenhang zu einem größeren System her, in dem die Königin zum Wohle aller tätig werden kann. Die wilde Frau wiederum verhilft der Wissenden zu dem Bewußtsein, daß sie Honig macht, das ewige, niemals verderbende Nahrungsmittel. Die wilde Frau verhindert, daß aus der Wissenden eine Dienende wird. Sie schenkt ihr Stolz und Würde.

8. Die Händlerin und die wilde Frau

Die wilde Frau erinnert die Händlerin daran, daß ihre Aufgabe im Geben *und* Nehmen besteht. Die wilde Frau weist die Händlerin darauf hin, daß ihre Sehnsucht nach Ausgewogenheit ihren Sinn in der Sehnsucht und nicht in der Ausgewogenheit hat. Und sie schenkt ihr die Erkenntnis, daß es immer ein Quentchen Unberechenbarkeit geben muß, wenn eine Magierin im Spiel mit dem Fluß der Energien geworden ist. Dies schützt die Händlerin vor Gedanken der Omnipotenz und zeigt ihr, daß das Universum mitbestimmt, wenn das Maß eines Lebens von der Händlerin bestimmt wird.

9. Die Heilerin und die wilde Frau

Die Heilerin erhält von der wilden Frau ihre Gefährlichkeit zurück. Wenn die Heilerin selber der Heilung bedarf, dann ist die wilde Frau für sie da. Sie zeigt ihr, daß eine Helfende sich der eigenen Schwäche und Zerbrechlichkeit bewußt sein muß. Und sie erinnert sie daran, daß sie als Heilerin nur eine Art Medium ist. Die Heilerin heilt nicht, sondern ist behilflich auf dem Weg der Veränderung. Die Heilerin kann leicht dazu verführt sein, sich für mächtiger zu halten, als sie ist, weil sie anderen zum Tod des Überflüssigen, Alten, Vergangenen verhilft. Darum muß sie immer wieder daran erinnert werden, daß sie nur eine von dreizehn ist. Auch ihre Macht ist begrenzt. Auch sie muß die Kraft und Macht der anderen erkennen. Und sie muß wissen, daß sie sehr achtsam sein muß. Dies kann sie nur, wenn sie sich ihrer Gefährlichkeit bewußt ist.

10. Die Künstlerin und die wilde Frau

Die Künstlerin erschafft die Zeremonien. Die wilde Frau erinnert sie daran, daß diese bescheiden sein dürfen, aber wahrhaftig sein müssen. Sie weist sie nachhaltig darauf hin, daß eine Geste mehr Kraft enthält als das aufwendige, aber sinnentleerte Ritual von tausend Frauen, wenn es darum geht, die Essenz des Ehrens zu leben. Die Künstlerin lehrt andere, daß die Oberfläche, die Form von großer Bedeutung ist. Die wilde Frau lehrt die Künstlerin, daß die Oberfläche nur die Haut des Tiefen ist. Sie zeigt ihr, daß das Alltägliche sakral sein muß und das Sakrale alltäglich.

11. Die alte Weise und die wilde Frau

Wenn die alte Weise hütet, was Generationen vor ihr an Struktur aufgebaut haben, dann kann es sein, daß sie vergißt, wie alles begonnen hat. Dies weiß die wilde Frau und schickt ihr eine Botschaft. Sie lautet: Jede Struktur ist das Ergebnis von Materie, die den Weg des geringsten Widerstandes geht. So ist auch in der schwersten Materie ein wenig Leicht-Sinn enthalten. Der Ernst, mit dem die alte Weise durch das Leben geht, wird durch Wildheit aufgeheitert. Das Ergebnis ist Karneval. Angesichts des Todes zu lachen und zu feiern nimmt diesem seine Schwere. Auch in der alten Weisen steckt ein lustiges Kind. Als dieses erscheint ihr die wilde Frau und saust kreischend und lachend mit ihr über die Erde.

12. Die Priesterin und die wilde Frau

Wenn die wilde Frau der Priesterin erscheint, dann wird diese wissen, daß es jetzt für sie um Macht und ihren Anspruch darauf geht.

Es ist eine andere Macht, als die Königin sie kennt. Die Macht der Priesterin ist nicht von dieser Welt. Die Priesterin ist in beiden Welten zu Hause und kann in keiner wirklich bleiben, weil sie den Geistern begegnen kann, ohne wahnsinnig zu werden. Die wilde Frau lehrt sie alles über den Wahnsinn. Denn erst, wenn eine den Wahnsinn kennt, weiß sie den Unterschied zur Ekstase.

13. Die Mutter und die wilde Frau

Trifft die wilde Frau auf die Mutter, begegnen sich zwei, die sich eigentlich sehr nahe sind. Die Aufgabe der Mutter, dich in die Freiheit zu entlassen, bekommt ihre Ursprünglichkeit zurück. Es ist ein langer Weg, unser heutiges Bild vom Begriff Mutter wieder zum Ursprung zurückzuführen. Sie ist die Erlöserin, indem sie dich erst werden läßt und dann aus der Enge des Uterus in die Freiheit entläßt. Das Allumfassende ihres Seins wird von der wilden Frau in Schicksal verwandelt. Das Schicksal der Mutter ist, loszulassen. Das kann die Dimensionen einer Springflut erreichen, wenn allzu lange gestaut wurde, was doch die Kraft des Ozeans enthält.

Es scheint, daß wir Menschen die Verbindung zu Kräften benötigen, die größer sind als wir. Uns fehlt offenbar die Selbstverständlichkeit, unsere Existenz zu akzeptieren, die ich bei allen Tieren, mit denen ich gelebt habe, immer wieder festgestellt habe. Vielleicht ist es leichter, wenn wir die Zusammenhänge kennen oder den Sinn begreifen, der in allem liegt. Jedenfalls haben wir als die Naivlinge der Schöpfung das Staunen über das Wunder des Universums niemals verlernt und wünschen Berührung mit dem Großartigen.

Es gibt viele Möglichkeiten, Kontakt zu diesen Kräften aufzunehmen. Jede Kultur, jede Epoche hat andere entwickelt. Selbstverständlich haben Kulturen, in denen Männer dominierten, ein männliches Bild der Göttlichkeit. Nicht minder logisch ist es, daß die Zeiten, in denen das Leben frauenzentrisch war, das Göttliche weiblich begriffen. Ebenso logisch ist es, daß ich als weibliches Wesen mit einem männlichen Gott nichts anfangen kann, und auch ein geschlechtsneutrales höheres Wesen sagt mir nichts, denn ich finde mich darin nicht wieder. So knüpfe ich gern dort wieder an, wo die noch zählten, die so waren, wie ich heute bin.

Die moderne Astrologie hat dreizehn Gestalten, die aus der Mythologie der Menschheit stammen, auf dreizehn Himmelskörper projiziert. Dem liegt der Gedanke zugrunde, daß wir im Außen der Welt erkennen können, wie es in unserem Inneren aussieht, weil in Wahrheit alles eins und miteinander verbunden ist. In der Bewegung der Himmelskörper und ihrer scheinbaren Beziehung zueinander (die sich nur von der Erde aus als Beziehung darstellt) liest sie Analogien zum menschlichen Leben. Es funktioniert so präzise wie die Aufstellungen der dreizehn Aspekte weiblichen Seins.

Diese Himmelskörper sind also nicht persönlich gemeint, wenn von ihrem Einfluß auf das menschliche Leben die Rede ist. Es ist meiner Ansicht nach angebracht, Sonne und Mond als einflußnehmende Himmelskörper zu verehren – die beiden sind die Garanten für alles Leben auf unserem erdigen Planeten. Sie werden in der Astrologie Planeten genannt, weil die Alten dies so getan haben. Nicht alle sogenannten Planeten sind auch Planeten. Alle aber sind Himmelskörper, die zu unserem Sonnensystem gehören. Ich bezeichne sie als Patinnen, wenn ich mich mit ihnen in ihrer psychischen und spirituellen und nicht ihrer astronomischen Bedeutung beschäftige.

Wir könnten die Astronomie als Hilfswissenschaft für die Astrologie bezeichnen, denn sie liefert das Wissen über den Lauf der Sterne. Die Astrologie liefert die Philosophie und Spiritualität. Ich nutze sie wiederum auf meine Weise und habe die Bedeutung feminisiert und verändert, indem ich versucht habe, ideologische Verfärbungen herauszuwaschen. So reden die Patinnen wieder in einer klaren Sprache zu uns Frauen. In der Astrologie wird davon gesprochen, daß eine diesen oder jenen Planeten in diesem oder jenem Zeichen habe: X hat die Sonne *in* der Jungfrau; Y hat Jupiter *in* den Fischen. Ich wähle eine andere Wirklichkeit, wenn ich sage, daß eine die Sonne *über* der alten Weisen hat und eine andere die Mond *über* der Königin. Das ist astronomisch zwar genauso falsch formuliert, aber das Bild, das entsteht, gibt mehr Klarheit über die Bedeutung der Patinnen (Planeten).

1. Sonne, golden
Ihr Patenkind ist die Königin

Wo sie zum Zeitpunkt deiner Geburt in deinem Horoskop steht, siedeln wir das Ego an. Dabei ist es nur so, daß ihr hell strahlendes Licht auf eine der zwölf weisen Frauen fällt, wodurch diese besonders gut zu sehen ist. Diese eine des Lebenskreises ist also für andere besonders gut sichtbar.

2. Mond, silbern
Ihr Patenkind ist die Liebende

Wo sie zum Zeitpunkt deiner Geburt in deinem Horoskop steht, erfährst du etwas über deine Art zu fühlen. Die Mond ist den Gefühlen, der Intuition besonders verbunden.

3. Mars, rot
Ihr Patenkind ist die Amazone

Wo sie zum Zeitpunkt deiner Geburt in deinem Horoskop steht, wird es um zupackende Kraft, Antrieb und kurze und schnell wieder verpuffende Aggression gehen.

4. Venus, grün
Ihre Patenkinder sind die Bäuerin und die Händlerin

Wo sie zum Zeitpunkt deiner Geburt in deinem Horoskop steht, geht es um Schönheit und Anmut, Genuß und Sinnlichkeit.

5. Merkur, Kalliope, gelb
Ihre Patenkinder sind die Denkerin und die Wissende

Wo sie zum Zeitpunkt deiner Geburt im Horoskop steht, geht es um Schnelligkeit, Information, Wißbegierde und alle Wonnen des Intellekts.

6. Jupiter, Juno, orange
Ihr Patenkind ist die Künstlerin

Wo sie zum Zeitpunkt deiner Geburt in deinem Horoskop steht, bekommst du etwas geschenkt, um das du dich nie bemühen mußt. Das ist nicht nur ein Glück, denn es könnte auch bedeuten, daß du in diesem Bereich nicht über dich hinauswächst.

7. Saturn, Saturnia braun
Ihr Patenkind ist die alte Weise

Wo sie zum Zeitpunkt deiner Geburt in deinem Horoskop steht, geht es darum, daß du dich sehr bemühen mußt. Sie macht es dir nicht leicht, damit du es dann leichter hast.

8. Neptun, Undine, blau
Ihr Patenkind ist die Mutter

Wo sie zum Zeitpunkt deiner Geburt in deinem Horoskop steht, geht es darum, daß du Auflösung in ihrer zweifachen Form erfährst: als Verwirrung und Vernebelung und als glückhaftes, ozeanisch-kosmisches Verströmen.

9. Urania, türkis
Ihr Patenkind ist die Priesterin

Wo sie zum Zeitpunkt deiner Geburt in deinem Horoskop steht, da kannst du mit der Kraft der Umwälzung rechnen und mit einer tiefen spirituellen Verbundenheit.

10. Pluto, Kali, schwarz
Ihr Patenkind ist die Heilerin

Wo sie zum Zeitpunkt deiner Geburt in deinem Horoskop steht, da geht es um die große Macht des Loslassens. Sie zwingt dich, dich zu ergeben, denn sie bestimmt, wie und wo du dich veränderst.

11. Lilith, violett

Sie hat kein Patenkind. Sie ist auch kein Himmelskörper, nur so etwas wie der Schatten der Mond. Wo sie zum Zeitpunkt deiner Geburt in deinem Horoskop steht, da geht es um das Weibliche in seiner wenig lieblichen, ja sogar abgründigen Art. Mantodea, die Gottesanbeterin – eine geschickte Jägerin, die ihr Liebesleben auf besondere Art regelt, indem sie das Männchen nach dem Begattungsakt auffrißt.

12. Chiron, braungrün
Ihr Patenkind ist die Künstlerin

Wo sie zum Zeitpunkt deiner Geburt in deinem Horoskop steht, da liegt ein Lebensthema vergraben. Nur deins ist es nicht, sondern das deiner Eltern. Es erzählt etwas davon, was ihre Sorgen und Nöte waren zum Zeitpunkt deiner Geburt. Und wenn du soweit bist, daß du es nicht mehr als dein Problem ansiehst und ihnen zurückgibst, bist du frei.

13. Isis, weiß
Ihr Patenkind ist die wilde Frau

Es gibt ganz alte Geschichten von einem Planeten, der einmal zu unserem Sonnensystem gehört hat und verschwunden ist. Vielleicht ist der Name Isis, vielleicht auch ganz anders. Aber dieser Planet, der nicht mehr Teil unseres Systems ist, ist die Patin der wilden Frau.

Amazone

Ich bin. Ihr Tier ist das Pferd.
Sie gibt dir Initiative und Kampfkraft.

- Sie ist pures Sein, berstende Kraft, lodernde Energie.
- Sie ist geprägt von Kraft der Jugendlichkeit, junger Lebenskraft.
- Sie lebt von dem, was vor ihr liegt, nicht von der Vergangenheit.
- Sie ist eine Kämpferin, besitzt dadurch strategische Intelligenz und Übung in der Angemessenheit der Mittel.
- Zu ihr gehören Autorität und starker Wille, sie ist die personifizierte Selbstbehauptung. Sie hat die Qualität der Macherin.
- Sie scheut sich nicht vor dem Teil von Macht, der erobern und verteidigen beinhaltet (ist keine Königin).
- Sie ist geprägt von Tochterkraft, damit nicht wirklich an Verantwortung und damit verbundenen Belastungen und Einschränkungen interessiert. Heiter und leicht. Die Ungebundenheit in Person.
- Sie hat die Kraft zu idealisieren.
- Die eindeutigste Verbindung besteht zur Kraft der Königin. (Für sie würde sie alles tun.)
- Ihre Dynamik ist Vorwärtsbewegung. Eine intensive, schnell fließende Energie.
- Tiefe ist ihr eher fremd oder macht ihr Angst. Sie fürchtet Bindungen einzugehen, die sie an der Vorwärtsbewegung hindern.
- Sie hat zwölf ältere Schwestern, die immer alles besser wissen.
- Amazone ist das Aggressionspotential jeder Frau, Unterwerfung ist ihr fremd.
- Sie ist eine Gestalt der Stärke, die die Potenzierung ihrer Kraft durch Gemeinschaft mit anderen wünscht.
- Sie ist deine Würde und dein Stolz, dein Mut und deine Kampfkraft.

Bäuerin

Ich habe. Ihr Tier ist die Kuh.
Sie gibt dir Sicherheit.

- Sie ist die personifizierte Fülle, die Pracht des Wachstums, der Überfluß.
- Sie ist produktiv, schöpft zweckmäßig und natürlich.
- Ihre Sinnlichkeit erstreckt sich auf das ganze Leben.
- Ihre große Qualität ist der Umgang mit Zeit. Sie ist langsam. Sie kann warten. Das bedeutet Intensität und Sicherheit zugleich.
- Bäuerinnendynamik bremst, sorgt dafür, das alles seine Zeit hat. Ihre Energie fließt in Kreisbewegung, alles kehrt wieder.
- Ihr Interesse gilt dem Materiellen, dem Wachstum. Sie liebt Besitz. Sie hat oder sorgt dafür, daß sie haben wird, und weiß, was sie selbstverständlich dafür tun muß.
- Besitz ist für sie Verantwortung, die sie gern trägt.
- Sie ist eine, die anpackt, sich um ihre Angelegenheiten kümmert. Darüber erhält sie ihre Identität.
- Ihre Lebensqualitäten sind hegen und pflegen, nähren und stützen, genießen und besitzen. Sie lehrt Ausdauer und Gedeihlichkeit.
- Die Bäuerin braucht den Nutzen, um in allem einen Sinn zu sehen.
- Sie hält auf dem Boden der Tatsachen, nimmt Existenzangst, hat keine Scheu, sich die Hände schmutzig zu machen. Sie ist eine, die das Glück gefunden hat.
- Sie ist ruhig, nicht temperamentvoll – setzt sie jedoch ihre Kraft in Bewegung, dröhnt die Erde.

Denkerin

Ich erkenne. Ihr Tier ist die Ratte.
Sie gibt dir die Sprache.

- Die Denkerin entdeckt entzückt ihr Bewußtsein. Sie setzt die Erscheinungen in interessante, aufregende Zusammenhänge.

- Sie ist in der Welt, um zu entdecken und zu berichten, Zusammenhänge zu deuten und Ordnungssysteme weiterzuerzählen.
- Ihre Bewegungsdynamik ist die dreidimensionale Spirale (Vereinigung aus Amazonen- und Bäuerinnendynamik). Sie löst sich von der Erde um zu erkennen.
- Sie liebt Logik und Plausibilität. Liebt Wahrheit um ihrer Klarheit willen. Sie will wissen, wie es wirklich ist.
- Sie erschafft Zusammenhänge, Verknüpfungen, Netzwerke, die andere nutzen.
- Sie hat die Kraft der Imagination. Sie erfand die Magie von Gedanken und Sprache. Sie verändert Wirklichkeiten und schafft neue Welten.
- Sie läßt aus Bildern und Gedanken Wirklichkeit/Materie werden. Durch ihre Leitsysteme kommen die Unsichtbaren in die Welt und nehmen Gestalt an. Sie gibt Gefühlen Namen und hilft, damit umzugehen.
- Die Denkerin braucht Freiheit des Geistes und des Raumes. Nur so kann sie den Überblick behalten, damit ihr nichts entgeht. Sie hat Angst, etwas Wunderbares zu versäumen.
- Sie gibt dir den selbstverständlichen Umgang mit Verstand und Imagination.
- Sie bringt Kühnheit in die Welt, Kalkül und Berechnung und eine bunte Welt nach deinem Willen.
- Sie ist dein Gewissen, denkt die Dinge zu Ende, scheut faule Kompromisse, sieht die Konsequenzen und Schlußfolgerungen.
- Die Denkerin ist die, die träumt. Sie hat die intensive Verbindung zur Anderswelt und zum kosmischen Selbst. Sie ist Trägerin, Über-Trägerin von Geist, um Materie zu erschaffen.

Liebende

Ich fühle. Ihr Tier ist die Wölfin.
Sie gibt dir Liebesfähigkeit.

- Sie bringt Festes in Fluß, verwandelt Fließendes in Luft. Sie verlangt nach dem Unendlichen.
- Sie läßt das ersehnte Wunderbare der Denkerin entstehen.

- Sie gibt Nähe und Intimität, führt dich in die Gefühlswelt ein. Ihre Sicht der Welt besteht aus Gefühlen.
- Ihre Dynamik ist die des Verströmens.
- Liebende nimmt gefühls-/instinktmäßig wahr, was nicht offensichtlich, aber zweifellos vorhanden ist.
- Sie erhöht unsere Lebensenergie, schärft die Sinne. Gibt Kontakt mit der Welt durch Berührung.
- Sie fühlt, daß sie ist, hat und erkennt.
- Sie ist eigenständig und frei/unabhängig und kann sich trotzdem schützen.
- Durch Berührung und Begegnung tauschen sich Kräfte aus, die in Veränderung führen.

Königin

Ich handle. Ihr Tier ist die Löwin.
Sie gibt dir Eigen-Macht.

- Sie verkörpert die Fähigkeit einer Frau, ihr Zentrum zu sein. Sie macht dir deutlich, was du wirklich willst.
- Sie hat Verbindung zu Entschlußkraft und Liebe zu ihrem Reich. Sie nimmt Raum ein. Beansprucht die Führung, keine demokratischen Beschlüsse.
- Als Königin entscheidet sie, ohne Rechenschaft abzulegen. Sie steht an der Spitze. Sie hat die Kontrolle. Sie hat die Verantwortung, weil sie alle Antworten kennt. Sie hat die Schlüssel zu deinem Seelenhaus.
- Ihr Lebensgefühl sagt: Das Leben ist groß, und ich bin es auch.
- Die Königin gibt dir Würde, Selbstsicherheit, Selbstachtung und *pride*. Eigen-Macht.
- Ihre Energie ist ruhend und gerade.
- Sie stellt sich in den strahlenden Glanz der Liebenden.
- Sie sorgt für sich, indem sie fordert, beansprucht und abstellt, was ihr Unbehagen bereitet.
- Sie schaut auf sich – und das tut allen anderen Aspekten ebenfalls gut.

Wissende

Ich ordne. Ihr Tier ist die Biene.
Sie gibt dir Klarheit.

- Sie organisiert das Leben, lenkt es in funktionierende Strukturen.
- Sie führt mit ihrem Geist Besitz und Materie in neue Sphären und wandelt sie damit in funktionierendes Leben.
- Die Wissende ist Logikerin, eine praktische und realistische Frau. Ihre Logik richtet sich nach der Bedeutung, nicht nach der Menge der Dinge.
- Sie bringt Klarheit in das Leben.
- Wissende ist die mit dem Durchblick: Leben ist Intelligenz. Sie lehrt Meisterinnenschaft.
- Sie interessiert sich für das Bewußtsein. Sie nutzt es, um produktiv zu arbeiten, Erfahrungen in reines Wissen umzuwandeln. Sie nutzt und schafft.
- Ihre Energie ist ein gebündelter Strahl – diesen richtet sie auf Dinge, die ihre Aufmerksamkeit wecken. Das sind viele, denn sie hat gern alles im Blick und im Griff. (Sie bündelt den Glanz der Königin.)
- Sie weiß um den Sinn der Details und daß diese einer größeren Ordnung unterliegen. Sie muß den sozialen Sinn des Ganzen erkennen können, dem sie mit ihrem Wissen dient.
- Sie strebt nach Vollkommenheit. Sie ist Rechtsanwältin, Beraterin, Organisatorin. Sie hat die Machtposition hinter der Königin.
- Die Wissende bringt Meisterinnenschaft, Professionalität. Sie dirigiert, fokussiert und zeigt, wie du deine Ziele erreichst.

Händlerin

Ich wäge ab. Ihr Tier ist die Krähe.
Sie gibt dir dein Maß.

- Die Händlerin sitzt mitten in der Fülle und Schönheit ihrer Schätze.

- Sie handelt, wirtschaftet, denkt ökonomisch. Tauscht, verteilt, lagert, verkauft.
- Ihre Wirtschaft ist Netzdenken, Beziehungsdenken. Sie beherrscht die Kunst des Geben und Nehmens.
- Sie gestaltet den zwischenmenschlichen Austausch innerhalb einer realen, organischen, stabilen und dauerhaften Verhaltensstruktur, einer Gemeinde.
- Sie kann das eigene Maß bestimmen, hat den notwendigen Weitblick dafür. Sie hat den Blick für Wert und Angemessenheit. Sie lehrt den Umgang mit Geld und dem Energiefluß.
- Ihre Dynamik geht vom konzentrierten Laserpunkt der Wissenden aus und dreht ihn auf zu einer großen Spirale um sich selbst herum.
- Sie handelt von innen nach außen. Schöpft aus ihrer Kraft, schickt sie hinaus. Dann kommt der Gegenwert herbei.
- Sie hat eine natürliche Fähigkeit zur Verbundenheit, darum knüpft, hält und pflegt sie leicht Verbindungsnetze.
- Sie kennt den Fluß und das Beeinflussen der Energien.
- Das Maß aller Dinge kennt sie.
- Sie zeigt die hohe Kultur der Wirtschaft und die großen Zusammenhänge dabei.
- Sie handelt nach „Soviel wie nötig".
- Sie erwirbt mit der Wissenden Meisterinnenschaft und schickt ihr Können in die Welt. Sie kennt den Wert ihrer Arbeit und beansprucht ihn auch.
- Die Händlerin sucht die Harmonie einer ausgewogenen Bilanz, die Gerechtigkeit im natürlichen Kreislauf der Energien.
- Sie bestimmt dein Maß, deinen Selbstwert.

Heilerin

Ich transformiere. Ihr Tier ist die Schlange.
Sie gibt dir die Fähigkeit zu verändern.

- Ihr Wesen ist das Verlangen nach Wandlung.
- Sie ist intensiv, dramatisch. Leidenschaft ist bei ihr glühendes Feuer, antreibende Kraft.

- Die Heilerin ist viele Tode gestorben, um dich hinein- und hindurchzubegleiten.
- Mit ihr verarbeitest du Vergangenes, bis du es loslassen kannst. Sie begleitet dich in die Anderswelt, wo dein kosmisches Selbst lebt.
- Die Heilerin hat es nicht leicht mit sich. Sie spürt den leidenschaftlichen Antrieb und fühlt sich ihm ohnmächtig ausgesetzt.
- Heilerin hilft nicht zu verstehen, sie hilft dem Leid zu begegnen, anzuerkennen und loszulassen.
- Ihre Bewegung ist schlängelnd, zuckend, lodernd, spiralig, es ist eine Abwärtsbewegung, die in die Tiefe geht.
- Die Heilerin ist nicht die Transformation. Sie stößt nicht in die Tiefe, sie begleitet dich nur hinein und stärkt deine Kraft, die dich erneuert.

Künstlerin

Ich ehre. Ihr Tier ist der Schmetterling.
Sie gibt dir die Fähigkeit, den Sinn zu finden.

- Sie schafft Transzendenz.
- Sie fragt nach dem Sinn im Leben. Sie hat kaum Antworten, stellt aber richtige Fragen zur richtigen Zeit auf richtige Weise.
- Durch die Künstlerin offenbart sich das kosmische Selbst. Sie ist Klangkörper für das Fühlen der Frauen.
- Sie verändert, verschönt, erweitert, transzendiert. Für sie enthält die Wirklichkeit oft zuwenig Zauber.
- Ihre Bewegung ist aufstrebend, in den Himmel gerichtet, scheinbar sich in seiner Unendlichkeit verlierend. Die Künstlerin ist die Mittlerin zwischen Himmel und Erde.
- Sie läßt Dinge aus ihrer Sehnsucht nach Wahrhaftigkeit und Schönheit werden.
- Ihr Leben ist ein Fest, das sich zu einem Zeremoniell entfaltet, bei dem jeder Augenblick eine bestimmte Bedeutung hat und Würdigung verlangt. Sie lebt/feiert zu Ehren der Göttin.
- Sie ist Wiedergeborene, Transformierte, Initiierte. Sie muß gestürzt und wieder aufgestanden sein.

- Künstlerin verschafft Äußerlichkeiten und Formen Beachtung und Anerkennung. Ihnen gilt ihre Liebe.
- Sie liebt das Geheimnis des Universums, das Versprechen auf etwas Größeres.
- Sie hat das Lebensgefühl der geliebten, willkommenen, geborgenen Erdentochter.
- Ihre Dynamik trägt die spiralige Abwärtsbewegung der Heilerin wieder hinauf.

Alte Weise

Ich prüfe. Ihr Tier ist die Ziege.
Sie gibt dir die Fähigkeit zur Verkörperung.

- Sie ist Gelassenheit.
- Sie kennt die Geheimnisse des Universums und hütet die Strukturen der irdischen Welt.
- Sie ist die Kraft des folgerichtigen Scheiterns. Sie kennt alle Wege, alle Schritte.
- Sie ist ernst und erfahren. Verteilt Erwartung gleichmäßig. Ihre Geduld ist erwartend, nicht freundlich.
- Sie ist das Gedächtnis. Die Lehrmeisterin in ganz praktischen Dingen. Sie weiß, wie es schon immer gemacht wurde. Sie weiß, was hinter den Dingen steht.
- Sie ist die Große Mutter, der Schoß der Welt. Alle sind ihre Kinder, darum ist sie verläßlich und gerecht. Sie gibt Würde, Selbstachtung und die Sicherheit, auf den Schultern vieler Ahninnen zu stehen.
- Sie spinnt. Sie läßt sich nicht berechnen, nicht in den Griff bekommen.
- Die Dynamik ihrer Energie geht beinahe unbeweglich dahin wie die großen Flüsse dieser Erde, wenn sie schon beinahe Delta sind.
- Die alte Weise pocht darauf, daß du dich den Strukturen zuwendest. Argumentationen und Diskussionen ist sie weniger offen.
- Sie hat die Verbindung und die Weisheit der Ahninnen.

Priesterin

Ich sehe. Ihr Tier ist die Adlerin.
Sie zeigt dir den Weg in die Anderswelt.

- Die Priesterin ist Reisende zwischen den Welten, eine mächtige Frau. Ihre Macht rührt aus der Fähigkeit, in beiden Welten sein zu können, aber nicht zu müssen.
- „Die Erde muß man kennenlernen, um sie zu lieben. Aber die Göttin muß eine lieben, um sie kennenzulernen."
- Ihr fällt es schwer, sich auf das irdische Leben ganz einzulassen. Ein einzelnes Gegenüber ist ihr zu eng, zu fokussiert.
- Sie kennt den Unterschied zwischen Wahnsinn und Ekstase. Kennt die Tore zur Anderswelt und hilft verstehen, was dort geschieht. Sie kennt den Raum dafür und die Zeit.
- Die Zeremonien der Künstlerin nimmt die Priesterin als Sicherheitsband. Sie folgt diesen vorgegebenen Formen und füllt sie mit Leben, mit Energie.
- Sie ist das Wasser, das im Flußbett der alten Weisen fließt.
- Die Dynamik ihrer Energie ist gewunden wie ein Labyrinth. Sie geht nach innen und nach außen. Sie ist nicht die, die im Inneren, im Temenos wartet.
- Die Priesterin bewahrt, bedeutet, belebt, beseelt. Ihre Kraft zu verändern ist reformatorisch. Sie hilft dir, Verbindung zum kosmischen Selbst zu bekommen, über dich hinauszuwachsen.
- Sie lenkt die Aufmerksamkeit vom Flußbett der alten Weisen auf das, was darin fließt. Sie verhindert, daß die Form den Inhalt dominiert.
- Sie ist die Verheißung der Vollkommenheit. Auf spiritueller Ebene ist sie das, was die Denkerin auf gesellschaftlicher Ebene ist. Sie stellt Zusammenhänge her. Nicht sie ist die Vollkommenheit, sie ist die, die sie erkennt und den anderen davon erzählt.
- Sie gibt dir den Halt, den Zusammenhalt, der aus dem Zusammenhang kommt.

Mutter

Ich bin all-eins. Ihr Tier ist der Delphin.
Sie gibt dir die Freiheit.

- Sie ist dein Zuhause, deine Geborgenheit, deine Sicherheit. Sie ist dein Innen und dein Außen. Sie ist das Prinzip des Lebens.
- Ihre Dynamik der Energie ist die völlige Auflösung.
- Es geht nicht mehr um Loslassen. Es geht um die vollkommene Bedeutungslosigkeit von Grenzen, Vereinzelung, oben und unten, Halten und Loslassen.
- Der Reichtum besteht im Leben selbst und in der Fähigkeit zu nutzen, was da ist.
- Wenn alles eins ist, ist jedes Alleinsein und jedes Beisammensein unwichtig. Es bedeutet, daß die Mutter dich damit vor Abhängigkeiten schützt und jeden Zwang zum Zwang aufhebt.
- Ihre Aufgabe ist es, dich in die Freiheit zu entlassen. Doch sie ist so groß, daß du stets in ihren Grenzen bleibst.
- Beim Aspekt Mutter mußt du verlernen. Alles, was Namen und Formen hatte, ist nicht mehr wichtig.
- Sie lehrt, daß das Leben zyklisch verläuft, jedes Ende der Anfang von etwas Neuem ist.
- „Das Leben ist noch größer und weiter als du. Und das macht dich nicht kleiner, sondern auch größer und weiter."

Wilde Frau

Ich vollende. Ihr Tier ist die Sau.
Sie gibt dir die Unbezähmbarkeit.

- Sie ist die freie Radikale. Die Spielverderberin. Die Unsymmetrische. Die Unbezähmbare. Eine Störenfrieda. Die wilde Frau.
- Sie ist nicht nett, nicht nachsichtig. Du kannst sie nicht bezaubern oder beschwatzen.
- Sie nennt Schwächen schwach und Stärken selbstverständlich. Sie ist nicht imstande, es irgendeiner leicht zu machen.
- Sie lebt nach dem Gesetz der Furien, der alten Schicksals-

göttinen. Wenig beeindruckbar und reichlich nachtragend. Die dreizehnte Fee.

- Sie kann Öl ins Feuer gießen, hat die Neigung, Unruhe zu stiften, alles in Bewegung zu setzen. Sie ist das Chaos, die Finsternis. Sie mischt die Karten des Lebens und teilt neu aus.
- Die wilde Frau ist der Punkt in der Mitte des Kreises.
- Die Dynamik ihrer Energie ist konzentriert ruhend, sich durch Potenzierung ausdehnend.
- Sie ist Moira, die alte und heilige Gestalt. Das Schicksal. Der mythische Hintergrund. Die wilde Frau besitzt keine transformatorischen Kräfte. Sie läßt jeden Aspekt aus ihrem Zentrum heraus etwas zufallen, was unabsehbare Folgen hat, die am Ende ganz folgerichtig sind.
- Sie läßt uns wieder verwildern. Stellt die unangenehmen Fragen.
- Sie hat die Kraft der Unbezähmbarkeit. Sie ist hitzig, laut, wenig freundlich. Aber auch lustig, anmutig, freundlich und zu Zeiten ganz still. Sie ist zuständig für das Unerwartete.
- Sie, das Schicksal, ist nachtragend, was gleichbedeutend mit vorausschauend ist.

Mit diesem Handbuch, das als ergänzender und weiterführender zweiter Band zu „Das Maß aller Dinge" entstanden ist, habe ich – so scheint es mir – einen Kreis geschlossen, der mit dem Buch „Die wilde Frau" begonnen wurde. Ich danke allen Leserinnen, die mir über die vielen Jahre ein lebendiges und lebhaftes Echo haben zukommen lassen. Ich habe mich als Autorin immer als beschenkt betrachtet, weil meine Leserinnen den Kontakt zu mir so zahlreich suchten.

Ich danke insbesondere meiner Mitarbeiterin und Mitbewohnerin des Schlangenbergs, Veda Jäkel, die mir geholfen hat, den Überblick über die Struktur dieses Buches nicht zu verlieren. Kein Wunder, sie hat die Sonne über der alten Weisen.

Ich freue mich nun auf eine intensive und erkenntnisreiche Zeit der Arbeit mit den dreizehn weisen Frauen. Der Schlangenberg – der Ort, an dem ich lebe und arbeite – ist mit den Jahren zu einem Ort der Wahrheit für Frauen geworden. Hier bauen wir in diesem Jahr ein feststehendes Labyrinth als Tor in die Anderswelt. Hier und anderswo veranstalte ich Aufstellungen der dreizehn weisen Frauen.

Wenn du Informationen über den Schlangenberg und meine Arbeit haben möchtest, so wende dich bitte an:

Temenos
Postfach 22
A-8093 St. Peter am Ottersbach
Tel. 03477-29035
Fax 03477-29038
E-mail: office@schlangenberg.at

oder besuche meine Website: www.schlangenberg.at

Angelika Aliti

im

Verlag Frauenoffensive

Allen Frauen gewidmet, die in
ihrem Herzen eine tiefe Sehnsucht
nach der wahren Frau verspüren,
die sie selbst hinter allen Masken
und Tarnungen sind.

Frauenoffensive

Angelika Aliti
Das Maß aller Dinge
Die dreizehn Aspekte weiblichen Seins

272 Seiten, ISBN 3-88104-323-3

„Energie ist körperlos. Willst du etwas über sie und ihre Gesetze wissen, mußt du dich den Strukturen zuwenden. Strukturen sind die Formen, die der Energie ihren Wirkungsraum, ihren Zusammenhang, ihre Bedeutung geben. Sie sind das Flußbett, in dem das Wasser zum Meer hin fließt. Sie sind das Ufer, an dem du aus dem Wasser steigst, der Fels, auf den du klettern und von dem aus du losfliegen kannst. Sie sind die Membran, die die sichtbare von der unsichtbaren Welt trennt."

Angelika Aliti
Macht und Magie
Der weibliche Weg, die Welt zu verändern

240 Seiten, mit Kartenset, ISBN 3-88104-300-4

„Dieses Buch handelt von Frauenmacht und Frauenmagie und wie Frauen
heute diese Kräfte einsetzen können, um das Patriarchat zum Tanzen zu
bringen. Mit Hilfe dieser Symbole kannst du viel bewegen und verändern.
Dein Leben wird dadurch anders werden, und es wird deine Lebenskraft
sein, die dies zustandegebracht hat. Magie, das Wissen vom Spiel mit den
unsichtbaren Kräften, ist so mächtig wie eh und je."

Angelika Aliti
Mama ante portas!
Wenn Frauen das Sagen haben

280 Seiten, geb., ISBN 3-88104-287-3

„Jeder Schritt in die geistige, seelische und ökonomische Unabhängigkeit führt die Frauen einer lustvollen Freiheit näher, auch wenn ein freies Leben Unbequemlichkeiten mit sich bringt und mit Arbeit verbunden ist. Die Summe aller Männerlösungen hat uns dahin gebracht, wo wir sind. Die Männer hatten dreitausend Jahre lang ihre Chance. Sie haben sie nicht genutzt. Jetzt beginnt die Zeit der Frauen."

Angelika Aliti
Die sinnliche Frau

240 Seiten, ISBN 3-88104-312-8

„Wenn Frauen von Liebe sprechen, dann ist das stets ein umfassender Begriff, der auch Sexualität beinhaltet, aber keineswegs an erster Stelle. Sinnlichkeit ist das Wort, das am ehesten geeignet ist, die emotionale Vielfalt und Fülle zu beschreiben, die Frauen mit Liebe – freier und unabhängiger Liebe – verbinden. Sinnlichkeit bedeutet hören, sehen, fühlen, riechen, schmecken. Wenn eine Frau liebt, dann stehen Körper, Seele und Geist in Flammen."

Angelika Aliti
Die Sau ruft
Offensive Krimi

192 Seiten, ISBN 3-88104297-0

Ein skrupelloser Schweinemäster und ein versoffener Tierarzt, die verrückte Frieda vom Berg und ein junges Mädchen aus dem Heim, Jäger und Polizisten, die gemeinsame Sache machen, eine Tote im Dorfbach und ein riesiger Skandal mit Antibiotika als Masthilfe für Schweine. Klar, daß die Schwarze Witwe und ihre Hausamazone Nina die Sache aufdecken.

Angelika Aliti
Kein Bock auf Ziegen
Offensive Krimi

192 Seiten, ISBN 3-88104-310-1

Samstagnacht, Disconacht. Auf der Landstraße von St. Peter nach
Dietersdorf. Die junge Frau auf dem Beifahrersitz in dem roten Auto starb
offenbar noch an der Unfallstelle. Vom Fahrer fehlt jede Spur... Es spielen mit:
die Nachbarn, ein fundamentalistischer Pfarrer, ein Ring von sexuellen
Mißbrauchern in einem Kloster. Als Putzfrauen getarnt, unterwandern die
Schwarze Witwe und Nina das Ganze. Und natürlich sehen sie auch diesmal
die steiermärkische Wirklichkeit mit kritisch-satirischen Augen.

Angelika Aliti
Heißes Herz
Offensive Krimi

192 Seiten, ISBN 3-88104-333-0

Nach dem Verlust ihrer Lebensgefährtin Nina fährt die Schwarze Witwe nach Kreta, um zu vergessen. Die alte Frieda begleitet sie, irgend jemand muß ja auf sie aufpassen. Während eines Ausflugs entkommen die beiden knapp einem Waldbrand. Dabei trifft die Schwarze Witwe auf Stacey, eine Musikerin aus Kanada, die bei dem Brand einen Wurf junger Hunde gerettet hat. Kurz darauf wird eine Leiche gefunden... zusammen mit Stacey und Frieda macht die Schwarze Witwe sich an die Arbeit.